［第4版］

憲法と教育 15講

米沢 広一 著 ■

北 樹 出 版

目　　次

第1講　日本国憲法下での教育権論争と現在の課題 ･･･････････････ 8

　　　1．大日本帝国憲法から日本国憲法へ（8）　2．日本国憲法
　　下での教育立法・教育行政・教育裁判（11）　3．国民の教育
　　権説（13）　4．国家の教育権説（14）　5．旭川学テ最高裁判
　　決（15）　6．「国民」内部の緊張関係（16）　7．主体として
　　の子ども（17）　8．集団と個人（18）　9．決定権者と教育内
　　容（19）　10.「国家」内部の機関（19）　11．教育論と法律論
　　（20）

第2講　未成年者の人権享有主体性 ･････････････････････････････ 22

　　　1．権利の性質（22）　2．保護と自律（24）　3．未成年者の
　　多様性（27）　4．関係性（29）　5．制約原理（30）　6．学
　　校固有の制限（32）　7．権利主張への援助（33）

第3講　生徒の自己決定権 ･････････････････････････････････････ 35

　　　1．憲法13条の自己決定権（35）　2．婚姻（37）　3．中絶
　　（37）　4．性交（38）　5．髪型（39）　6．服装（42）
　　7．オートバイ（42）　8．喫煙・飲酒（45）　9．校則と懲戒
　　処分（46）　10．救済方法（47）　11．手続的保護（48）

第4講　日の丸・君が代と学校 ･････････････････････････････････ 51

　　　1．大日本帝国憲法下の日の丸・君が代（51）　2．日本国憲
　　法下の日の丸・君が代（52）　3．日の丸・君が代の憲法適合
　　性（53）　4．生徒の思想・信教の自由（55）　5．日の丸・君
　　が代に付随する教育（56）　6．教師と日の丸・君が代（57）
　　7．情報の収集と保管（62）

第5講　宗教と公立学校 ･･･････････････････････････････････････ 65

　　　1．信教の自由と政教分離原則（65）　2．教育基本法（66）
　　3．学校教育での宗教の扱い（67）　4．学校内の「宗教的」

施設（68）　5．宗教団体による学校施設の使用（70）　6．生徒の宗教活動の自由（71）　7．生徒の宗教的プライバシー（72）　8．宗教を理由とする公教育の拒否（73）

第6講　生徒と政治 ……………………………………………… 78

1．選挙権（78）　2．諮問型住民投票（79）　3．選挙運動（80）　4．生徒の政治活動（81）　5．学校教育と政治（85）　6．政治活動歴の内申書記載（89）

第7講　教育情報の本人開示と公開 ……………………… 92

1．教育情報と憲法（92）　2．収集・保管（94）　3．本人開示の請求権者（94）　4．開示―非開示の判定（96）　5．訂正・削除（101）　6．利用・提供（102）　7．公開（103）

第8講　教科書の検定、採択、給付、使用 ……………… 108

1．検定権限の所在（108）　2．検定制の合憲性（109）　3．個々の検定の合憲性・合法性（110）　4．検定過程における利害関係者（111）　5．採択権限の所在（113）　6．採択制の合憲性（114）　7．個々の採択の合憲性・合法性（115）　8．採択過程における利害関係者（116）　9．教科書の無償給付（118）　10．教科書の使用義務（120）　11．教科書の使用形態（122）

第9講　学校事故の賠償と防止 ……………………………… 124

1．憲法17条と国家賠償法（124）　2．学校事故の類型（125）　3．授業中の事故（126）　4．校外活動中の事故（127）　5．クラブ活動中の事故（127）　6．学校給食による事故（128）　7．教師の体罰による事故（129）　8．生徒のいじめによる事故（130）　9．障害児の事故（131）　10．親への通知義務（133）　11．学校施設設備の欠陥に基づく事故（134）　12．市と県の賠償責任（134）　13．災害共済制度（135）　14．学校災害救済条例（136）　15．事前防止（136）

第10講　障害児の教育を受ける権利 ……………………… 139

1．障害児にとっての「義務」教育（139）　2．障害児にとっての義務教育の「無償」（141）　3．障害児にとっての「能力

目　次　*5*

に応じて、ひとしく」(142)　4．学校・学級の選択―手続面
(143)　5．学校・学級の選択―実体面 (144)　6．入学後の
対処 (151)　7．私立の障害児学校 (154)

第11講　外国人の子どもの教育を受ける権利 ··························156

1．外国人の人権享有主体性 (156)　2．外国人と平等保護
(157)　3．民族教育の自由 (158)　4．民族学校の不利益扱
い (159)　5．民族学級 (162)　6．無償の義務教育 (163)
7．高校進学 (164)　8．精神的自由 (165)　9.二ヶ国語教
育 (165)　10．外国人の子どもの国外退去強制 (166)　11. 外
国人の教員任用 (167)

第12講　親の教育の自由 ·······································169

1．親の子どもへの権利と義務 (169)　2．親の教育の自由の
憲法上の位置づけ (170)　3．個々の親と親集団 (172)
4．親の教育の自由と子ども (173)　5．親の教育の自由と教
師 (174)　6．親の拒否権 (175)　7．親の選択権 (176)
8．親の参加権 (180)

第13講　教師の「教育の自由」 ································184

1．教師の「教育の自由」の権利面 (184)　2．教師の「教育
の自由」の権限面 (187)　3．教師の「教育の自由」と生徒・
親 (188)　4．教師の「教育の自由」と国家 (189)　5．教師
集団の「教育の自由」(190)　6．職員会議 (190)　7．個々
の教育権 (限) の帰属先と限界 (192)　8．教育課程編成権
(限) (193)　9．校務分掌決定権 (限) (193)　10. 授業実施
権 (限) (194)　11. 成績評価権 (限) (195)

第14講　私立学校と憲法 ·······································197

1．私学の自由の憲法上の位置づけ (197)　2．私学設置の自
由 (199)　3．私学の運営・教育の自由 (200)　4．私学の教
育の自由と私学生徒の自由 (201)　5．私学の教育の自由と私
学教師の自由 (204)　6．私立小中学校と無償の義務教育
(207)　7．私学助成と憲法26条 (207)　8．私学助成と憲法
89条 (209)

6

第15講　児童の権利条約 ･･･ 212

　　　1．国際人権条約の国内的効力（212）　2．子どもの権利保障
　　　に関する国際文書（213）　3．児童の権利条約の意義と留意点
　　　（214）　4．意見表明権（12条）（215）　5．精神的自由権（13
　　　条〜16条）（216）　6．教育を受ける権利（28条、29条1項）
　　　（219）　7．障害児の教育を受ける権利（23条、2条1項）
　　　（220）　8．親の教育の権利（3条、5条、14条2項、18条）
　　　（221）　9．私立学校の自由（29条2項）（222）　10．子どもの
　　　権利「条例」（223）

索　　引

憲法と教育15講

第 **1** 講　日本国憲法下での
　　　　　　教育権論争と現在の課題

　日本国憲法の制定により、人権保障のあり方と統治の構造が大転換を遂げ、その下で、教育に関する立法、行政、裁判も大きく変化した。戦後、教育政策を巡って、日教組等と文部省との対立が激化していく中で、とりわけ家永教科書裁判を契機として、子どもへの教育の内容を誰が決定しうるのかという教育権の所在についての論争（教育権論争）が巻き起こり、国民の教育権説と国家の教育権説とが鋭く対立した。判例上、それぞれの説を採用する下級審判決も現れるに至ったが、最高裁は、昭和51年の旭川学力テスト事件判決において、両説とも「極端かつ一方的」であるとして、斥けている。学説は、当初、その多くが国民の教育権説の立場をとったが、最近では、国民の教育権か国家の教育権かといった問題の立て方自体に疑問を呈したり、国民の教育権説の問題点を指摘する学説が増えてきている。教育権論争の意義と問題点とを押さえたうえで、現在の課題を明らかにすべき時期にきている。

1．大日本帝国憲法から日本国憲法へ

　明治22年2月11日に公布され、翌23年11月29日から施行された大日本帝国憲法（明治憲法）には、①天照大神を祖先とする「万世一系」の天皇が主権を有し、軍の指揮権も天皇の大権であった、②「権力分立」は、天皇主権のもとで、天皇の統治権を補佐する機関相互間での分立にすぎなかった（天皇は帝国議会の協賛をもって立法権を行使し、行政権の行使については国務大臣が輔弼し責任を負い、司法権は天皇の名において裁判所が行使した）、③「人権」は生来の自然権ではなく、天皇が臣民に恩恵として与えた「臣民権」であった、④「人権」は

「法律の範囲内において」保障されたにすぎず、法律によりさえすれば制限が可能であった（法律の留保）、等の特色が存した。

それに対して、第二次世界大戦直後の昭和21年11月3日に公布され、翌22年5月3日から施行された日本国憲法は、三大基本原理といわれる国民主権、基本的人権の尊重、平和主義をはじめとして、権力分立、法の支配等といった基本原理に基づいている。

主権原理については、大日本帝国憲法の天皇主権原理から、国民主権原理（国の政治のあり方を究極的に決定する権威と力が国民にあること）へと転換している。すなわち、まず、前文において「ここに主権が国民に存することを宣言し、この憲法を確定する。そもそも国政は、国民の厳粛な信託によるものであって、その権威は国民に由来」すると謳う。そして、本文の1条において、天皇の地位は「主権の存する日本国民」の総意に基づくとして、国民主権を明定している。

人権については、「基本的人権」「侵すことのできない永久の権利」（11条、97条）との表現にもみられるように、生来の自然権として捉えられている。規定されている人権の範囲も、大日本帝国憲法と比較すると、幸福追求権、平等権一般（大日本帝国憲法は官吏登用の平等のみ規定）、思想・良心の自由、学問の自由、社会権、法定手続の保障、国家賠償請求権等多くの権利が新たに規定されており、格段に拡大している。保障の程度も、大日本帝国憲法での「法律の留保」を排し、違憲審査制度の創設（81条）により「法律からの保障」へと転換している。

平和主義については、前文において「日本国民は、恒久の平和を念願し、人間相互の関係を支配する崇高な理想を深く自覚するのであって、平和を愛する諸国民の公正と信義に信頼して、われらの安全と生存を保持しようと決意した。われらは、平和を維持し、専制と隷従、圧迫と偏狭を地上から永遠に除去しようと努めてゐる国際社会において、名誉ある地位を占めたいと思ふ。われらは、全世界の国民が、ひとしく恐怖と欠乏から免かれ、平和のうちに生存する権利を有することを確認する」と謳う。ついで、本文の9条1項で「日本国民は、

正義と秩序を基調とする国際平和を誠実に希求し、国権の発動たる戦争と、武力による威嚇又は武力の行使は、国際紛争を解決する手段としては、永久にこれを放棄する」、2項で「前項の目的を達するため、陸海空軍その他の戦力は、これを保持しない。国の交戦権は、これを認めない」と規定している。

　権力分立は、フランス人権宣言16条が「権利の保障が確保されず、権力の分立が規定されていないすべての社会は、憲法を持つものではない」と述べているように、権利保障の実現にとって、不可欠である。権力分立は、国家の作用を一般に、立法、行政、司法に区分し、それをそれぞれ別個の機関に付与し、権力の抑制と均衡を図り、国家権力から国民の自由と権利を守ろうとするものである。日本国憲法は、「国会は、国権の最高機関であって、国の唯一の立法機関である」(41条)、「行政権は、内閣に属する」(65条)、「すべて司法権は、最高裁判所及び法律の定めるところにより設置する下級裁判所に属する」(76条)と規定し、立法権を国会に、行政権を内閣に、司法権を裁判所に帰属させている。権力「分立」は、中央レベルでのいわば「水平的」関係、すなわち国会、内閣、裁判所間の関係だけでなく、いわば「垂直的」関係、すなわち、中央と地方との間の権限分配においても、問題となる。日本国憲法は、連邦制ではなく地方自治制を採用し（92条～95条）、中央と地方との間で権限を、具体的には地方自治法によって分配している。

　法の支配とは、政治権力の行使を既存の上位法に基づかせることである。行政権は法律に従って行使されねばならず、立法権は憲法に服さなければならない。法の支配の原理は、専断的な国家権力の行使（人の支配）を排し、権力を上位法で拘束することによって、国民の権利、自由を擁護しようとするものである。このような法の支配を担保する役割を担うのは、裁判所である。すなわち、行政が法律に、立法が憲法に服しているか否かを、裁判所が判断することになる。法の支配の原則の制度化としての違憲審査制には、通常の司法裁判所が具体的事件の処理に必要な限度で憲法判断を行う司法裁判所型（アメリカ型）と、特別に設けられた憲法裁判所が具体的事件とはかかわりなく憲法判断を行う憲法裁判所型（ドイツ型）とがある。日本国憲法は司法裁判所型を採用して

いる（81条）。

2．日本国憲法下での教育立法・教育行政・教育裁判

　憲法26条１項及び２項は、「法律の定めるところにより」として、教育法律主義を定める。それにより、公教育の基本理念を定める法律として、教育基本法が制定されている。教育基本法は、「日本国憲法の精神に則り、教育の目的を明示して、新しい日本の教育の基本を確立するため、この法律を制定する」（前文）として、１条で教育の目的、２条で教育の方針、３条で教育の機会均等、４条で義務教育、５条で男女共学、６条で学校教育、７条で社会教育、８条で政治教育、９条で宗教教育、10条で教育行政、11条で補則について定めていた。

　しかし、教育基本法は、平成18年に全面改正された。（新）教育基本法は、１条で教育の目的、２条で教育の目標、３条で生涯学習の理念、４条で教育の機会均等、５条で義務教育、６条で学校教育、７条で大学、８条で私立学校、９条で教員、10条で家庭教育、11条で幼児期の教育、12条で社会教育、13条で学校、家庭及び地域住民等の相互の連携協力、14条で政治教育、15条で宗教教育、16条で教育行政、17条で教育振興基本計画、18条で法令の制定について定めている。（旧）教育基本法に比べて、（新）教育基本法には、①「豊かな情操と道徳心」「我が国と郷土を愛する」等といった人間の内心の問題が、公教育の目標として揚げられている、②学校生活で規律を重んずる、子の教育についての第一義的責任、教育における役割と責任を自覚する等といった責務が、それぞれ生徒、保護者、地域住民に課せられている、③大学、私立学校、家庭教育、幼児期の教育、障害児教育が付加され、ほとんどすべての教育領域を包摂するものとなっている、④教育振興基本計画の策定が政府に義務づけられている等の特色がみられる。（新）教育基本法が今後どのような役割を果たしていくのかは、必ずしも明らかではないが、憲法に適合するように（新）教育基本法を解釈・運用していくことが求められる。

　憲法と教育基本法の理念を学校制度において具体化する法律として、学校教育法が制定されている。学校教育法は、学校種別ごとに、その目的、性格、修

業年限、組織編制等を定める総合立法である。更に、個別立法として、①教育行政に関して、地方教育行政の組織及び運営に関する法律、②教職員の資格に関して、教育職員免許法、③学校の組織編制の基準に関して、義務標準法、高校標準法、④私学に関して、私立学校法、⑤助成・奨励に関して、義務教育費国庫負担法、義務教育諸学校の教科用図書の無償措置に関する法律、私立学校振興助成法等が、制定されている。

　教育行政を執行する機関として、国（中央）に文部科学省が設けられている。文部科学省の所掌事務として、文部科学省設置法４条が、「地方教育行政に関する制度の企画及び立案並びに地方教育行政の組織及び一般的運営に関する指導、助言及び勧告」（３項）、「初等中等教育の基準の設定」（９項）、「教科用図書の検定」（10項）、「教科用図書の無償措置」（11項）等をあげている。更に、文部（科学）大臣の諮問機関である中央教育審議会、総理大臣の諮問機関である臨時教育審議会・教育改革国民会議、内閣の下に設置された教育再生会議が、国の文教政策の形成に大きな影響を与えてきた。

　地方には、教育の地方自治と教育行政の一般行政からの独立等を制度理念として、教育委員会が都道府県と市町村に設けられている。「教育委員会は、法令又は条例に違反しない限度において、その所管に属する学校その他の教育機関の施設、設備、組織編制、教育課程、教材の取扱その他学校その他の教育機関の管理運営の基本的事項について、必要な教育委員会規則を定める」（地方教育行政の組織及び運営に関する法律33条１項）。

　これらの教育行政機関は、上述のような法律、学校教育法施行令をはじめとする政令、学校教育法施行規則をはじめとする省令、通達（法令の解釈や運用方針等の示達）、教育委員会規則等に基づいて、活動している。

　教育行政の結果、種々多様な紛争が生じているが、そのすべてが裁判所で解決されうるわけではない。裁判所に救済を求めうるためには、①具体的な権利義務ないし法律関係に関する紛争で、②法律の適用により終局的に解決しうるものでなければならない（裁判所法３条は、裁判所は「法律上の争訟を裁判し」と規定している）。そのような要件を満たした場合にのみ、法令、処分等の合憲性、

合法性を、裁判で争えることになる。

　教育に関して憲法判断を行った主要な判決として、家永教科書裁判、旭川学力テスト事件、教科書費国庫負担請求事件、格技拒否事件、麹町中内申書事件、伝習館高校事件、等が存する。これらの裁判、とりわけ家永教科書裁判を通じて、国民の教育権説と国家の教育権説とが、対立していった。

3. 国民の教育権説

　国民の教育権説は、主張する論者によって微妙な差異があるが、家永教科書裁判（二次訴訟）で国民の教育権説の立場をとった杉本判決（東京地判昭和45・7・17判例時報604号29頁）は、①「子どもは未来における可能性を持つ存在であることを本質とするから、将来においてその人間性を十分に開花させるべく自ら学習し、事物を知り、これによって自らを成長させることが子どもの生来的権利」である、②「このような子どもの学習する権利を充足し、その人間性を開発して人格の完成をめざすとともに、このことを通じて、国民が今日まで築きあげられた文化を次の世代に継承し、民主的、平和的な国家の発展ひいては世界の平和をになう国民を育成する精神的、文化的ないとなみである」という「教育の本質にかんがみる」と、「子どもを教育する責務をになうのは親を中心として国民全体である」、③「公教育としての学校において直接に教育を担当する者は教師であるから、子どもを教育する親ないし国民の責務は、主として教師を通じて遂行されることになる。この関係は、教師はそれぞれの親の信託を受けて児童、生徒の教育に当たるものと考えられる」、④教育の内的事項は「一般の政治のように政党政治を背景とした多数決によって決せられることに本来的にしたしま」ないので、国家は大綱的基準以外の内的事項に介入しえず、国家の責任は原則として教育の外的条件の整備にある、としている。

　国民の教育権説は、国家による教育統制への防壁としての機能を果たし、とりわけ、堀尾、兼子教授によって提唱された「子どもの学習権（発達権）」論は、憲法26条の「教育を受ける権利」を経済的側面からのみ捉えがちであった憲法学説や判例にも、主に理念面で影響を与えていった。旭川学テ最高裁判決

14

（最大判昭和51・5・21刑集30巻5号615頁・判例時報814号33頁）も、「この規定の背後
には、国民各自が、一個の人間として、また、一市民として、成長、発達し、
自己の人格を完成、実現するために必要な学習をする固有の権利を有すること、
特に、みずから学習することのできない子どもは、その学習要求を充足するた
めの教育を自己に施すことを大人一般に対して要求する権利を有するとの観念
が存在していると考えられる。換言すれば、子どもの教育は、教育を施す者の
支配的権能ではなく、何よりもまず、子どもの学習をする権利に対応し、その
充足をはかりうる立場にある者の責務に属するものとしてとらえられているの
である」としている。

　しかし他方、国民の教育権説に対しては、①学校や教師を選ぶことの乏しい
義務教育法制の下では親による信託論は成り立たない、②子ども、親、教師を
一体として捉えているため、「国民」内部での対立、たとえば、親と教師との
対立を看過している、③「国家」内部での行政部と立法部との違いを軽視して
いるのではないか、等の疑問が生じる。

4．国家の教育権説

　家永教科書裁判（一次訴訟）で国家の教育権説の立場をとった高津判決（東
京地判昭和49・7・16判例時報751号47頁）は、①「現代公教育においては教育の私
事性はつとに捨象され、これを乗りこえ、国が国民の付託に基づき自からの立
場と責任において公教育を実施する権限を有する」、②国は「国民全般に対し
教育の機会均等、教育水準の維持向上を図る責務を有する」、③「議会制民主
主義のもとでは国民の総意は国会を通じて法律に反映されるから、国は法律に
準拠して公教育を運営する責務と権能を有するというべきであり、その反面、
国のみが国民全体に対し直接責任を負いうる立場にある」、④「適法に制定さ
れた法令による行政権の行使は、それがかりに教育内容にわたることがあって
も、……教育の本質を侵害する不当なものでないかぎり、……不当な支配に該
当せず、許される」としている。

　国家の教育権説は、議会制民主主義論、委任立法論を全面に押し出して論を

展開しているが、同説に対しては、①立法部に認められる立法裁量、行政部に認められる行政裁量といえども、子どもや親等の憲法上の権利、国家の政治的中立性の原則、委任立法の原則等によって限界づけられており、その限界がどこなのかが問われているのであるから、議会制民主主義論、委任立法論だけでは問題の解決とはなりえない、②人間の内面にかかわる創造的活動であるとの教育の本質を無視して教育を行政一般に解消するものであり、同説の議会制民主主義論はあまりに表面的すぎる、③親は我が子に対する公教育の内容を全面的に国家に付託しているといえるのか、「現代公教育は、教育の私事性、したがってまた親の『教育の自由』……の全面的否定のうえに成り立っているのではない。公教育は、教育の私事性、親の『教育の自由』と調和した形でのみ、存立する」（奥平）のではないか、等の疑問が生じる。

5．旭川学テ最高裁判決

　旭川学テ最高裁判決は、国民の教育権説、国家の教育権説の「いずれも極端かつ一方的であり、そのいずれをも全面的に採用することはできない」とする。そして、憲法26条は教育権の所在を「直接一義的に決定」してはおらず、「憲法の次元におけるこの問題の解釈としては、右の関係者らのそれぞれの主張のよって立つ憲法上の根拠に照らして各主張の妥当すべき範囲を画するのが、最も合理的な解釈というべきである。そして、この観点に立って考えるときは、まず親は、子どもに対する自然的関係により、子どもの将来に対して最も深い関心をもち、かつ、配慮をすべき立場にある者として、子どもの教育に対する一定の支配権、すなわち子女の教育の自由を有すると認められるが、このような親の教育の自由は、主として家庭教育等学校外における教育や学校選択の自由にあらわれるものと考えられるし、また、私学教育における自由や前述した教師の教授の自由も、それぞれ限られた一定の範囲においてこれを肯定するのが相当であるけれども、それ以外の領域においては、一般に社会公共的な問題について国民全体の意思を組織的に決定、実現すべき立場にある国は、国政の一部として広く適切な教育政策を樹立、実施すべく、また、しうる者として、

憲法上は、あるいは子ども自身の利益の擁護のため、あるいは子どもの成長に対する社会公共の利益と関心にこたえるため、必要かつ相当と認められる範囲において、教育内容についてもこれを決定する権能を有するものと解さざるをえず、これを否定すべき理由ないし根拠は、どこにもみいだせないのである」としている。また、教師の「教育の自由」の濫用は国家による権力的規制ではなく親や教師集団内部での相互批判によって抑制されていくべきであるとの主張に対しては、「右の自由の濫用等による弊害が効果的に防止されるという保障はなく、憲法が専ら右のような社会的自律作用による抑制のみに期待していると解すべき合理的根拠は、全く存しない」と答えている。

　旭川学テ最高裁判決には、親の教育の自由の範囲が狭く画定され、他方で国家の教育権限の範囲が広く画定される等の危険性が存するが、「国民の教育権」か「国家の教育権」かの二者択一論を排し、親、教師、私学、国家等の教育権（限）の範囲をそれぞれ画定していこうとする基本的姿勢自体は、妥当と思われる。多様な個人と集団をひとまとめに「国民」、国家の諸機関をひとまとめに「国家」とし、そのどちらに教育内容を決定する権利（限）が帰属するのかを問う枠組みから脱し、現在の課題を整理したうえで個別領域ごとの検討を行うべき時期にきている。以下、現在の課題について論じる。

6．「国民」内部の緊張関係

　国民の教育権説の立場に立つ論者のほとんどは、子ども、親、教師、教科書執筆者等を一体にして「国民」として捉え、それを国家と対峙させる（例外的に、今橋教授は早くから、子ども・親と教師との対抗関係を指摘していた）。たしかに、現実の教育紛争においては、子ども、親、教師等が一体となって国家と対立する場合が多々ある。しかし、教師と生徒とが対立した麹町中内申書事件（第6講参照）や体罰事件に典型的にみられるように、「国民」内部で争いが生じる場合も少なくない。また、正面から対立はしていなくても、子ども、親、教師等の間で、公教育への要求が異なる場合も少なくない。

　それ故、「国民」内部の関係を個別的にみていくことが必要となる。たとえ

ば、親と子どもとの関係については、多くの場合、協働関係である（子どもの年齢が上がっていくにつれて子ども主導の協働関係へと移っていく）が、例外的に、親と子ども、父親と母親が対立関係にある場合がある。教師と子ども・親との関係については、教師が子ども・親と一体となって文部科学省・教育委員会等と対立する場合と、教師が文部科学省・教育委員会等と一体となって子ども・親と対立する場合とがある。すなわち、教師には二面性があるのである。教科書執筆者と子ども・親・教師との関係については、両者の教育観や教育手法が一致している場合には協働関係にあるが、異なる場合には対立関係にある。

　「国民」内部の関係については、現実に公教育を受けている個々の子どもと親の権益と意向を基軸として、国家とも関係づけて、再構築していくことが必要となろう。

7. 主体としての子ども

　国民の教育権説の信託論、国家の教育権説の付託論のどちらによっても、子どもは教育を受ける客体、保護されるべき客体として、親は教育権の信託者、付託者として現れ、公教育の内容を形成していくのは、教師を中心とする「国民」全体、国会・文部（科学）省を中心とする「国家」ということになる。そして、現実の教育紛争において、両者はともに、自らの考える教育こそが、「学習権」をはじめとする子どもの権益、子どもの最善の利益に仕えるものであり、相手方がそれを侵害していると主張する。そこにおいては、公教育の場に実在する個々の子どもと親は、捨象されてしまっている。

　しかし、子どもを単に教育を受ける客体としてのみではなく、公教育の場においても、思想の自由、信教の自由等の市民的自由を自律的に行使し、自ら学び発達していこうとする主体として捉えることが必要である。そうすると、公教育の内容は、子どもの市民的自由によって限界づけられることになる。たとえば、生活指導としての校則が職員会議によって決定されようとも、教育委員会主導で決定されようとも、校則は生徒の思想の自由等を侵害するものであってはならない。また、教育内容や方法について、子どもが年長である場合には、

子ども自身の意向（子どもが年少である場合には、親の意向）を表明する機会の付与が求められることがありうる。

8. 集団と個人

　子ども、親、教師といっても、集団としての子ども、親、教師を指して使われる場合と、個々の子ども、親、教師を指して使われる場合とがある。たとえば、子どもや親の意向を反映した校則を制定するという場合の子ども、親は、集団としての子ども、親が念頭に置かれている。他方、日の丸・君が代に反対する子どもの退席を認めるという場合の子どもは、個々の子どもが念頭に置かれている。また、「子どもの最善の利益」ということがしばしば語られるが、そこでいう「子ども」は、集団としての抽象化された子どもを意味して用いられる場合と、個々の具体的な子どもを意味して用いられる場合とがある。

　公教育は集団的営みであるため、集団としての子ども、親、教師に焦点があてられることが少なくない。しかし、人間の属性、とりわけ、精神面での属性は、個人に固有のものであるので、思想の自由のような精神的自由の侵害が問題となっている場合には、個々人を念頭に置くべきこととなる。

　そこで、論を進めるにあたっては、集団と個人とを区別したうえで、①集団と集団との関係、②個人と個人との関係、③集団と個人との関係を深めていくことが必要となる。①の関係としては、職員会議のような教師集団とPTAのような親集団、生徒会のような子ども集団と職員会議のような教師集団、PTAのような親集団と生徒会のような子ども集団等といった関係をあげうる。②の関係としては、個々の教師と個々の親、個々の子どもと個々の教師、個々の親と個々の子ども等といった関係をあげうる。③の関係は更に、集団と個人が同質な場合と、異質な場合とに区分される。前者の場合としては、職員会議のような教師集団と個々の教師、PTAのような親集団と個々の親、生徒会のような子ども集団と個々の子ども等の関係をあげうる。後者の場合としては、職員会議のような教師集団と個々の子ども、PTAのような親集団と個々の子ども、生徒会のような子ども集団と個々の教師等の関係をあげうる。

9．決定権者と教育内容

　教育権論争においては、子どもへの教育の内容を決定しうるのは誰か（教育権の所在）が、争われてきた（例外的に、永井教授は、教育内容に着目し、憲法26条が将来の主権者を育てる「主権者教育」を要求していると主張していた）。しかし、教育権の所在の問題とは別に、誰が教えようと、憲法上、公教育において教えるよう要請されている教育の内容は何か、また、逆に、公教育において教えることを禁じられている教育の内容は何か、を検討することが必要となる。

　憲法は、26条2項において「子女に普通教育を受けさせる義務」と規定して、「普通教育」を与えるよう明示的に要請しているが、そこでいう「普通教育」とはどのような教育であるのかが、問題となる。この点、「専門教育ではなく、普通の国民にとって必要とされる教育」（宮澤）、「すべての国民にとって共通に必要とされる一般的かつ基礎的な教育」（佐藤）、「子どもが将来社会に出て生きて行くのに最低限度必要とされる能力・考え方等を養うこと、および、憲法の定める代表民主主義制度を担うことのできる国民として最低限度必要とされる考え方・読み書き能力等を養うこと」（竹中）といわれる。更に、それを超えて、基本的人権の尊重、平和主義、権力分立等といった憲法上の価値をも教えるよう憲法が要請しているのかが、最近論点となっている。

　他方、公教育が超えてはならない憲法上の限界が存する。ちなみに、旭川学テ最高裁判決は、国家の限界を論じる脈絡で「殊に個人の基本的自由を認め、その人格の独立を国政上尊重すべきものとしている憲法の下においては、子どもが自由かつ独立の人格として成長することを妨げるような国家的介入、例えば、誤った知識や一方的な観念を子どもに植えつけるような内容の教育を施すことを強制するようなことは、憲法26条、13条の規定上からも許されない」と述べている。

10．「国家」内部の機関

　「国家」といっても、中央レベルでの国会、内閣（文部科学省）、裁判所、地方レベルでの地方議会、長、教育委員会、校長等の多様な機関から構成される。

これらの具体的な国家機関間での違い、とりわけ、行政部と民主的基盤を有する立法部との違いが軽んぜられる傾向があったが、民主的基盤を有する立法部の役割をもっと重視すべきではなかろうか。

憲法26条は「法律の定めるところにより」として教育法律主義を定めている。このことは、教育の目的、内容、制度等の基本的事項は、文部科学省令、教育委員会規則等ではなく、国民の意思に基づいて法律で定めなければならない、ということを意味する。

しかるに、小中高等学校の教育内容に関しては、学校教育法は、その教育目的・目標を掲げるのみで（29条、30条、45条、46条、50条、51条）、「教育課程に関する事項」を文部科学大臣の定めに委ねている（33条、48条、52条）。文部科学省の告示である学習指導要領が、教育内容について詳細に定め、教育現場では、多くの教師はそれに従った授業を行っているというのが実情である。このような現行法令は、教育法律主義ではなく教育省令主義であり、問題を残している。

11. 教育論と法律論

教育権論争において多くの主張がなされてきたが、それらがどのようなレベルでの主張なのかを明らかにしておくことが必要である。まず、政策論・教育論としての主張と法律論としての主張とを、区別する必要がある。裁判所は政策論・教育論を決定する機関ではないからである。しかし、このことから、政策論・教育論を全面的に排除すべきであるとの帰結が当然に生じるわけではない。法律論を展開するに先立って教育論・政策論の現状を押さえたうえで、教育論の一部を法律論に取り込むことは、場合によっては有意義である。教育論のどの部分をどのような手法で取り込むのかを明らかにすることも、現在の課題の一つであろう（兼子教授によって提唱された「教育条理」に基づく解釈は、多くの学説に受け入れられていったが、「教育条理」論についても、どのようにしてそれをみいだすのかという問題が残る）。

次に、法律論としての主張であっても、憲法上の主張なのか、国際人権法上の主張なのか、法律上の主張なのかを、区別する必要がある。更に、憲法上の

主張であっても、自由権的側面での主張なのか、請求権的側面での主張なのかを、また、裁判規範性を有する権利としての主張なのか、理念上の権利としての主張なのかを区別する必要がある。親の「教育権」、子どもの「学習権」といった言葉が用いられることがあるが、用いる場合にはどの側面で用いているのかを示す必要がある。また、国際人権法上の主張であっても、その直接適用を求めるものなのか、間接適用を求めるものなのかを、明らかにしておくことが必要である。

なお、法律上の主張との関連で、教育基本法の位置づけが問題となる。この点、教育基本法は準憲法的性格をもち、教育基本法に抵触する法律は無効になる、との主張がみられるが、旭川学テ最高裁判決は、「同法における定めは、形式的には通常の法律規定として、これと矛盾する他の法律規定を無効にする効力をもつものではないけれども、一般に教育関係法令の解釈及び運用については、法律自体に別段の規定がない限り、できるだけ教基法の規定及び同法の趣旨、目的に沿うように考慮が払われなければならない」としている。

■主要参考文献■

- 堀尾輝久『現代教育の思想と構造』（昭和46年）。
- 宮澤俊義『全訂日本国憲法』276頁（昭和53年）。
- 兼子仁『教育法［新版］』（昭和53年）。
- 伊藤公一『教育法の研究』（昭和56年）。
- 佐藤功『憲法（上）〔新版〕』454頁（昭和58年）。
- 奥平康弘「教育の自由」法学教室35号6頁（昭和58年）。
- 今橋盛勝『教育法と法社会学』（昭和58年）。
- 永井憲一『憲法と教育基本権［新版］』（昭和60年）。
- 内野正幸『教育の権利と自由』（平成6年）。
- 竹中勲「国民の教育権・国家の教育権論争と憲法解釈学」産大法学27巻4号90頁（平成6年）。
- 戸波江二「国民教育権論の展開」講座現代教育法1『教育法学の展開と21世紀の展望』107頁（平成13年）。
- 米沢広一「教育を受ける権利と教育権」憲法判例百選Ⅱ〔第5版〕308頁（平成19年）。
- 三上昭彦「教育基本法の全面的『改正』と私たちの課題」教育735号4頁（平成19年）。

第 2 講

未成年者の人権享有主体性

　憲法は「成人専用」ではなく、憲法による人権保障は未成年者（＝子ども、以下、主に子どもとの用語を用いる）にも及ぶ。しかし、子どもは心身の未成熟性故、成人と同程度の権利保障を必ずしも受けるわけではない。日本国憲法上、子どもと成人との別扱いを明示する規定は、成年者による普通選挙（15条3項）、子女に普通教育を受けさせる義務（26条2項）、児童酷使の禁止（27条3項）のみである。それ以外の場合に子どもは憲法上成人と同等の扱いを受けるか否かについては、解釈に委ねられている。この問題を考えるにあたっては、①個々の権利の性格の違いに応じて子どもの権利を理論構成する、②子どもの「保護」と「自律」との関係を常に相反するものとして捉えるのではなく統一的に捉える、③子どもの心身の成熟度の違いに応じて検討する、④子どもと国家との関係だけでなく親との関係にも焦点をあてる、⑤子どもに固有の制限が人権制約原理一般の中でどのように位置づけられるのかを明らかにする、⑥子どもであるが故の制限と生徒であるが故の制限とを区別する、ことが必要となる。

1. 権利の性質

　子どもの権利保障の問題については、子どもと成人との別扱いが、人種による区分のような疑わしい区分にあたるため、平等条項の下で厳格な審査に服し、そのような審査基準の下では、子どもと成人との別扱いは原則として許されない、との主張がありうる。しかし、①子どもという属性は、すべての人が一定期間のみ有し、いずれは通過し去る属性である、②憲法自体が、15条3項、26

条2項、27条3項において、子どもと成人との別扱いを明示的に認めている、との点からして、子どもと成人との別扱いを疑わしい区分とはみなしえない。子どもと成人との別扱い一般を画一的に論じるのではなく、権利の性格に即した検討が必要となる。

　すなわち、選択の自由を内実とするか否かを基準として、①成人とは必ずしも同等の保障を受けるわけではない権利と、②成人と同等の保障を受ける権利とに区分することが可能である。前者には、精神的自由、職業選択の自由等が含まれるが、これらの権利の行使は一定の判断能力を前提としているために、必ずしも成人と同等に保障されるわけではない。しかし、そのことからただちに、国家による制限が正当化されるわけではない。その前に、親の役割、子どもの心身の成熟度、権利の「手段的機能」等についての検討が必要となる。後者には、拷問および残虐刑の禁止、遡及処罰の禁止、正当な補償を受ける権利等が含まれるが、これらの権利は判断能力と無関係であるため、子どもにも成人と同等に保障される。

　ただし、選択の自由を内実とする権利であっても、局面によっては、成人と同等の保障が及ぶ場合がありうる。たとえば、政党への加入を強制されない自由（結社の自由の消極面）については、その消極面の行使の結果、成人と比べて子どもが特に傷つくというわけではないので、成人と同等の保障が及ぶといえる。また、権利の中には、選択の自由を内実とする面と内実としない面とが混在しているものがある。たとえば、裁判を受ける権利は、民事・行政訴訟を提起し遂行するという面では選択の自由を内実としているが、裁判によらなければ刑罰を科せられないという面では選択の自由を内実とはしていない。それ故、上述の区分を一応の枠組としたうえで、個々の権利が主張される脈絡に即した検討が必要となる。

　更に、子どもの心身の未成熟性、依存性、成長可能性故、子どもにとりわけ保障される権利についての検討が必要となり、そのような権利の中核に、発達権、学習権が据えられている。たしかに、発達権、学習権を子どもに特に保障することの意義は、強調されるべきであるが、理念上の権利としてではなく裁

判規範性を有する権利として主張する場合には、その権利の具体的内容は何か、その権利の実現に裁判所はどのようにかかわるべきか、等の点を更に深めることが必要となる。この点、自由権的側面で捉えた場合には、発達権、学習権の主張は、国家の介入を排除する機能を果たすことになるが、思想の自由、信教の自由、自己決定権等に加えて、発達権、学習権を主張する必要性のある場合は、少ないであろう。必要性のある場合でも、抽象的、多義的概念である発達権、学習権の内容を具体化、特定化して検討していくことが求められる。他方、請求権的側面で捉えた場合には、発達権、学習権の主張は、国家による積極的援助を要請する機能を果たすことになるが、子どもの発達、学習を保障するような教育条件の内容は、国家の財政状況、教育学をも含めての検討の結果決定されうるので、その実現は原則として、政治過程を通じてなされることとなる（なお、何をもって「発達」「学習」とみなすのかは、人によって考え方が異なりうる。にもかかわらず、子どもの発達、学習のための国家の積極的援助を手ばなしで要請することは、国家にとって都合のよい「発達」「学習」観を随伴する危険性を有している。発達権、学習権の主張を行うにあたっては、このことにも留意する必要がある）。

2．保護と自律

　子どもは脆弱な存在であるが、それをマイナスに、固定的に評価すべきではない。「その弱さを可塑性に富んだ発達の可能態として」（堀尾）、「自律への能力の現実化の過程にある」（佐藤）として、捉えなければならない。子どもの保護と自律とを対立的に捉えるのは、妥当ではない。両者は互いに結びついた面を有しているのである。

　すなわち、子どもは、心身とも未成熟であるために傷つきやすく、また、未成熟状態から成熟状態へと成長していく際に、子ども自身の力のみでは不十分であり、他者に依存せざるをえない。そのために、親や国家による保護を必要とする場合がある。それ故、子どもへの保護を全面的に否定することは、子どもが心身ともに健全に成長することの否定へとつながっていく。子どもが自律

能力を有する人間へと成長していくためには、保護が必要なのである。

このように、「子どもの保護」の必要性が存すること自体は、否定しえないが、「子どもの保護」を理由とする制限には、保護が必要とされる場合、保護が必要な子どもの範囲、必要とされる保護の程度等を過度に捉える危険性や、現時点での保護の必要性を強調するあまり子どもの将来の可能性を抑圧する危険性が、内包されている。「子どもの保護」は、子どもに対してプラスの効果だけでなくマイナスの効果も与えうる。更に、国家が「子どもの保護」の名の下に過度に介入し、親の教育の自由や家族の自律を侵害する危険性も存している。それ故、「子どもの保護」のための制限であれば、すべて許容されるというわけではない。

他方、権利の自律的行使は、次のような理由から、判断能力が未成熟な子どもにとっても、大きな意義を有している。すなわち、第1に、自律は個人の尊厳につらなるものとして、それを行使すること自体に価値を有している。子どもによる権利の自律的行使は、常に子どもにとって適切な結果をもたらすとは限らないけれども、自律の価値は結果のみによっては評価しきれない面を有している。第2に、権利を行使する能力は、実際にそれを行使することによって形成されていくという面を有している（「手段的機能」）。極端な場合には、それが誤って行使されると思えても、その行使を許容した方が子どもの将来にとって有益であることもありうる。このような点を考慮するならば、子どもは判断能力が未成熟であるので権利を誤って行使する→子ども自身を保護するために権利の行使が制限される、との図式は、単純化されすぎており、子どもにとっての自律の意義を正確に反映したものとはいえない。

そこで、一方では必要最小限の子どもの保護を図りつつ、他方では子どもの自律を国家に対して最大化することが必要となり、そこから次のような一般的要請が生じる。まず第1に、後述する意味での「成人」の範囲の最大化が図られねばならない。第2に、「子どもの保護」は、現時点だけではなく、子どもの将来の判断能力の成熟化過程をも見据えてなされなければならない。子どもの判断能力は、継続する成長過程の中で徐々に形成されていくものであって、

成人年齢に達した時点で突然開花するものではない。個々の局面での自律的決定を積み重ねることによって、徐々に判断能力を高めていくのである。それ故、個々の局面での子どもによる自律的行使の「失敗」を恐れるあまり、必要とされる判断能力の程度をあまりに高く設定することは、成熟化過程を閉塞させることになり、許容されない。それに加えて、このような要請は、国家に対する場合ほどは強くないけれども、親にも向けられる。すなわち、親の教育の自由といえども、無制限ではなく、子どもの判断能力の成熟化過程の育成という要請によって制限を受けることになる。このように解することによって、成人になった際に権利を自律的に行使するための能力が準備され、人生の目標を追求する機会を他の者と対等に有することになる。第3に、後述するように国家による「子どもの保護」と親による「子どもの保護」とを区別したうえで、国家による「子どもの保護」を最小限とし、それ以外の保護については家族内での自律的解決に委ねられねばならない。すなわち、子どもにどの程度の保護が必要かという点については、個々人によって考え方がかなり異なりうる。国家による子どもの保護は、原則的には、個々人が必要と考える保護の最大公約数にとどめるべきである。子どもへのそれ以上の保護は、それを必要と考える親が自己の子どもに対して個別的に行えばよいのである。このように解することによって、家族の自律への国家の過度の介入が避けられ、社会の多元性が維持されることとなる。

　なお、後述の児童の権利条約12条、家事事件手続法152条、169条、178条等に規定されている子どもの意見表明権が、保護と自律との「交差点」として、注目される。すなわち、意見表明権は、決定権そのものまで認めるものではないが、子どもの意向を織り込もうとする点で、自律的行使の前段階にあり、他方、子どもの意向に従わない余地を残す点では、保護の延長線上にある。現在のところ、意見表明の機会を付与する法令は、ごく少数にとどまっているが、今後、増加していくことが望まれる。

3．未成年者の多様性

　未成年者の心身の成熟度には、年齢差、個人差が大きく、そのような年齢差、個人差を憲法上どのように扱うべきかが、問題となる。憲法自体は成人年齢を何歳というふうには定めていないが、民法4条が「年齢二十歳をもって、成年とする」と規定しているのをはじめ、未成年者飲酒禁止法1条1項、未成年者喫煙禁止法1条等、多くの法律が、20歳を成人年齢としている。このように、現行法上、一般的成人年齢は20歳とされているが、必要とされる判断能力の程度は、判断を求められている対象に応じて異なるので、すべての場合に一律に境界線を20歳に引く必然性は存しない。年齢による区分についても、自律の最大化—「成人」の最大化の要請が働き、対象ごとに応じた個別的「成人」年齢を立法上設定することが求められる（もっとも、あまりに低い「成人」年齢を設定することは、未成年者自身を傷つけ、親の教育の自由を侵害することになり、憲法上許容しえない）。現行法上、個別的「成人」年齢を18歳とするものとしては、青少年保護条例一般での「青少年」の終期、普通免許の付与（道路交通法88条1項）等が、16歳とするものとしては、宣誓義務（民事訴訟法201条2項）、二輪免許・原付免許の付与（道路交通法88条1項）等が、15歳とするものとしては、遺言（民法961条、962条）養子縁組（民法797条1項）等がある。

　なお、平成19年に成立した日本国憲法の改正手続に関する法律（国民投票法）は、憲法改正の国民投票の投票権者を18歳以上の日本国民としている（3条）。同法の付則3条は、18歳以上20歳未満の者が国政選挙に参加できること等となるよう公職選挙法、民法等の「成人」年齢を検討し「必要な法制上の措置を講ずる」としている。それに基づき、平成27年の公職選挙法改正により、選挙権年齢が20歳から18歳に引下げられた。

　このような現行法上の一般的および個別的「成人」年齢については、その年齢を引き下げるべきである、個別的「成人」年齢間での整合性をとるべきである、等の批判がありうる。この点、「成人」の最大化という要請は、立法部に向けられた憲法上の一般的要請であって、それをどう具体化するかは、生理学、心理学、社会学等を含めた総合的な判断が必要とされるため、原則として立法

部の裁量に委ねられることになり、具体化が明らかに不合理な場合にのみ裁判所が介入し違憲判決を下すことになろう。

　更に、このような個別的「成人」年齢に加えて、一定年齢以上の未成年者に、見解を表明する機会を与えたり、親等の同意を条件として自律的決定を認めることが要請される。現行法上、前者を規定するものとして、家事事件手続法152条、169条、178条等をあげうる。これらの規定は、子が15歳以上であるときには、子の監護、親権者の指定、親権者の変更に関する審判をする前に、子の陳述を聴かねばならないとしている。この点、未成年者の見解を表明する権利を直接憲法から導くことは、一般に困難であり、その付与は、原則として、立法部の裁量に委ねられているといえる。ただし、例外的に、未成年者の将来に極めて重大な影響が生じうるような決定がなされるに先立って、年長の未成年者に見解を表明する機会を与えることが、憲法13条から直接導かれる余地がありうる。この点からすれば、親権喪失手続において年長の未成年者に見解を表明する機会を与える規定が存しないこと等が、憲法上問題とされよう。後者を規定するものとして、年長の未成年者（男は18歳、女は16歳以上）の婚姻への父母の一方の同意（民法731条、737条）等をあげうる。

　次に、未成年者の個人差の問題に移ろう。未成年者には個人差が大きいために、そのような個人差をどのように扱うのかという点が、年齢による「未成年者」と「成人」の区分との関係で、問題となる。というのは、年齢による「未成年者」と「成人」の区分は、個々の未成年者の成熟度を正確に反映したものにはならないからである。すなわち、未成年者への特別扱いの根拠を未成年者の未成熟さに求めながらも、年齢を境界線とすることは、「未成年者」の中に成人と同等の成熟した判断能力を有する未成年者を含ましめると同時に、「成人」の中に未成熟な判断能力しか有さない成人をも含ましめる結果となってしまうのである。それに対処する方法としては、①そのような不整合性を認めつつも、年齢による区分はその法的安定性と客観性の故に不可避であるとして、一般的成人年齢および個別的事項についての個別的「成人」年齢を設定し、その年齢の妥当性を検討する、②未成年者と成人との区分を全廃する、③個々の

未成年者の判断能力の差異に応じた個別的決定を行い、個々人ごとに一定の事項につき「成人」扱いする、との三つの方法が考えられる。

しかし、②の方法は、かえって子どもを傷つけてしまうので支持しえないし、③の方法にも、法的安定性と客観性の見地から、広範に導入するには問題が残る。それ故、①の方法を基軸として、民法753条（「未成年者が婚姻をしたときは、これによって成年に達したものとみなす」と規定し、婚姻した未成年者を、私法上、成人と同じ能力をもつとみなしている）のように、一定の範疇の未成年者を一定の目的で「成人」扱いするという方法、および③の方法を、部分的に加味していくのが、妥当であろう。

4．関 係 性

子どもは自律能力の形成過程にあり、その自律能力は他者からの保護、教育、援助等を受ける中で形成されていくので、子どもの権利の問題は、子どもをとりまく他者と子どもとの関係抜きでは語りえない。この点は、「〈保護と自律〉という子どもの発達にとって不可欠の二つの契機は—日常の単純な経験の示す通り—そもそも一定の『人間関係』の中で、相互に規定し合いながらダイナミックに展開するものである」「子どもが必要としているのは、権利の名の下に孤立化させられた『利益』なのではない。子どもが最も必要としているのは『関係』なのである」（森田）との指摘にもみられるところである。子どもの「保護」と「自律」は、一定の人間関係の影響下で、互いにからみあって進展していくものなのである。

子どもと他者との関係は、子どもと親、教師、私立学校、医師等多様であるが、とりわけ、親とのかかわりが重要である。子どもは心身の未成熟性故、多かれ少なかれ、他者、とりわけ親に依存せざるをえない。憲法上の権利の行使の局面においても、子どもの親への依存性故、親は、一方では、子どもの判断能力の未成熟性を補完し憲法上の権利の行使を援助する機能を果たしうるとともに、他方では、子ども自身による憲法上の権利の行使を抑止する機能をも果たしうる。それ故、子どもの憲法上の権利の行使の問題を考えるにあたっては、

30

子ども―国家との二極構造ではなく、子ども―親―国家との三極構造として捉えるべきこととなる。

5. 制約原理

　人権の制約原理は通常、他者への害悪防止のための内在的制約と、弱者保護、国民経済の発展等のための政策的制約とによって説明され、精神的自由は内在的制約のみを受けるとされる。では、子どもに固有の制限は人権制約原理一般の中でどのように位置づけられるのであろうか。この問題については、子どもに固有の制限の内容を具体的に検討し、それがどのような意味で成人の場合と異なるのかを明らかにすることが必要となる。

　まず、精神的自由について、子どもに固有の制限を政策的制約原理で説明することは、子どもについてのみ、精神的自由と経済的自由との「二重の基準」をあいまいにし、広範な立法裁量を導きだす危険が存するので、妥当ではない。そこで、内在的制約原理で説明する方法が考えられる。それはたしかに、子どもという属性に内在する制約という意味では、内在的制約といいうる。しかし、そこでの制約には、通常いわれている他者への害悪防止のための制約という意味での内在的制約原理では説明しきれない要素が残る。すなわち、子どもに固有の制限は、①他者（成人）への害悪を防止するために制限がなされる場合、②他者（他の子ども）への害悪を防止するために制限がなされる場合、③子ども本人を保護するために制限がなされる場合とに一応区分しうる。①の場合には、成人が行えば他者に害悪を与えなくても、子どもが行えばその心身の未成熟性故害悪を与えうるとの意味で、子どもに固有の制限が生じる。②の場合には、更に、受け手が子どもであるためにより害悪が生じやすくなるとの意味で、固有の制限が加重される。これら二つの場合には、他者への害悪防止のための制限という意味での内在的制約原理の枠内で説明しえる（もっとも、その場合でも、子どもの心身の未成熟性、親の役割等をどのように評価するのかという固有の論点は残る）。それに対して、③の場合には、本人とのかかわりによる制限であるので、上述の意味での内在的制約原理では説明しきれない。

次に、経済的自由について、子どもに固有の制限を政策的制約原理で説明することは、「弱者」保護のための「強者」への制限を中核とする政策的制約原理を変質させることになり、妥当ではない。他方、内在的制約原理で説明しようとしても、精神的自由について指摘したのと同じ問題点が残る。以上のように、子どもに固有の制限には、内在的—政策的制約の枠内では説明しきれない部分が残らざるをえない。

それ故、「『人権』の制約に関し、『内在的制約』と『外在的制約』とに二分して説明するのが通例であった。子どもの『自由容認の範囲』を限定する措置は、おそらく右のいずれによっても説明することが困難であろう。それは率直にパターナリズムに基づく第三の範疇として捉え、その妥当する根拠と範囲を明確にすることが必要というべきではなかろうか」（佐藤）、心身の未成熟性と経済的依存性の故、「他からの保護を受けざるをえないという点で、完全にパターナリズムを排除することはできない」（樋口）と考えるべきことになろう。

このように制約原理上の差異を明確に認めることに対しては、子どもと成人との違いを強調しすぎ、子どもを不当に抑圧することにならないか、との批判が予想される。しかし、そのような差異を認めることは、必ずしも子どもの抑圧に結びつくわけではない。なぜならば、子どもは心身の未成熟性、依存性故、保護を必要としており、そのような保護の下で自律能力を形成していく側面を有しているからである。それ故、「子どもの保護」という抽象的な文言による安易な制限の正当化を避けて、「保護」の具体的内客を、たとえば、交通事故からの生命・身体の保護というように明らかにし、保護のための制限が妥当する範囲を必要最小限に限定するならば、そのような危険は避けうるであろう。

それとの関連で、パターナルな制限に対する合憲性審査基準が問題となる。判例上、岐阜県青少年保護育成条例事件（最三判平成元・9・19刑集43巻8号785頁・判例時報1327号9頁）での伊藤補足意見が、「青少年の精神的未熟さに由来する害悪から保護される必要がある」ことから、LRA、明確性の基準等の「違憲判断の基準についても成人の場合とは異なり、多少とも緩和された形で適用される」との考え方を示し、そのような考え方をそのまま採用する下級審判決

(宮崎地判平成6・1・24判例時報1495号57頁）も現れるに至っている。しかし、この場合、緩和されるのか否かよりも、合憲性審査のうちのどの点がどのような意味で成人の場合と異なるのかというふうに問題をたてるほうが適切であろう。そうすると、正当な規制目的については、「子どもの保護」も含まれ、成人の場合と比べてその範囲が拡大される。そして、正当な規制目的が拡大されるため、正当な手段の範囲も拡大される。しかし、規制目的と手段との関連性の程度や文言の明確性の程度と、子どもの未成熟性との間には、何ら因果関係をみいだしえないので、成人の場合と同程度の関連性、明確性が必要となる。更に、この問題については、パターナルな制約の効果は、子どもだけにとどまらず成人にまで及ぶ場合が少なくないことにも留意する必要がある。すなわち、有害図書自動販売機の規制のように、成人の自由をも制限することになったり、未成年者喫煙禁止法や未成年者飲酒禁止法のように、子どもではなく成人（親権者や販売者等）を処罰対象とする場合がある。それらを考慮すれば、一般的な「審査基準の緩和」には慎重でなくてはならない。

6．学校固有の制限

　子どもは、政治活動、髪型、服装、オートバイに関する校則等にみられるように、学校とのかかわりで制限を受けることが少なくない。このような場合には、子どもであるが故の制限を法律や条例によって課せられているのに加えて、生徒であるが故の制限を課せられる根拠はどこに求められるのかが、問題となる。この点、①学校は子どもの心身の発達に応じた普通教育を施す場であり、②心身ともに未成熟な生徒が登校時から下校時まで校内にいることを義務づけられていることから、制限の根拠は、①本人および他の生徒の普通教育（学校教育法16条、21条、29条、45条、50条、63条参照）の習得、②他の生徒の消極的自由（たとえば、特定の思想にさらされることを「強制」されない自由）の保護等に求められる（更に、①②に加えて、「民主政を担う市民の育成」も制限の根拠たりうるのかが問題となる。この点、たしかに、多元的な個人の自律が機能しうるためには最低限の「共通の土俵」が必要であるけれども、他方では多数派の考える市民像の

押しつけ等の危険性が存する。その点を考慮すれば、「民主政を担う市民の育成」のための制限をも認めることに対しては、最低限の「共通の土俵」から逸脱しないよう慎重な対応が求められよう）。そこで、個々の脈絡に応じて、これらの根拠と当該制限との実質的関連性を問うことが必要となる。

　なお、生徒の権利制限の問題を検討するに際しては、教師と生徒との間での対等性の欠如と選択の不十分性という学校の特性を考慮に入れる必要がある。すなわち、両者の心身の成熟度には大きな差異があるのに加えて、教師（学校）は懲戒権限、成績評価権限等を通じて法的もしくは事実上の支配を生徒に及ぼしうる。また、義務教育段階での公立学校への入学にみられるように、選択の余地が乏しい場合が多々ある。それ故、生徒の権利侵害が争われている場合には、上述の2点に十分配慮したうえで法理論を構築する必要がある。たとえば、学校での自律的機能への配慮、教師の専門性の尊重を根拠にして、裁判所の自制が説かれることがある。この点、たしかに、日常的な学校運営から生じる紛争に裁判所はむやみに介入すべきではない。しかし、生徒は心身とも未成熟であり、教師と対等にわたりあえる状況にはないため、学校内での自律的機能の尊重は、子どもの教師への「従属」という結果になる危険性を内包している。また、教師の専門性は、基本的には生徒の成長のために尊重されるべきものであるから、生徒の憲法上の権利を犠牲にしてまで尊重されるべきものではない。それ故、生徒の憲法上の権利侵害が問題になっている場合には、上述の2点を根拠に裁判所の自制を導くことには慎重でなくてはならない。

7．権利主張への援助

　子どもも人権の享有主体であるけれども、実際には、精神的未成熟性と教師・親への従属性故、権利主張を行えずに侵害が学校内や家庭内に隠蔽されてしまう場合が少なくない。そのため、権利侵害を顕在化させ、子どもが学校、裁判所、議会・教育委員会等に対して権利主張を行うための援助が必要となる。その意味で、教育情報の公開・開示請求（第7講参照）や、子どもの人権相談窓口・オンブズパーソン等の活用が、今後もより求められることになろう。

34

　後者については、平成10年に制定された川西市子どもの人権オンブズパーソン条例が注目される。同条例は、子ども又は大人から子どもの人権救済の申立てを受けたオンブズパーソンは、当該申立てについての調査を実施し（11条）、市の機関へ是正等の措置をとるよう勧告しうる（15条）、市の機関は勧告を尊重せねばならず（15条）、勧告に応じられない場合はその理由を示さねばならない（17条）等と規定している。それに引き続き、平成13年には、岐阜県岐南町子どもの人権オンブズパーソン条例、平成14年には、埼玉県子どもの権利擁護委員会条例等が、制定されている。

　このような第三者機関を設けるにあたっては、まずもって、救済の実効性確保が求められるが、他方で、家庭教育や学校教育への不当な介入にならないような配慮も求められる。その点、埼玉県子どもの権利擁護委員会条例は、調査を開始するには原則として当該子ども・親の同意を必要とし（9条3項）、政党又は政治的目的のための地位利用を委員に禁じている（6条4項）。

■主要参考文献■

- ・堀尾輝久「人権と子どもの権利」ジュリスト増刊・日本の子ども246頁（昭和54年）。
- ・佐藤幸治「子どもの『人権』とは」自由と正義38巻6号4頁（昭和62年）。
- ・中村睦男「憲法学と子どもの人権」法律時報59巻10号33頁（昭和62年）。
- ・樋口範雄「子どもの権利のとらえ方」法律時報61巻13号21頁（平成元年）。
- ・米沢広一『子ども・家族・憲法』（平成4年）。
- ・初宿正典「子どもの基本権」法学教室168号67頁（平成6年）。
- ・森田明『未成年者保護法と現代社会』（平成11年）。
- ・米沢広一「未成年者と人権」憲法の争点〔第3版〕66頁（平成11年）。
- ・米沢広一「子どもの人権」ジュリスト1192号75頁（平成13年）。
- ・喜多明人他（編）『子どもオンブズパーソン』（平成13年）。
- ・大江洋『関係的権利論』（平成16年）。

第3講 生徒の自己決定権

　校則、生徒心得等と称される学校内規（以下、校則と呼ぶ）によって、生徒の生活指導がなされており、校則には、制服着用、パーマの禁止、オートバイの禁止、喫煙・飲酒の禁止、アルバイトの許可制等多くの事項が定められている。そして、それを守らない生徒に対しては、校則違反を理由に懲戒処分が課せられることがある。それに対して、多くの訴訟が提起され、そこにおいて生徒側から、自己決定権を侵害し違憲である、学校の権限（裁量）を逸脱しており違法である等の主張がなされている。

1. 憲法13条の自己決定権

　自己決定権は、プライバシーの権利、名誉権、環境権等と同様、憲法には明示されていないが、憲法13条の幸福追求権から導かれる。

　幸福追求権の範囲については、学説上争いがある。広義説（一般的自由説）は、あらゆる生活領域に関する行為の自由（一般的行為の自由）と広く捉え、このように広く捉えることによって、人権保障が強化されると主張する。それに対して、狭義説（人格的自律権説）は、個人の人格的生存に不可欠な利益を内容とする権利の総体と限定的に捉える。

　広義説に対しては、①あらゆる自由が憲法上の権利とみなされるようになれば、「人権のインフレ化」が生じ、憲法上の権利であることが大した意味をもたなくなる、②憲法上の権利を拡大すれば、その反面として、それらを制限する論拠としての「公共の福祉」の登場をいたずらに促すことになる、③文字どおりあらゆる自由と捉えると、たとえば殺人の自由までが憲法上の権利となっ

てしまう、等の批判がなされる。他方、狭義説に対しては、①人格的利益とそれ以外のものとの区分が明確ではなく、何が憲法上保護される権利なのかの決定が困難である、②人権の基底を理念的な「人格」に求めようとするあまり、卑近な人間の欲求を軽んずるおそれがある、等の批判がなされる。このような両説の対立は、自己決定権の範囲についても、そのまま反映されることとなる。

自己決定権の類型としては、①自己の生命、身体の処分にかかわる事項—治療、臓器移植等、②家族の形成、維持にかかわる事項—婚姻、離婚、子どもの養教育等、③リプロダクション（生殖）にかかわる事項—妊娠、出産、避妊、中絶等、④ライフ・スタイルの自由—髪型、服装、オートバイ、喫煙・飲酒の自由等があげられる。①②③については、多くの学説が憲法上の自己決定権とみなしているが、④をも憲法上の自己決定権とみなすか否かについては、学説は対立している。広義説は④をも憲法上の自己決定権とみなす。狭義説の一部は、④のうち、オートバイ、喫煙・飲酒の自由を憲法上の自己決定権とみなすのはむつかしいが、髪型、服装はそれを通じて自己の個性を実現させ人格を形成するものであるので憲法上の自己決定権とみなしうる、とする。他の狭義説は、④は原則として憲法上の自己決定権とはみなしえず、学校の権限論の問題として扱うべきだとする。

自己決定権の制限に対する合憲性審査基準として、狭義説は主として厳格審査を念頭に置いているが、一律に厳格審査が妥当するというべきかは検討の余地があるとする。他方、広義説の立場に立った場合、すべての自由を包摂しかつそのすべてに厳格審査が妥当すると解すると、人権全体の価値体系との整合性がとれなくなってしまうので、審査基準の厳格性に幅をもたせることになろう。

もっとも、それとは別に、学校での規制の場合に審査基準が緩和されるのか、との論点があり、一定の規律の存在が予定される学校では、重要な教育目的があり、規制がそれと実質的な関連性があれば、規制は許される、とする見解も存する。

2．婚　　姻

　未成年者の婚姻については、民法731条が「男は、18歳に、女は、16歳にならなければ、婚姻をすることができない」と規定し、更に、民法737条が、父母の一方の同意を必要としている。一定の年齢に達するまで未成年者の婚姻を認めないこと自体は、一定期間の時間的制約であり、婚姻生活には負担も伴うため成熟を待つことにも合理性があると考えられるので、違憲とはみなしえない（ただし、男女で2歳の年齢差を設けていることは、平等条項違反の疑いが濃い）。また、その境界線を年齢によって引くか否か、何歳で引くかは、原則として、立法部の裁量に委ねられていると解される。父母の同意要件については、成人に近い未成年者の婚姻の自由を制限することになるが、数年間の時間的制約であり、親は未成年者の判断能力の未成熟性を補い未成年者の最善の利益になるよう同意権を行使すると推定されることから、違憲とはいえないであろう。

　学校とのかかわりでは、16歳以上の女子高生の婚姻が問題となる。民法上の要件を満たした婚姻を校則で禁止し懲戒処分の対象とすることは、原則として許されない。ただ、教師に対しては、女子高生との婚姻を在学中禁じることは許容されよう。

3．中　　絶

　母体保護法上、人工妊娠中絶は14条が規定する場合（「身体的又は経済的理由により母体の健康を著しく害するおそれのあるもの」、暴行等により「姦淫されて妊娠したもの」等）でなくてはならないとされている（もっとも、現実には、中絶はほとんど自由になされている）。そして、同法は「本人及び配偶者の同意」を必要としているため、文言上は、未成年の妊婦が婚姻している場合には、夫の同意がなければ中絶できないことになる。しかし、夫に中絶への「拒否権」を付与することは、妻の身体と人生の中枢部分を夫の支配下に置くこととなり、憲法上許容しえないと解される（もっとも、現実には「配偶者の同意」も形骸化している）。他方、未成年の妊婦が未婚である場合には、特別の規定はない（実際に用いられている同意書には親権者という欄はない）。

38

学校とのかかわりでは、女子生徒の中絶が問題となる。中絶それ自体と本人又は他の生徒の普通教育の習得との間に実質的関連性をみいだしえないので、中絶をしたこと自体を理由に生徒に懲戒処分を課することは許されない。

4. 性　　交

青少年の性交については、各自治体が制定する青少年保護条例が、「青少年」（ほとんどの場合、18歳未満）と「淫行」した相手方（多くの場合、18歳以上）に罰則を科している。福岡県青少年保護育成条例事件において、最高裁（最大判昭和60・10・23刑集39巻6号413頁・判例時報1170号3頁）は、処罰対象の「淫行」とは、広く青少年に対する性行為一般ではなく、①「青少年を誘惑し、威迫し、欺罔し又は困惑させる等その心身の未成熟に乗じた不当な手段により行う性交又は性交類似行為」及び②「青少年を単に自己の性的欲望を満足させるための対象として扱っているとしか認められないような性交又は性交類似行為」を意味すると解され、不明確とはいえず憲法31条に違反しない等として、同条例を合憲とみなしている。同判決は、性交の自由が憲法上の自己決定権に含まれるか否かについては言及していないが、性交は妊娠に直結しうるものであるので、自己決定権に含めるべきであろう。

生徒の性交は多様な脈絡でなされうるので、脈絡に応じた検討が必要となる。一方では、売春、性交の斡旋、威迫による性交の強制、校内の施設での性交等がなされうる。これらの場合は、懲戒事由たりうる。しかし、他方では、婚姻を前提とした校外での性交等もありえ、そのような場合には、懲戒事由たりえない。

ただ、その相手が教師である場合には、脈絡の如何にかかわらず、教師に懲戒処分を課することは許されよう（なお、青少年保護条例、児童福祉法、児童買春・児童ポルノ処罰法による処罰対象となる場合もありうる。たとえば、最三決平成10・11・2刑集52巻8号505頁・判例時報1663号149頁は、教師が女子中学生にバイブレーターによる自慰をさせた行為を、児童福祉法34条1項6号の「児童に淫行をさせる行為」にあたるとみなしている）。ちなみに、大阪地判平成2・8・10

判例タイムズ795号162頁は、妻子がありながら女子高生と交際し卒業直後に肉体関係をもつに至った教師への懲戒免職処分を、地方公務員法33条の信用失墜行為の禁止にあたるとして、合法と判示している。

5. 髪　　型

　生徒の髪型の自由は、以前は少なからぬ中学校において、丸刈りの強制によって制限されていた。丸刈りの強制は、①丸刈りという髪型を唯一のものとして強制しており、髪型についての選択の余地を全面的に奪うものである、②下校後も事実上継続するものである、③男子中学生に対してのみ強制されているとの点で、生徒の生活指導の中でも特異である。

　公立中学での生徒の丸刈りの強制は、熊本丸刈り訴訟において、憲法14条、31条、21条違反、裁量権の逸脱の問題として争われたが、合憲、合法と判示されている。すなわち、一審判決（熊本地判昭和60・11・13判例時報1174号48頁・確定）は、憲法14条違反の主張に対しては、「男性と女性とでは髪型について異なる慣習があり、いわゆる坊主刈については、男子のみその習慣がある」、憲法31条違反の主張に対しては、「本件校則には、本件校則に従わない場合に強制的に頭髪を切除する旨の規定はなく……強制的に切除することは予定していなかった」、憲法21条違反の主張に対しては、「髪型が思想等の表現であるとは特殊な場合を除き、見ることはできず、中学生において髪型が思想等の表現であると見られる場合は極めて稀有である」として、違憲の主張を斥ける。裁量権の逸脱の主張に対しては、生徒のしつけは実際に教育を担当する者、最終的には校長の専門的、技術的な判断に委ねられるべきものであるから、校則が教育を目的として定められたものである場合には、その内容が著しく不合理でない限り、校則は違法とはならない、との枠組みを設ける。そして、本件校則は生徒の非行化防止、清潔さの保持、質実剛健の気風の養成等の教育目的で制定されている、丸刈りは今なお男子生徒の髪型の一つとして社会的に承認されており特異な髪型とはいえない、応じない場合には懲戒処分として訓告の措置をとることとしており、バリカンでの強制的丸刈りや内申書への記載は予定していな

40

い等のことからすると、本件校則の教育上の効果には多分に疑問の余地があるが、その内容が著しく不合理であることが明らかであると断じることはできない、とする。このように述べて、一審判決は、損害賠償（精神的苦痛）請求を棄却している（校則の無効確認等は却下している）。

それに対して、学説の多くは、憲法13条違反の問題として争うべきであったと主張している。すなわち、それらの学説は、髪型の自由を憲法13条の自己決定権の一つと位置づけたうえで、合憲性審査基準については、優越的地位を有する表現の自由の場合よりは緩やかな「厳格な合理性」の基準、「合理的関連性」のテスト等が妥当するとし、生徒の丸刈り強制の合憲性を疑問視している。なお、受刑者の丸刈り強制の事例であるが、東京地判昭和38・7・29判例時報342号4頁も、一般的自由説の立場に立ち、髪型の自由を憲法上の権利とみなしている。

これらの学説のように、自己決定権の範囲を広く捉え、その内容に応じて審査基準を異ならしめるのも、一つの考え方であるが、本件の場合には、丸刈りの強制が学校によって生徒に対してのみなされているので、憲法論によらずとも、学校の権限論の問題として扱えば足りると解される。その際には、丸刈りをはじめとする生活指導は、職業的教師の純然たる教育専門事項ではなく、家庭教育ともかかわるものであるので、著しく不合理でない限り合法とみなすのではなく、合理的関連性の有無を実質的に審査することが必要となる。

実質的に審査するにあたっては、なぜ、学校教育を行ううえで、丸刈りを唯一の髪型として強制することが必要なのか（坊ちゃん刈りや横わけでは、なぜだめなのか）が、問われなくてはならない。学校の権限は生活指導にも及びうるが、学校教育の遂行と丸刈りを唯一の髪型として強制することとの間には、合理的関連性をみいだしえない。それ故、丸刈りの強制は学校の権限を逸脱しており、違法と解される。

パーマの禁止については、私立修徳高校パーマ事件で争われた。本件は、校則に違反して自動車運転免許を取得したこと、パーマをかけたこと等を理由として自主退学の勧告を受け、それに従って退学した高校生が、卒業認定、損害

賠償（精神的苦痛）等を求めた事例である。一審判決（東京地判平成3・6・21判例時報1388号3頁）は、憲法違反の主張に対しては、「個人の髪型は、個人の自尊心あるいは美的意識と分かちがたく結びつき、特定の髪型を強制することは、身体の一部に対する直接的な干渉となり、強制される者の自尊心を傷つける恐れがあるから、髪型決定の自由が個人の人格価値に直結することは明らかであり、個人が頭髪について髪型を自由に決定しうる権利は、個人が一定の重要な私的事項について、公権力から干渉されることなく自ら決定することができる権利の一内容として憲法13条により保障されている」と述べ、髪型の自由を憲法上の権利とみなす（運転免許については「個人の人格との結びつきは間接的なものにとどまる」としている）。しかし、高校生にふさわしい髪型を維持し非行を防止するためにパーマを禁止する必要性を否定できず、他方で、「右校則は特定の髪型を強制するものではない点で制約の度合いは低」く、また「入学する際、パーマが禁止されていることを知っていたことを併せ考えるならば、……右校則は、髪型決定の自由を不当に制限するものとはいえない」としている。裁量権逸脱の主張に対しては、昭和女子大事件最高裁判決（最三判昭和49・7・19民集28巻5号790頁・判例時報749号3頁）と同じ枠組みにより、すなわち、学内の事情に通暁し、直接教育の衝にあたる者の合理的な裁量に委ねられ、右判断が社会通念上、合理性を欠く場合に限り、自主退学勧告は違法となる、との枠組みを設ける。そして、平素の行状及び反省状況、パーマをかけた行為が、免許取得制限校則違反の後に、重ねて校則に違反して行われた点等を考慮すると、本件勧告が社会通念上合理性を欠くとはいえない、としている。二審判決（東京高判平成4・10・30判例時報1443号30頁）、最高裁判決（最一判平成8・7・18判例時報1599号53頁）は、憲法上のいわゆる自由権的基本権の保障規定は、私人間相互の関係に当然に適用ないし類推適用されるものではないので、本件校則が直接憲法の基本権保障規定に違反するかどうかを論ずる余地はないとしたが、それ以外は一審判決をほぼ踏襲している。

　パーマの禁止については、原則として髪型の自由を認めつつ特定の髪型のみを禁止するものであるので、丸刈り強制の場合と同様に考えることはできず、

42

パーマは高額であり大人の髪型であると考えられている現状を考慮すれば、違法とはいえないであろう。

6. 服　　装

　生徒の服装の自由は、多くの学校において、制服の強制によって制限されており、その合憲性、合法性が、幾つかの事例において争われている。そのうちの千葉県立大原中学制服代金等請求事件二審判決（東京高判平成元・7・19判例時報1331号61頁）は、本件制服の指定は社会的合理性のある範囲内で定められており、制服を着服しなくても制裁的措置はとられていない等の点から、学校長の裁量の範囲を逸脱するものではない等と述べ、損害賠償請求（制服購入費）を棄却した一審判決（千葉地判平成元・3・13判例時報1331号63頁）を支持している。最高裁判決（最判平成2・3・29判例集未登載）も、それを支持している。

　服装の場合には、下校後着替えうる点で侵害の程度は髪型の場合ほどは大きくない。しかし、学校教育の遂行と制服を唯一の服装として強制することとの間には、合理的関連性をみいだしえず、やはり違法と解される。すなわち、非行化の防止、学業への専念、衛生面の保持等といった目的は正当な教育目的であるが、それらを達成するには特定の服装の禁止で足りる。また、学校への帰属意識の養成のために必要であると主張されることがあるが、帰属意識はよき教育を受けることによって自然にうまれてくるものであって、強制的に同じ服装をさせることによって生じさせるものではなかろう。

　なお、最近では、標準服制をとる学校も増えてきているが、「準じる」服の幅が限定されている場合には、制服の場合と同様の論が妥当しよう。

7. オートバイ

　未成年者によるオートバイの運転につき、道路交通法88条1項1号は、16歳未満の者には免許を与えないとしているが、多くの高校では、オートバイの免許取得、購入、運転が校則によって禁止されており（三ない原則）、違反者に懲戒処分がなされる場合がある。このような高校生に対する禁止の合憲性、合法

性を判断した下級審判決が、幾つかだされている。

　私立東京学館高校バイク事件は、校則に違反して購入したバイクを友人にまた貸ししたところ、友人がそのバイクで警官に重傷を負わせたため、自主退学勧告を受けそれに従い自主退学した生徒が、損害賠償（精神的苦痛）を請求した事例である。一審判決（千葉地判昭和62・10・30判例時報1266号81頁）は、憲法違反の主張に対しては、憲法第3章の基本権規定は私人相互の関係を規律することを予定するものではないとする。裁量権濫用の主張に対しては、生徒に対する規律権はその内容が社会通念に照らし著しく不合理でない限り無効とはならないとの枠組みを設ける。そして、三ない原則は生命・身体の保護、非行化の防止、勉学時間の確保といった教育的配慮に基づいたもので社会通念上不合理なものとはいえない、としている。二審判決（東京高判平成元・3・1判例集未登載）、最高裁判決（最三判平成3・9・3判例時報1401号56頁）も、一審判決をほぼ踏襲している。

　高知県立大方商業高校バイク事件は、学校の許可を受けることなくバイクの免許を取得したことを理由に無期家庭謹慎措置（2週間後に解除）を受けた生徒が、損害賠償（精神的苦痛）を請求した事例である。一審判決（高知地判昭和63・6・6判例時報1295号50頁）は、本件校則は校長の教育的・専門的見地からの裁量の範囲を逸脱した著しく不合理なものであるとはいえず、その趣旨、目的と社会通念に照らし、学校の設置目的と合理的関連性を有するとした。二審判決（高松高判平成2・2・19判例時報1362号44頁・確定）は、「憲法13条が保障する国民の私生活における自由の一つとして、何人も原付免許取得をみだりに制限禁止されないというべきである」が、「その自由の制約と学校の設置目的との間に、合理的な関連性があると認められる限り、この制約は憲法13条に違反するものではない」と述べ、合憲と結論づけている。また、本件校則が道路交通法に違反するとの主張に対しては、その規制の趣旨目的を異にする（教育目的と道路交通の円滑性・安全性）として、斥けている。

　他方、処分が重すぎるとして違法とした判例もみられる。私立修徳高校バイク事件は、校則で禁止されているバイクの運転免許を取得しバイクに乗車した

ことを理由に退学処分を受けた生徒が、損害賠償（精神的苦痛）を請求した事件である。一審判決（東京地判平成3・5・27判例時報1387号25頁）は、憲法違反の主張に対しては、憲法13条の規定は私人相互の関係を直接規律することを予定するものではないとする。裁量権逸脱の主張に対しては、バイク事故が学校教育活動に支障をもたらし、生徒がバイクに熱中して学業を疎かにするおそれもあること等からすれば、バイクを規制することは学校設置目的達成のために許され、本件校則は社会通念上十分合理性を有するが、過去に処分歴がなく十分自戒するに至っていた原告に対しては他の懲戒処分によっても教育の目的を十分達成できたので、本件退学処分は社会通念上著しく妥当を欠き、裁量権の範囲を逸脱した違法な処分であるとした。二審判決（東京高判平成4・3・19判例時報1417号40頁・確定）も、一審判決をほぼ踏襲している。

　学説上も、大方商業事件二審判決のように、オートバイ運転の自由を憲法13条の自己決定権に包摂させる見解がみられる。しかし、高校生のオートバイ運転の制限も、学校の権限論の問題として扱えば足りると解される。すなわち、道路交通法が16歳以上の者にオートバイの免許取得を許容しているにもかかわらず、校則によって高校生に禁止することの根拠が問われなければならない。この点、上述の判決は、生徒の生命・身体の安全の保持、非行化の防止、学業への専念を、制限の根拠としてあげている。しかし、道路でのオートバイ事故から生命・身体を守ることは、学校の権限外の事項であり、正当な制限根拠たりえない（16歳以上の未成年者のオートバイ運転が危険ならば、道路交通法の改正によって対処すべきである）。他方、非行の防止、学業への専念は、学校の権限内の事項といえるが、それらの根拠からオートバイ運転の全面的禁止を導き出しうるか疑問である。禁止しうるのは、校内での駐輪スペース、騒音防止、接触事故防止等を理由としてのオートバイによる登下校の禁止（交通不便な地域からの通学者を除く）までであり、免許取得や下校後の運転まで禁止することはできない。

8. 喫煙・飲酒

　未成年者の喫煙・飲酒は、未成年者喫煙禁止法と未成年者飲酒禁止法によって、禁止されている（同法は、未成年者ではなく親権者、販売者等を処罰対象としている）。もっとも、最近では、同法違反で処罰されることはほとんどなく、生徒の喫煙・飲酒が学校での懲戒事由とされるにとどまっている。

　監獄での被拘禁者の喫煙に関して「喫煙の自由は、憲法13条の保障する基本的人権の一に含まれるとしても」といった微妙な表現をした最高裁判決（最大判昭和45・9・16民集24巻10号1410頁・判例時報605号55頁）が存するが、生徒の喫煙に関する下級審判決は、憲法論ではなく権限論の問題として扱い、学校に広範な裁量を認めている。すなわち、判例は、「懲戒を適切に行うには、懲戒の対象となる行為の軽重のほか、本人の性格及び平素の行状、当該行為の他の生徒に与える影響、懲戒処分の本人及び他の生徒に及ぼす訓戒的効果など諸般の事情を総合考慮する必要」があり、「これらの事情は、学校内の事情に通暁し、直接教育の衝に当たる懲戒権者自身でなければ十分知ることができない」ので、「原則として、懲戒権者の合理的な裁量に委ねられ」、「裁量権の行使が社会通念上著しく妥当性を欠」く場合に違法となる、との枠組みを設けて、その多くは裁量権の濫用には至っていないと結論づけている（過去２回謹慎処分を受けた私立高校生への教室内での喫煙を理由とする退学処分に関する大阪地判平成３・６・28判例時報1406号60頁・確定、公立高校生への映画館での喫煙と校内での窃盗を理由とする退学処分に関する岡山地判昭和26・5・30行集２巻７号1132頁、広島高裁岡山支判昭和27・7・18行集３巻６号1309頁、私立高校生へのビヤホールとスナックでの飲酒を理由とする退学処分に関する高知地決昭和57・11・8判例タイムズ491号109頁）。

　他方、処分が重すぎるとして違法と判断した判例もみられる。たとえば、私立高校生へのセンター試験受験のために宿泊していたホテル内での喫煙を理由とする退学処分に関する大阪地判平成７・1・27判例時報1561号36頁、大阪高判平成７・10・24判例時報1561号34頁・確定は、教育目的に関連する限り生徒の校外での活動についても学校は規律できるとしたうえで、「窃盗、万引、飲酒、薬物乱用等に対する処分が謹慎、停学とされていることと対比すると、喫

46

煙が改善の見込がないとして、直ちに学外に排除しなければならないほど悪質な行為とはいえない」として、本件退学処分を裁量権の濫用とみなしている。

喫煙・飲酒禁止法については、20歳という境界線が社会実態にそぐわず高すぎるとの問題点が存する。しかし、民法や公職選挙法上の「成人」年齢が20歳とされていることを考慮すれば、違憲とまではいえないであろう。学校での懲戒については、喫煙・飲酒禁止と教育環境維持との合理的関連性を肯定することができ、教育活動中での喫煙・飲酒は懲戒事由となりうる。ただし、懲戒処分の程度については、比例原則違反の審査によりそれが重すぎるとして違法とされることはありうる。

9．校則と懲戒処分

学校教育法施行規則4条は、教育課程、学習の評価及び課程修了の認定、入退学・卒業等に関する事項を、学則に記載するよう求めているが、それとは別に、校則、生徒心得等と称される学校内規（校則）によって、生徒の生活指導が規律されている。このような校則の法的性格については、①営造物の利用関係を規律する営造物管理規則である、②公立学校における生徒の在学関係も、私立学校の場合と同様に契約関係であり、校則は契約の約款である、③学校という部分社会における自治的法規範である、等の見解がある。

学校教育法11条は、「校長及び教員は、教育上必要があると認めるときは、文部科学大臣の定めるところにより、学生、生徒及び児童に懲戒を加えることができる」と規定する。それを受けて、同法施行規則26条は、1項において、「懲戒を加えるに当っては、児童等の心身の発達に応ずる等教育上必要な配慮をしなければならない」とし、2項において、「懲戒のうち、退学、停学及び訓告の処分は、校長……がこれを行う」とし、3項において、懲戒処分のうちの退学処分は、公立の小中学校の生徒を除いて、①「性行不良で改善の見込がないと認められる者」、②「学力劣等で成業の見込がないと認められる者」、③「正当の理由がなくて出席常でない者」、④「学校の秩序を乱し、その他学生又は生徒としての本分に反した者」に対して行うことができるとし、4項におい

て、小中学校の生徒には停学処分をなしえないとしている。このような懲戒処分が校則違反者に課せられることになるが、そのうちの退学処分については、同法施行規則26条３項がその処分事由を限定的に列挙している趣旨からも、他の処分に比較して慎重な配慮を要する。

10. 救済方法

校則違反を理由として懲戒処分がなされた場合は、その処分の違憲性、違法性を裁判で争うことができる。しかし、場合によっては、校則の無効を争う本案審理への「壁」が立ちはだかることがある。すなわち、懲戒処分にまでは至らなくとも、まわりの圧力によって校則に従わざるをえないことが多々ある。そのような段階で校則の無効確認を求めて出訴しても、公立小野中丸刈り事件の一審判決（神戸地判平成６・４・27判例タイムズ868号159頁）、二審判決（大阪高判平成６・11・29判例集未登載）、最高裁判決（最一判平成８・２・22判例時報1560号72頁）のように、本件校則は生徒の守るべき一般的な心得を示すにとどまり、個々の生徒に対する具体的な権利義務を形成するものではないので、抗告訴訟の対象となる処分にはあたらない、として却下されることがある。そこで、学説からは、生徒は村八分、教師からの冷遇等の「制裁をおそれて（制裁に屈服し）、意に反して校則に従わざるをえない（萎縮的効果）」状況下に置かれているので「校則の存在により被りうる種々の不利益を避けるために、丸刈り・校外制服着用の義務のないことの事前確認を求める訴えが許容されるべきである」（阿部）との主張がなされることとなる。

また、訴訟の係属中に生徒が卒業してしまうことがある。その場合には、熊本丸刈り一審判決のように、校則の無効確認の訴えについては、原告は卒業しており「処分を受けるおそれはない」として却下されることがある。そこで、学説からは、入学前に校則の無効確認を求めて出訴できるように「予防的原告適格」を認めるべきである（阿部）との主張がなされることとなる。しかし、公立小野中丸刈り事件一審判決は、転居、学区の変更、校則の改定、他の中学への進学の可能性もあることを理由に、その点を否定している。

48

　また、退学処分ではなく「自主退学」で決着がつけられることもある。自主退学勧告に従っての自主退学については、私立修徳高校パーマ事件一審判決が、「退学処分を回避する手段として自主退学勧告が選択されることが多い現状では、自主退学勧告があった場合、これに従うか否かの意思決定の自由は、事実上制約されるという面がある」ので「自主退学勧告は直ちに退学処分もしくはこれに準ずる処分とはいえないとしても、学校長の裁量権を逸脱した自主退学勧告がされるなど、勧告自体に違法性が認められる等の特別な事情がある場合には、その勧告に従った自主退学の意思表示も無効になる場合がある」としている。私立東京学館高校バイク事件一審判決は、「本件自主退学勧告は懲戒処分というべきであ」り、「その処分が校長の裁量の範囲内であるかの検討にあたっては、退学処分に準じて考察することが必要である」としている。

　なお、平成16年に、実効的な救済手段を整備するとの視点から、行政事件訴訟法が改正され義務付け訴訟（3条6項1号・2号）等が法定されたが、改正法が学校関係の訴訟においてどのように解釈運用されていくのか、注目される。

11. 手続的保護

　生徒の懲戒処分に際しての手続的保護については、判例上、要件の充足が緩やかに解される傾向にある。たとえば、私立修徳高校パーマ事件一審判決は、「学校が生徒に対し事実上の懲戒措置をとる場合には、生徒の学習権を保障するために、公正な手続によるべきことが要求されると解され、とりわけ本件勧告のように生徒にもたらす不利益が大きい措置をとる場合にはより慎重な手続によることが求められ、自主退学勧告においては、勧告を受ける生徒に対し勧告の理由を認識させ、それに対する弁明の機会を保障することが最小限度必要である」が、全体を通じてみれば原告は理由を認識しており、弁明する機会も保障されていたといえるとして、適正手続違反の主張を斥けている。私立東京学館高校バイク事件一審判決は、担任との「1、2回の面接であったとしても、そこに弁明、反省の機会はあったはずである」としている。また、政治活動を理由とする懲戒処分の事例でも、学級担任等を通じて生徒を把握している事情

の下では「必ずしも別個に弁明の機会を作る必要はない」（福島地判昭和47・5・12判例時報677号44頁）、「処分の告知方法について特に定めのない現行制度のもとにおいては、口頭告知により被処分者が処分の取消を得なければ救済しえないほどの不利益を被ったことが具体的に肯認できる場合」を除き（書面によらない）口頭の告知でも違法とはならない（東京高判昭和52・3・8判例時報856号26頁・確定）、「学則に特別の規定があるかあるいは慣行のある場合を除き、処分に先立ち、被処分者たる生徒の弁明をきくか否かは、処分権者たる校長の裁量にまかされている」（大阪地判昭和49・3・29判例時報750号48頁）とされている。

たしかに、行政手続法（及び行政手続条例）は、3条1項7号において、生徒への処分を適用除外としており、適用されない。また、学校教育法上、出席停止については平成13年の改正により、事前の保護者からの意見聴取、理由及び期間を記載した文書の交付が必要と規定された（35条2項）が、懲戒処分については手続的保護の規定は置かれていない（11条）。しかし、憲法13条（論者によっては31条）が要請する手続的保護は、生徒の懲戒処分にも妥当するのであって、学則に手続規定がない場合でも、少なくとも退学処分の場合には、事前の書面での理由の告知と弁明の機会が、憲法上要請されよう。更に、平成6年の児童の権利条約の批准後は、同条約12条2項による手続的保障の要請が生じてくる（その点については、第15講参照）。

■主要参考文献■

- 米沢広一「青少年保護条例の合憲性」ジュリスト昭和60年度重要判例解説8頁。
- 市川須美子「校則裁判と生徒の権利保障」ジュリスト918号55頁（昭和63年）。
- 戸波江二「校則と生徒の人権」法学教室96号6頁（昭和63年）。
- 米沢広一「東京・修徳学園校則違反事件」ジュリスト平成3年度重要判例解説17頁。
- 中村睦男「バイクおよび髪型規制を定める私立高校校則と生徒の懲戒」判例評論395号20頁（平成4年）。
- 阿部泰隆「丸刈り強制校則の処分性と入学前の生徒の原告適格」ジュリスト1061号117頁（平成7年）。
- 米沢広一「未成年者の自己決定権」法学教室177号49頁（平成7年）。
- 土井真一「公立中学校による生徒心得の制定行為と抗告訴訟の対象となる処分」判例評

論454号178頁（平成8年）。
・大島佳代子「わが国における校則訴訟と子どもの人権」帝塚山法学4号71頁（平成12年）。
・浅利祐一「公立中学校における髪形の規制」憲法判例百選Ⅰ〔第4版〕46頁（平成12年）。
・結城忠『生徒の法的地位』（平成19年）。

第 **4** 講

日の丸・君が代と学校

　学校での日の丸の掲揚、君が代の斉唱が推し進められ、それに反対した教師が懲戒処分を受けるという事件が数多く生じているが、この問題を検討するにあたっては、幾つかの点での区分が必要となる。第1は、日の丸・君が代の内容がいわば「客観的」に日本国憲法1条の国民主権原理、9条の平和主義、20条の政教分離原則等に反するから違憲であると主張する場合と、強制されることが当該個人のいわば「主観的」な思想・良心の自由（憲法19条）、信教の自由（憲法20条）等を侵害するから違憲であると主張する場合との区分である。第2は、日の丸の掲揚、君が代の斉唱の取り止めを求める場合と、卒業式、入学式等の式典からの退席等の自由を求める場合との区分である。第3は、日の丸の掲揚、君が代の斉唱自体と、それに付随する教育との区分である。第4は、生徒への強制と教師への強制との区分である。

1．大日本帝国憲法下の日の丸・君が代

　白地に赤丸の旗は、古くから用いられてきたが、日本の国を表すために公式に用いられたのは、幕末に徳川幕府が日の丸の旗を「日本惣船印」と定めたのが最初であるといわれる。

　明治維新後、明治3年の太政官布告により、日の丸を、商船・郵船、海軍、陸軍の「御国旗」と定めた。これ以降、国旗が何であるかを定めた法規範はなかったが、一般には、日の丸が国旗として使用され、学校の教科書でも日の丸が国旗であると記載されていた。日の丸の赤丸が何を示しているのかについては、太陽神である天照大神を表すとの記載が昭和10年代前半の教師用教科書等

にみられるが、一般には太陽そのものを表すと理解されていた。

君が代の歌詞は、「古今和歌集」に収められている「わが君は千代に八千代にさざれ石の巌となりて苔のむすまで」が原型であり、それ以来、さまざまな場面で詠まれ続けてきた。その際、「君」は、「主君」「天皇」を指したり、「恋人」「敬愛する男女」を指したりした。「代」は、「時代」「治世」を指したり、「齢」を指したりした。

明治維新後、明治26年の文部省告示で、小学校において祝日大祭の儀式を行う際に歌う曲の一つとして、君が代が指定され、明治33年の「小学校令施行規則」では、紀元節・天長節・元日に、教職員・生徒が登校し式典を行い、君が代を歌うことが定められた。そこでは、「天皇統治の御代の永遠」を願う歌として君が代が歌われていった。ただ、君が代を国歌とする法令は存在せず、昭和12年から4年間だけ使われた「尋常小学校修身巻四」が「国歌」と題して君が代について記述していたにとどまる。

2．日本国憲法下の日の丸・君が代

昭和33年改訂の学習指導要領（文部省告示）において、学校行事等の指導上の留意事項として、「国民の祝日などにおいて儀式を行う場合には、国旗を掲揚し君が代を斉唱させることが望ましい」と初めて明記された。ついで、昭和52年の学習指導要領では、「君が代斉唱」の表現が「国歌斉唱」に改められた。学習指導要領が「望ましい」と表現していたため、その法的効力が訴訟での争点の一つとなったこともあって、平成元年に告示された新学習指導要領は、従来の表現を、「入学式や卒業式などにおいては、その意義を踏まえ、国旗を掲揚するとともに、国歌を斉唱するよう指導するものとする」と改めた。学習指導要領が「国旗」「国歌」とのみ記載しているため、日の丸・君が代は日本の「国旗」「国歌」なのかが訴訟での争点の一つとなったこともあって、平成11年には、「国旗及び国歌に関する法律」（国旗国歌法）が制定され、「国旗は、日章旗とする」（1条）、「国歌は、君が代とする」（2条）と定められた。

日の丸・君が代に対しては、日章が天照大神を示している点で国民主権原

理・政教分離原則に違反し、日の丸が侵略戦争のシンボルであった点で平和主義に反し、君が代が天皇の治世の永続を願う歌詞である点で国民主権原理に反する等との批判が一貫してなされてきた。しかし、そのような反対を、主に教師への懲戒処分によっておしのけて、文部（科学）省・教育委員会が「指導」を強めていく中、日の丸の掲揚率と君が代の斉唱率は上昇を続け、現在ではほぼ100％となっている。

3．日の丸・君が代の憲法適合性

　国家が国民統合の象徴として国旗・国歌を定めること自体は、憲法に違反することではない。ただ、その内容は客観的にみて憲法に反するものであってはならない。

　日の丸の憲法適合性に関する憲法学説としては、一方では「『日の丸』は、日本軍がアジアの国々の人たちに突きつけた銃剣の先につけられていた旗であった。こうした歴史をもつ旗や歌を、いまこの時代の日本の国旗・国歌とすることが、はたして適切であろうか。……たとえば、もしもドイツが、あのナチスの『ハーゲン・クロイツ』旗をいまもなお国旗として掲げていたとしたら、私たちはどう感じるであろうか」（浦部）との見解がみられる。他方では、「国民主権を定める憲法１条違反ないし政教分離原則を定める20条違反と論じることは、日章が天照大神を示していることを論証しない限り、説得力に欠ける。……大日本帝国憲法下においても、そうした議論は例外であったことは、この論証を困難にしている。日章旗は侵略戦争のシンボルであり、したがって平和的生存権ないし９条違反と論じることも、かなり困難であろう」（横田）との見解もみられる。

　判例としては、大阪市立鯰江中学校事件一審判決（大阪地判平成８・３・29労働判例701号61頁）、二審判決（大阪高判平成10・１・20判例地方自治182号55頁・確定）が、日の丸が天皇に対する忠君思想を象徴するものであり憲法の理念と相容れないとの主張に対して、「国旗の有する意義も時代とともに変遷し、国民の国旗をめぐる考え方も不変ではなく」「現在、日の丸を国旗として容認する国民の多

数の意識は、もとより過去の偏狭な皇国主義、国家主義に基づくものではなく、憲法の掲げる平和主義、国民主権の理念に基づき、日の丸に、その象徴としての役割を期待しているところにある」としている。

君が代の憲法適合性に関する憲法学説としては、一方で「『君が代』は、その楽曲はともかく、その歌詞は明らかに日本国憲法の基本原理たる国民主権（１条）に反しており、違憲の歌である。小渕首相は国会答弁の中で、『君』は『象徴天皇』を指し、『代』は『国』であるとした。……仮に小渕解釈にたつとしても、『君が代』は『象徴天皇の国』ということになる。現在の日本国は、『主権者国民の国』であって、間違っても『天皇の国』ではない。したがって、この歌詞は憲法に違反する」（横田）との見解がみられる。他方、「この歌詞が旧憲法のもとで担わされた意味と、この歌が果たした歴史的役割を考えるならば、少なくとも、積極的に適合的ということはできない」が、「『君が代』の内容は、論理的にいうならば『象徴』としての天皇の地位の永遠を歌うものとして、日本国憲法下においても適合的でないとは必ずしもいえないであろう」（樋口）との見解もみられる。

判例としては、後述の伴奏拒否事件一審判決が、「天皇は日本及び日本国民統合の象徴であるから（憲法１条）、『君が代』の『君』が天皇を指すからといって、直ちにその歌詞が憲法１条を否定することには結び付かない」としている。京都市君が代テープ事件一審判決（京都地判平成４・11・４判例時報1438号37頁）は、「君が代の内容が相当か否かは、内心に潜在するシンボルの適否の問題といえる。それは、もともと、国民ひとりひとりの感性と良心による慣習の帰すうに委ねられるべき性質のものであ」り「国歌とされるものの歌詞や曲が二義を差し挟まない程度に明らかに憲法を誹謗し、破壊するものであることが明白でない限り、その適否は、本来、裁判所の司法判断に適合しない」として、君が代が憲法違反であるのでそのテープ購入のための公金支出も違法であるとの原告主張を斥けている。なお、その際に、国旗への敬礼や国歌の斉唱を罰則や退学処分をもって生徒に強制する事例とは別の問題である、と付言している。

この点については、憲法１条の象徴天皇制規定の存在、現在の国民意識、国

旗国歌法の制定等を考慮すれば、裁判所が日の丸・君が代の内容自体を違憲と判断するのはむつかしいであろう。以下、日の丸・君が代の内容が客観的にみて違憲であるとまではいえない、との前提で論を進める。

4. 生徒の思想・信教の自由

　日の丸・君が代の内容が客観的にみて違憲であるのかという問題と、日の丸・君が代が個人の主観的な思想・良心、信教の自由等を侵害するのかという問題とは、別次元の問題である。日の丸・君が代が客観的にみて違憲の旗・歌でないとしても、特定の者にとっては、思想・良心、信教の自由等の侵害にあたる場合が生じうる。たとえば、一切の偶像崇拝を禁じる宗派の信者である生徒は、日の丸を含むすべての国旗への敬礼を強制することは憲法20条に違反すると主張しうる。すべての国家体制を廃止すべきであるとの信念を有する生徒は、君が代を含むすべての国歌の斉唱の強制は憲法19条に違反すると主張しうる。日の丸・君が代の内容が憲法に違反しており敬礼・斉唱できないとの信念を有する生徒は、日の丸への敬礼や君が代斉唱の強制は憲法19条に違反すると主張しうる。それらの生徒に日の丸・君が代を強制することは許されず、拒否権が認められなければならない。

　もっとも、生徒が拒否権を行使した場合、自己の思想・信条等が明らかになってしまうという問題が残る。日の丸の掲揚・君が代の斉唱自体を取り止めれば、そのような問題は回避できる。しかし、自己の信念に基づいて日の丸・君が代を拒否する生徒がいる一方、他方では、卒業式等の式典では日の丸を掲揚し、君が代を斉唱すべきであるとの信念を有する生徒も存する。そのような状況下では、日の丸の掲揚・君が代の斉唱自体の取り止めまで求めることはできないであろう。

　なお、実際には、生徒の拒否が訴訟で争われた事例は、我が国ではまだ存しない（ゲルニカ訴訟一審判決［福岡地判平10・2・24判例タイムス965号277頁］は、君が代は歌えませんとの生徒の発言に呼応するかのように着席した教師への戒告処分を合法とみなし、最高裁［平成12・9・8判例集未登載］も教師からの上告を棄却して

いる)。

　もっとも、元号については、生徒が訴訟で争った事例が存する。西暦表記の卒業証書を要望したが、元号表記の卒業証書を交付された公立中学校の生徒が、思想・良心の自由等を侵害され精神的苦痛を被ったとして、国家賠償を求めたが、一審判決（大阪地判平成6・11・11判例集未登載・確定）は、①元号表記の卒業証書も「受忍の範囲内であり、思想・信条の制限にはあたらない」、②元号表記が法令によって定められているわけではなく、「学校長に卒業証書の様式決定権限がある」と判示している。

5．日の丸・君が代に付随する教育

　学校で日の丸掲揚・君が代斉唱を執り行うこと自体が憲法上許容されるとした場合でも、そのことから、それに付随して行われる教育はどのようなものであっても憲法上許容されるとの帰結が生じるわけではない。

　平成元年告示の学習指導要領は「入学式や卒業式などにおいては、その意義を踏まえ、国旗を掲揚するとともに、国歌を斉唱するよう指導するものとする」としているが、「その意義を踏まえ」の運用が、その点とのからみで問題となる。大津日の丸訴訟一審判決（大津地判平成13・5・7判例タイムズ1087号117頁）は、「同条項が教師による国旗を巡る歴史的事実等を生徒に教えることを禁止するものということはできず、したがって、国旗条項において『その意義を踏まえ、国旗を掲揚する』こととされていることから、教師に対し国旗についての一方的な一定の理論を生徒に教え込むことを強制するものと解することはできない」と述べている。

　このように、日の丸掲揚・君が代斉唱の前後に、天皇を崇拝しなければならないとか、個人は国家のために自己を犠牲にしなければならない等と教えることは、「子どもが自由かつ独立の人格として成長することを妨げるような国家的介入、例えば、誤った知識や一方的な観念を子どもに植えつけるような内容の教育を施すことを強制するようなことは、憲法26条、13条の規定上からも許されない」との旭川学テ最高裁判決の判旨に照らしても、許されない（なお、

昭和33年に道徳の時間が教育課程に設けられ、平成14年度より「心のノート」が配布され、平成18年の教育基本法改正の際に「道徳心を培う」ことが教育目標の一つとされ、平成30年度より道徳が教科化されるというふうに、道徳教育が強化されてきているが、道徳教育についても、同様の制約が妥当する）。他方、日の丸・君が代を巡る歴史的事実や種々の考え方を生徒に提示することは許されるし、むしろ好ましいといえる。

なお、教育委員会の指導の下で日の丸掲揚等を推し進める校長は地下鉄サリン事件の実行犯と同じくマインドコントロールされていると記載した資料を配布して授業を行ったことを理由に、公立中学の教師が訓告を受けるという事件が生じている。東京地裁八王子支判平成16・5・27判例地方自治266号49頁は「校長らを犯罪者に比肩するこのような本件授業の方法が、原告の目指した自主性の尊重という教育の目的を達成するのに通常必要となる手段であると評価することは到底困難である」等と述べ、訓告を合法とみなしている（二審判決である東京高判平成17・2・10判例集未登載も、ほぼ同趣旨で合法とみなしている）。これは、日の丸掲揚等に反対する立場からの行き過ぎた授業の例といえる。

6．教師と日の丸・君が代

教師が懲戒処分を受けた事件は、①掲揚されている日の丸を引き下ろす、式典中に抗議行動を行う等のいわば「積極的妨害行為」と、②職務を遂行せずに、たとえば、担任する生徒への卒業式の指導を行わない等のいわば「消極的妨害行為」、③君が代斉唱時に起立しない等の個別的不服従、④生徒・親への告知行為とに大別しうる。

①の「積極的妨害行為」については、戒告等の懲戒処分や文書訓告がなされ、裁判において、処分等が支持されている。たとえば、大阪府立東淀川高校事件一審判決（大阪地判平成8・2・22判例タイムズ904号110頁・確定）は、「自分の考えと相容れないからといって、適法な職務行為を実力をもって妨害する行動にでることまでを憲法が保障しているとは到底認めることができない」としている。また、都立養護学校事件二審判決（東京高判平成14・1・28判例時報1792号52頁）は、

「日の丸に対する敬礼その他の行動を強制する決定を伴わないものである場合に、その掲揚を教職員が実力をもって妨害する行為は」、法令等及び上司の職務上の命令に従う義務違反（地方公務員法32条）、信用失墜行為（同法33条）に該当するとしている。

①の積極的妨害行為を思想の自由等によって正当化することはできない。ただ、課せられる不利益は生じた害悪に比例したものでなくてはならず、多くの場合、最も軽い懲戒処分である戒告か、文書訓告がなされてきた。また、積極的妨害行為に対して刑罰を科するのは慎重でなければならない。ちなみに、大阪府立阿倍野高校事件一審判決（大阪地判昭和47・4・28判例タイムズ283号256頁）は、日の丸掲揚に関する団体交渉を打ち切って退出しようとした校長ともみあった教師の行為につき、公務執行妨害罪として処罰に値するだけの可罰的違法性を具備していないとして無罪と判示している。他方、東京高判平成20・5・29判例時報2010号47頁・最一判平成23・7・7判例時報2130号144頁は、卒業式での君が代斉唱時に起立しないよう保護者に呼びかけた元教師に対して、威力業務妨害罪の成立を認めている。

②の「消極的妨害行為」についても、戒告等の懲戒処分や文書訓告がなされ、裁判において、処分等がほとんど支持されている。たとえば、埼玉県立福岡高校A事件判決（浦和地判平成11・6・28判例タイムズ1037号112頁・確定）は、日の丸掲揚に反対する旨記載した印刷物を生徒に配布したうえ、生徒を放課して、卒業式の予行演習と生徒指導を行わなかった行為につき、校長より課せられた予行演習等の職務を行わなかったのであるから職務専念義務違反といわざるをえない、「教諭として公正かつ客観的な立場を保持して生徒を指導することが、その職務の信用の基礎をなすというべきところ」「原告らの『日の丸』に対する信念や考え方等と相容れないことを理由として」の当該行為は「教育公務員に対する信用の失墜を招く行為であった」としている（埼玉県立福岡高校B事件一審判決［浦和地判平成12・8・7判例地方自治211号69頁］、二審判決［東京高判平成13・5・30判例時報1778号34頁］も同趣旨）。また、三郷市立南中学校事件一審判決（浦和地判平成11・4・26判例地方自治197号48頁・確定）は、卒業式に出席せず、生徒

の氏名の読みあげを行わなかった担任の行為につき、信用失墜行為（地方公務員法33条）、職務専念義務違反（同法35条）に該当するとの判断を示している。

教師の思想・良心の自由を侵害するとの主張に対しては、日野市立小学校君が代ピアノ伴奏拒否事件一審判決（東京地判平成15・12・3判例時報1845号135頁）は、「地方公務員は、全体の奉仕者であって（憲法15条2項）、公共の利益のために勤務し、かつ、職務の遂行に当たっては、全力を挙げて専念する義務があるのであり（地方公務員法30条）、思想・良心の自由も、公共の福祉の見地から、公務員の職務の公共性に由来する内在的制約を受ける」として、その点を否定している。また、子どもと親の思想・良心の自由を侵害するとの主張に対しても、「仮に原告主張のように子どもに対し思想・良心の自由を実質的に保障する措置がとられないまま『君が代』斉唱を実施することが子どもの思想・良心の自由に対する侵害となるにしても、そのことは『君が代』斉唱実施そのものの問題であり、校長が教諭に対して『君が代』のピアノ伴奏をするよう職務命令を発したからといって、それによって直ちに原告主張の子ども及びその保護者の思想・良心の自由が侵害されるとまではいえない」としている。二審判決（東京高判平成16・7・7判例集未登載）は、控訴を棄却している。最高裁判決（最三判平成19・2・27判例時報1962号3頁）は、「客観的に見て、入学式の国歌斉唱の際に『君が代』のピアノ伴奏をするという行為自体は、音楽専科の教諭等にとって通常想定され期待されるものであって、上記伴奏を行う教諭等が特定の思想を有するということを外部に表明する行為であると評価することは困難なものであり」「上告人に対して、特定の思想を持つことを強制したり、あるいはこれを禁止したりするものではなく、特定の思想の有無について告白することを強要するものでもなく、児童に対して一方的な思想や理念を教え込むことを強制するものとみることもできない」として、憲法19条に違反するものではないと結論づけている。このような多数意見に対して、藤田反対意見は、本件での真の問題は「入学式においてピアノ伴奏をすることは、自らの信条に照らし上告人にとって極めて苦痛なことであり、それにもかかわらずこれを強制することが許されるかどうかという点にこそある」と指摘したうえで、「上告人の『思想

及び良心』とは正確にどのような内容のものであるのかについて、更に詳細な検討を加える必要があり、また、そうして確定された内容の『思想及び良心』の自由とその制約要因としての公共の福祉ないし公共の利益との間での考量については、本件事案の内容に即した、より詳細かつ具体的な検討がなされるべきである」ので、本件を原審に差し戻す必要があるとしている。

　②の消極的妨害行為とのかかわりで、生徒の人権保障の反射として主張するアプローチが注目される。それは、「子どもの権利に対する侵害状況を踏まえて、教師として権利侵害に手を貸すことを拒む権利の問題」として捉え、たとえば、「ピアノ伴奏訴訟で問題になったのは、原告の生き方を支えてきた真剣な正義の観念であり、自らの伴奏で子どもに対する『君が代』強制の引き金を引く痛みである。……自らが人権侵害に携わるまいとする、教育公務員としてのぎりぎりの判断がある」（西原）とするものである。傾聴すべき視点であるが、このアプローチが妥当する場面は、限定されるのではなかろうか。すなわち、自己の信念に基づいて日の丸・君が代を拒否する生徒がいる一方、他方では、卒業式等の式典では日の丸を掲揚し、君が代を斉唱すべきであるとの信念を有する生徒も存するという状況下で、教師が消極的妨害行為を行うことは、前者の生徒の人権保障には仕えるが、後者の生徒にとっては、結果的には、妨害行為となりうる。それ故、このアプローチが妥当するのは、教師が前者の生徒とのみ向きあう状況下、たとえば、拒否した生徒を放課後残して個別指導するよう命じられたり、起立しない生徒に注意して起立させるよう命じられる等の状況下に限定されるのではなかろうか。

　③の個別的不服従については、掲揚率・斉唱率が上昇していく中、懲戒処分の対象は、掲揚・斉唱を命じなかった学校の管理職や積極的・消極的妨害行為を行った教師から、起立・斉唱しなかった教師へと移ってきている。起立・斉唱しなかった教師への懲戒処分について、東京地判平成18・9・21判例時報1952号44頁は、校長の職務命令を憲法19条に違反するとみなし、教師に起立・斉唱、伴奏義務のないことを確認している。本判決は初めての違憲判決として、多くの学説の支持を集めたが、最高裁は、合憲との立場を取り続けている（最

二判平成23・5・30、最三判平成23・6・14判例時報2123号3頁等）。もっとも、最高裁は、重すぎる懲戒処分は違法になるとしている。すなわち、最一判平成24・1・16判例タイムズ1370号80頁は、減給処分、停職処分を、裁量権の逸脱・濫用にあたり違法である（戒告処分にとどめるべきである）としている。

なお、君が代斉唱時に起立しなかったために戒告処分や減給処分を受けた教師が、服務事故再発防止研修を受けるよう命じられるという事件が生じている。教師は、本件研修命令が思想の自由の侵害にあたるとして、本案訴訟を提起するとともに、研修命令の効力停止を求めた。効力停止に関する一審決定（東京地決平成16・7・23判例時報1871号142頁）は、研修の具体的内容が明らかではない現段階では「回復困難な損害の発生を回避するために緊急の必要があるときに該当するものと認めることはできない」として訴えを斥けたが、その際に、研修を命じそこで指導をなしうるが、「それは、あくまでも公務員としての職務行為の遂行に必要な範囲内のものに限定して許されるものであり、個人的な内心の自由に不当に干渉するものであってはなら」ず、「自己の思想、信条に反すると表明する者に対して、何度も繰り返し同一内容の研修を受けさせ、自己の非を認めさせようとするなど、公務員個人の内心の自由に踏み込み、著しい精神的苦痛を与える程度に至るものであれば、……合理的に許容されている範囲を超えるものとして違憲違法の問題を生じる可能性がある」と述べているのが注目される。

③の個別的不服従とのかかわりで、「自発的行為」と「外面的行為」を区別して教師自身の思想・良心の自由の侵害として主張するアプローチが注目される。それは、「行為者の自発性・自主性に基づいてはじめて、意味がある」と社会的・文化的にみなされる「自発的行為」と、「当人の自発性に基づいていなくてもその行為が現実に行われること自体に価値がある」「外面的行為」とを区分し、司会者が「国歌斉唱」と発声を行う行為や、伴奏者がピアノを弾く行為は「外面的行為」に属し、「『国歌の斉唱』行為を行いたい人たちにとっての友好的な環境整備に関わる職務」として、教員はそれらを遂行せねばならないが、「『国歌の斉唱』行為それ自体は、教員にとっても強制の許されない『自

発的行為』であろう」（佐々木）とするものである。傾聴すべき視点であるが、このアプローチが妥当する場面は、限定されるのではなかろうか。すなわち、個別的不服従は、式典への影響は軽微なようにみえるが、場合によっては、たとえば、多人数の教師が不服従を行えば、影響は大きくなる。極端な場合には、司会の教師が「国歌斉唱」との発声を行いながら、教師全員が斉唱しない、司会の教師が「一同起立」との発声を行いながら、教師全員が起立しないということが起こりうる。そのような場合には、「友好的な環境整備に関わる職務」を遂行したとはいえないのでなかろうか。それ故、教師の個別的不服従を教師の思想の自由等によって正当化しうるのは、生徒との直接的かかわりのない場合、たとえば、前述の強制的研修指導のような場合に、限られるのではなかろうか。

　④の告知行為については、平成7年に滋賀県立高校の卒業式の冒頭で、教頭が「これから国歌斉唱をしますが、退席したい人はしてもらって結構です」と発言し多くの退席者がでたため、校長が戒告処分、教頭が文書による訓告を受けるという事件がおこっている。しかし、このような告知は生徒に憲法上の権利を有していることを知らせるもので、煽動に至らない限り、懲戒事由たりえない（西原教授のように、生徒・親への事前の通知と不参加権の告知を、憲法の要請とみなす学説も存する）。

　なお、最近では、これらの判決の他にも、日の丸掲揚反対のメッセージとして水色リボンをつけて卒業式に出席した教師への文書訓告を合憲とみなした東京地判平成18・7・26判例集未登載、赤丸に斜線を引いたマークのはいったブラウスを着て入学式に出席した教師への戒告処分を合憲とみなした東京高判平成18・12・26判例時報1964号155頁等がだされている。

7．情報の収集と保管

　日の丸の掲揚や君が代の斉唱については、その情報の取扱いも問題となる。入学式、卒業式等における各学校での日の丸掲揚や君が代斉唱の有無は、教育委員会を通じて文部科学省に集約され、「前年の平成14年の春の調査に比べて

全体として実施率が上昇し、平成15年度入学式においては、国旗掲揚について
は、小学校100％、中学校99.9％、高等学校100％、また、国歌斉唱については、
小学校99.8％、中学校99.8％、高等学校99.9％の実施率を担っています」（平成
15・12・18文科初第905号初等中等教育局長通知）等として、全国の教育委員会に通知
される。更に、自治体によっては、君が代斉唱時に起立しなかった教師の氏名
とその理由が、校長から教育委員会に報告され保管されている。また、平成16
年の都立高校の卒業式での君が代斉唱時の保護者の起立状況（全員起立、一部
不起立、○○％起立等）が教育委員会に報告された（教育委員会は、そのような
方針をたてたことはなく担当職員の独自の判断によるものであるとして、今後は不
要な情報であることを職員に周知する、としている）。このような情報の収集、保
管には、法的限界がないのであろうか。その点で注目されるのが、平成16年9
月24日の枚方市情報公開・個人情報保護審査会答申である。同答申は、「入学
式における国歌斉唱時に起立しなかったという行動は、当該教職員の思想信条
をうかがい知ることができるものであり、本件文書は、結果的に、思想信条に
関する個人情報を含んだ事項が記載されていることになる」ので、本条例上、
原則として収集・保管することは許されず、例外的に「法令等の定めに基づく
とき」にのみ許される（7条2項）とする。そして、市側が根拠法令として主
張する「地教行法23条及び43条1項は、あくまで包括的な管理執行権限を定め
たものであり……思想信条に関する個人情報と認められる本件情報を保管する
ことができる権限まで規定していると解することはできない」として、起立し
なかった教師の氏名及び起立しなかった理由を削除すべきである、と答申して
いる（平成19年10月24日神奈川県個人情報保護審査会答申も、条例が原則として取
扱いを禁止する「思想信条に関する情報」にあたるとの判断を示している）。しかし、
市教育委員会は、そのような答申がなされたにもかかわらず、削除請求に応じ
なかった。そのため、2名の教師が削除等を求めて出訴したが、大阪地判平成
19・4・26判例タイムズ1269号132頁・大阪高判平成19・11・30判例集未登載・
確定は、市条例違反を認定し、市の非削除決定を取り消している。他方、類似
の事件において、東京高判平成24・7・18判例時報2187号3頁は、思想信条に

関する個人情報には該当せず、条例違反にあたらないと判示している。

■主要参考文献■

- ・樋口陽一他『注解・憲法Ⅰ』70頁（平成6年）。
- ・西原博史「『君が代』斉唱の強制と思想・良心の自由」早稲田社会科学研究51号77頁（平成7年）。
- ・棟居快行『憲法フィールドノート』90頁（平成8年）。
- ・堀尾輝久・右崎正博・山田敬男『日の丸・君が代と内心の自由』（平成12年）。
- ・横田耕一「『日の丸』『君が代』と『天皇制』」法学セミナー541号61頁（平成12年）。
- ・浦部法穂「国旗・国歌法」法学教室232号22頁（平成12年）。
- ・佐々木弘通「『人権』論・思想良心の自由・国歌斉唱」成城法学66号1頁（平成13年）。
- ・成嶋隆「日の丸・君が代をめぐる裁判例について」季刊教育法137号101頁（平成15年）。
- ・新岡昌幸「教師の『人権』と職務命令」季刊教育法142号71頁（平成16年）。
- ・丹羽徹「服務事故再発防止研修命令執行停止申立事件（却下）」季刊教育法145号82頁（平成17年）。
- ・戸波江二「『君が代』ピアノ伴奏拒否に対する戒告処分をめぐる憲法上の問題点」早稲田法学80巻3号105頁（平成17年）。
- ・渡辺康行「公教育における『君が代』と教師の『思想・良心の自由』」ジュリスト1337号32頁（平成19年）。
- ・特集「道徳の教科化がもたらすもの」季刊教育法185号6頁（平成27年）。

第5講

宗教と公立学校

　私立学校は宗教教育をなしうるが、公立学校は憲法20条3項、教育基本法（新）15条2項によって宗教教育を禁じられている。この点に典型的にみられるように、公立学校の場合には、宗教とのかかわりで、教材の取扱い、学校内の「宗教的」施設の存置、学校施設の使用、生徒の校内での宗教活動等について、政教分離原則による限界が存する。また、最近では、エホバの証人の格技拒否に典型的にみられるように、宗教を理由とする公教育の拒否という問題も生じている。今後更に、宗教の多様化、外国人生徒の増加を背景として、学校での宗教がらみの紛争は増加していくであろう。

1. 信教の自由と政教分離原則

　憲法は、20条1項前段で「信教の自由は、何人に対してもこれを保障する」、2項で「何人も、宗教上の行為、祝典、儀式又は行事に参加することを強制されない」として、信教の自由を保障している。信教の自由は、①内心における信仰の自由（信仰をもつ自由ともたない自由）、②宗教的行為の自由（宗教上の儀式や布教等を行う自由と行わない自由）、③宗教的結社の自由（宗教団体を結成する自由と結成しない自由）、から構成される。

　憲法は、他方で、政教分離原則を規定している。すなわち、20条1項後段において、宗教団体が国から特権を受けたり政治上の権力を行使することを禁止する。ここにいう「特権」とは、他の宗教団体から区別して特定の宗教団体のみに与えられる、または世俗団体から区別して宗教団体のみに与えられる、優遇的権益を指す。「政治上の権力」とは、課税権、裁判権等の国家が独占すべ

き統治的権力を指す。憲法は、また、20条3項において、国及びその機関が宗教教育その他宗教的活動を行うことを禁止している。憲法は更に、89条において、「宗教上の組織若しくは団体の使用、便益若しくは維持のため」の公金支出を禁じ、財政面からも政教分離原則を裏づけている。

政教分離原則は、国家と宗教とのかかわりあいを一切排除することまで要求するものではない。そこで、国家と宗教とのかかわりあいがいかなる場合にどの程度許されるのかが問題となる。この点、アメリカでは、①当該国家行為が世俗的目的をもつか、②当該国家行為の主要な効果が宗教を促進または抑圧するものでないか、③当該国家行為が宗教との過度のかかわりあいを促すものでないかを問い、そのうちの一つの要件でも満たせない場合には、政教分離原則違反とするレモン・テストが用いられてきた（なお、最近では、宗教に対するエンドースメント〔支援・後押し〕にあたるか否かを問うことも多い）。我が国の最高裁も、その影響を受け、「当該行為の目的が宗教的意義をもち、その効果が宗教に対する援助、助長、促進又は圧迫、干渉等になる」（津地鎮祭事件・最大判昭和52・7・13民集31巻4号533頁・判例時報855号24頁）場合には政教分離原則違反になるとの目的効果基準を用いている（学説は、分離を厳格に担保しようとしているとして、目的効果基準よりもレモン・テストの方を高く評価している）。

2．教育基本法

教育基本法は、（旧）9条1項において、「宗教に関する寛容の態度及び宗教の社会生活における地位は、教育上これを尊重しなければならない」、2項において、「国及び地方公共団体が設置する学校は、特定の宗教のための宗教教育その他宗教的活動をしてはならない」と規定していた（（旧）9条は（新）教育基本法では15条に移されている。2項は同じ文言であるが、1項では「宗教に関する一般的な教養」の尊重が付加されている）。1項の文言は、審議過程において、宗教に「対する」から宗教に「関する」に修正された。これは、宗教を信じる者への寛容だけでなく、信じない者への寛容も含意することを示している。また、1項に「宗教的情操の涵養」の趣旨も含まれるのかが争われている。肯定

説は、宗教の本質・意義を理解させるためには、宗教の有する内的力と使命を理解させ、宗教に対する畏敬の念を起こさせることが必要であると主張する。否定説は、戦前「宗教的情操の涵養」が国家神道と結びついた反省から、本条の制定過程で「宗教的情操の涵養は、教育上、これを重視しなければならない」との文言が修正されたことを強調する。また、2項が「特定の」宗教教育と規定していることから、「特定でない」宗教教育は許容されるのかが問題となるが、憲法の政教分離原則により「特定でない」宗教教育も禁止されると解される。

3．学校教育での宗教の扱い

公立学校からの宗教的施設の訪問について、昭和24・10・25文初庶第152号文部事務次官通達「社会科その他、初等および中等教育における宗教の取扱について」は、「学校が主催して、礼拝や宗教的儀式、祭典に参加する目的をもって神社、寺院、教会その他の宗教的施設を訪問してはならない。学校で主催するという意味は、学校で計画して団体で訪問すること、または個々の児童、生徒が学校から課せられて、神社、寺院、教会その他の宗教的施設を訪問することである。国宝や文化財を研究したり、あるいはその他の文化上の目的をもって、学校が主催して神社、寺院、教会その他の宗教的施設を訪問することは、次の条件の下では許される。(イ)児童、生徒に強要してはならない。(ロ)学校が主催する旅行中に、神社、寺院、教会その他の宗教的施設を訪問する児童、生徒の団体は、その宗教的施設の儀式や祭典に参加してはならない。(ハ)学校が主催して神社、寺院、教会その他の宗教的施設を訪問したとき、教師や指導者が命令して、敬礼その他の儀式を行わせてはならない。(ニ)学校が主催して、靖国神社、護国神社（以前に護国神社あるいは招魂社であったものを含む）および主として戦没者を祭った神社を訪問してはならない」としている。なお、(ニ)については、占領下の特殊事情に基づくものであるので、現在では戦没者を祭った神社だけを特別扱いする理由は存しないといえる。

公立学校での宗教に関する教材の取扱いについて、上述の昭和24年通達は、

「(イ)各教科の教育目標に照らして、必要な場合には、各種の宗教の教祖、慣行、制度、宗教団体の物的施設、厚生および教育活動、種種の宗教史上の事件などに関する事実を含んでもよい、これらの教育資料においては、特定の宗教的教理、慣行、制度、経験などを、価値がないものとして否認したり、あるいは特定のものを特に高く評価したりするような表現を用いてはならない。また科学と宗教とは両立しないものと仮定してはならない。このことは、自然現象を自然的原因に帰することを妨げるものではない。(ロ)社会科においては、宗教が社会生活の中で、どんな役割を果して来たかを明らかにする点に重点が置かれなければならない、また適当な学年において、憲法の内容やその他の法律にもとづいて、信教の自由の意義を教えなければならない。(ハ)文学および語学の教科書においては文学的あるいは語学的価値があると認めて選択したものである限り、宗教的教材が含まれてもよい。しかし、その取扱いに当っては、その教材選択の主旨に反しないように注意しなければならない。……」としている。このような昭和24年通達の内容は、おおむね妥当といえよう。

4．学校内の「宗教的」施設

　学校の武道場に神棚が設けられていたり（後述の千葉県立高校「棚」事件によれば、平成2年度に千葉県の公立高校で、棚に神殿を置いていたのは、柔道場で138校中39校、剣道場で138校中60校であった）、校庭の一隅に忠魂碑が建立されていることがある（昭和58年の箕面市による調査によれば、忠魂碑は全国で4088基現存しており、その中には校庭に建立されているものもある）。これらが政教分離原則に違反しないのかが問題となる。

　武道場に設置された「棚」に公金を支出したことが政教分離原則に違反するとして争われた千葉県立高校「棚」事件において、千葉地判平成4・11・30判例タイムズ814号151頁は、①棚の設置目的は優賞カップ等を置くという世俗的なものである、②棚の上に神殿が置かれ指導者と生徒がその前で黙想するとしても、それは「神道の宗教上の行為というよりは、武道の中の一つの作法」であって、神道を援助、助長する等の効果を生じさせるものではない、③棚に神

殿が置かれるとは限らないので「神道とのかかわり合いは、極めて微弱なものである」ことを理由に、政教分離原則違反にはならないと判示している。本件では、公費で本件棚の上に神殿を設置し、その後県内の多くの高校から神殿を撤去したとの主張もなされたが、その証拠がないとして斥けられている。公費で神殿までもが設置されていたとすれば、政教分離原則違反となるが、棚のみへの公金支出にとどまるならば、政教分離原則違反とはいえないであろう。

忠魂碑は、後述の箕面忠魂碑訴訟一審・二審判決によれば、幕末期ないし明治初年頃から建立され始め、西南の役、日清・日露戦争、満州・日華事変を経るごとに、建立数が増えていった。戦後は、占領軍の神道指令に沿って、昭和21年の内務文部両次官通牒が「学校、学校の構内及び構内に準ずる場所にあるものは撤去する」とし、文部省も生徒への感化、影響が強い場合は撤去すべきであると昭和22年に回答している。それらに従って多くの忠魂碑が撤去されたが、目立たない場所に移転して維持された忠魂碑も少なからずあった。

このような忠魂碑が宗教施設なのか記念碑なのかが問題となる。最高裁は、忠魂碑の敷地を市が遺族会に無償貸与したことが政教分離原則に違反する等として争われた箕面市忠魂碑訴訟において、「地元の人々が郷土出身の戦没者の慰霊、顕彰のために設けたものであり、元来、戦没者記念碑的な性格のものであり、本件移設・再建後の本件忠魂碑も同様の性格を有するものとみられる」と述べ、記念碑とみなしている（最三判平成5・2・16判例時報1454号41頁）。しかし、学説の中には、「忠魂碑は靖国神社、護国神社の末端として、天皇のために忠義を尽くして死んで行った者の霊を慰め、その武勇をたたえるという役割を果たしていたこと、それがまさしく国家神道に於ける重要な部分であったことは否定しえないのではないかと思われる。実際『忠魂』という言葉自体靖国神社の祭祀と結びついた概念というべきであろう」（松井）として、宗教施設とみなすものもある。

なお、大学における事例であるが、大学構内での神社存置に関して、東京高判平成16・7・14判例タイムズ1179号190頁は、「本件神社を信州大学構内に存置させたままにしてきている国ないし同大学の姿勢は、憲法89条の精神に明ら

70

かに反する不相当な行為であるといわざるを得ない」と述べている（もっとも、慰謝料請求と神社の構外への移転請求については、控訴人の信教の自由が侵害されたとはいえない等として、斥けている）。

5．宗教団体による学校施設の使用

　宗教団体による公立学校施設の使用については、上述の昭和24年通達が、「国立または公立の学校では、各学校当局者が各学校の建物を管理する直接の責任を負っている。したがって授業時間以外において、生徒の団体以外の宗教団体に、学校の建物を使用させることに関しては、学校当局者が、学校教育法第85条の規定にもとづいて判定すべきものである」としている。その学校教育法85条は「学校教育上支障のない限り、学校には、社会教育に関する施設を附置し、又は学校の施設を社会教育その他公共のために、利用させることができる」と規定しているが、それだけでは、具体的にどのような場合に宗教団体に使用を許可してよいのか、明らかではない。

　実際の訴訟としては、三田天満神社の祭典行事参加者の休憩所として、祭典実行委員会に対して公立小学校の施設（運動場と体育館）の使用を許可しその使用料を免除したことが、政教分離原則に反するとして、住民訴訟が提起されている。一審判決（神戸地判平成12・2・29判例地方自治207号72頁・確定）は、津地鎮祭訴訟最高裁判決の目的効果基準により、政教分離原則に違反しないと判示している。すなわち、実行委員会は宗教上の色彩を帯びてはいるが、特定の宗教的活動を行うことを本来の目的とする団体ではないので、憲法89条の「宗教上の組織若しくは団体」に該当しない、学校施設は宗教活動を行うために使用されたのではない等の諸点に鑑みると、「本件使用許可、使用料の免除は、神社の祭典という宗教的行事に際し、民間の組織、団体に対する通常の貸与と同様に地元参加者の休憩場所としての施設の使用を許可し、使用料を免除するという、専ら世俗的なものであり、その効果も、特定の宗教に対する援助、助長、促進又は圧迫、干渉等になるとまでいうことはできない」としている。

　憲法89条前段は宗教団体による公立学校施設使用を禁じているかとの論点に

第5講　宗教と公立学校　*71*

ついては、次の三つの立場がありうる。第1は、憲法89条前段は、使用目的が何であるかを問わず、宗教団体による公立学校施設の使用を禁止している、との立場である。第2は、憲法89条前段は、宗教目的での公立学校施設の使用を禁止している、との立場である。この立場によると、宗教目的でなければ宗教団体による使用も許容されることになる。第3は、憲法89条前段は、他の世俗団体と同一条件ならば、宗教団体による宗教目的での使用をも許容している、との立場である。この点、授業時間外に、学校教育を妨害しない形態で、世俗団体による使用と同一条件で、宗教団体に宗教目的での使用を認めても、レモン・テストの目的、効果、過度のかかわりの基準を満たすので、第3の立場が妥当であろう（なお、憲法89条は「宗教上の組織若しくは団体の使用」と規定しているが、宗教団体による使用を全面的に禁じていると文字通りに解釈することは、憲法14条の平等扱い、憲法20条の信教の自由の保障の要請を考慮すれば、妥当とはいえないであろう）。

6．生徒の宗教活動の自由

　公立学校の生徒による自発的宗教活動について、上述の昭和24年通達は、「(イ)児童、生徒が授業時間以外に、一国民として、宗教的儀式祭典、その他、宗教団体の行う行事に参加することは自由であるし、教師も同様である。(ロ)中等学校生徒は、正規の授業時間以外の活動として、自発的な宗教的団体を組織することができる。(ハ)学校はこの種の団体の活動に対しては、校内の他の生徒団体に与えられていると同様に、学校施設利用の便宜を与えなければならない。また学校は、生徒のどの宗教的団体にも、無差別公平にこの種の便宜を与えなければならない。そして、この旨を、予め周知させておくことが必要である。……(ニ)生徒の宗教的団体は、教師を個人の資格において、顧問または会員として、その活動に参加することを請うてもよい」としている。

　生徒の宗教活動の制限に関しては、政教分離原則違反の問題を別にすれば、制限の根拠、程度等について、生徒の政治活動の自由（第6講参照）での論が妥当する。すなわち、授業時間外の校外での生徒の宗教活動は、昭和24年通達

もいうように、生徒の信教の自由、親の宗教教育の自由として、学校からの制約を受けるべきではない。校内での宗教活動については、当該宗教活動が本人及び他の生徒の普通教育の習得を実質的に妨げるか否かを問うことになる。更に、当該宗教活動が他の生徒の消極的自由の侵害にあたらないかを検討することが必要となる。その際には、生徒の年齢、学外者のかかわりの有無や程度、宗教活動がなされた状況等を考慮して、当該宗教活動が生徒間での対等な情報流通の域を超えて、他の生徒の消極的自由の抑圧に至っているか否かを問うことになろう。

　あとは、政教分離原則違反の問題が残るが、政治活動等と同等の限度内で生徒による宗教活動を学校が許可しても、政教分離原則違反とはならないであろう。なぜならば、①生徒による多様な活動とともに宗教活動も許容されるのであるから、その目的は集団性、リーダーシップ、伝達技能等の養成という世俗目的である、②生徒間で多様な情報が流通するなかでの一つとして、宗教的情報の受領もなされるので、主要な効果は宗教の促進ではない、③教師は宗教面で指導するのではなく、生徒による宗教活動を許可するだけであったり、生徒間でトラブルが生じないよう監督するだけであるので、宗教との過度のかかわりは生じない、とみなしうるからである。

7．生徒の宗教的プライバシー

　信者である生徒のすべてが、公然と宗教活動を行いたいと望むわけではない。なかには、自分が信者であることを知られたくない生徒も存する。そのような生徒の宗教的プライバシーは、学校においても守られなければならず、教師は慎重な配慮を払わなければならない。

　その点が争点となった事例ではないが、都立高校の倫理の授業中に教師が創価学会の会員である生徒に挙手を命じ創価学会を批判したところ、公明党都議会議員から教育委員会に抗議が寄せられ、教育委員会が議員に教師を非難、叱責する機会を提供したことに対して、教師が精神的苦痛を受けたとして国家賠償を請求するという事件が生じた。この事件では、一審判決（東京地判昭和49・

7・26判例時報754号64頁)、二審判決（東京高判昭和50・12・23判例時報808号57頁）とも、特定の教員に対する特定の政党の党派的圧力は、教育基本法（旧）10条1項の禁止する「不当な支配」に該当するとして損害賠償請求を容認した。しかし、都側の行為の違法性だけでなく、創価学会の会員である生徒に挙手を命じたり、歎異抄入門の読後感想文への講評として創価学会は民主主義の原理に反するとの添書をしたという教師の行為の違法性をも問題にすべきであったろう。

8．宗教を理由とする公教育の拒否

　学校現場では、宗教を理由とする七夕・節分等の行事への参加拒否、国歌・校歌の斉唱拒否、豚肉入り給食の拒否等が生じているが、それが訴訟にまで至ったのが、日曜日訴訟と剣道実技拒否訴訟である。

　日曜日訴訟は、小学校での日曜日午前中の授業参観と教会学校とが時間的に競合したため、教会学校に出席し授業参観を欠席したところ、指導要録に欠席と記載された生徒とその親が、憲法20条等違反を主張して、欠席記載の取消と精神的苦痛への損害賠償を求めた事件である。一審判決（東京地判昭和61・3・20判例時報1185号76頁・確定）は、取消請求については、欠席記載は抗告訴訟の対象となる行政処分にはあたらないとする。損害賠償請求については、参観の実施は「校長の学校管理運営上の裁量権」に属し、「裁量権の範囲を逸脱し、濫用した場合」に限り違法になる、との枠組みを設定する。そして、①本件欠席記載からは法律上、社会生活上の不利益な効果は発生しない、②宗教上の理由による出席免除は「公教育の宗教的中立性を保つ上で好ましいことではないのみならず、当該児童の公教育上の成果をそれだけ阻害」するので、本件時間的競合は受忍すべき範囲内にある、③午後よりも午前の方が学習効果が優れており、祝日に学校行事を行うには祝日の意義に沿ったものであることが必要であるので、日曜日の午前中に授業参観を行うことには合理性がある、等の点を考慮すれば裁量権の行使に逸脱はない、と結論づけている。

　剣道実技拒否訴訟は、「エホバの証人」の教義に従って、必修課目である体育課程の剣道実技に参加しなかったために、2年連続して原級留置処分を受け、

ついで退学処分を受けた公立高専の生徒が、憲法20条、26条、教育基本法（旧）3条1項等に違反するとして、それらの処分の取消を求めた事件である。一審判決（神戸地判平成5・2・22判例タイムズ813号134頁）は、これらの処分に司法審査が及ぶとしたうえで、本件処分には裁量権の逸脱や濫用はないとしたが、二審判決（大阪高判平成6・12・22判例時報1524号8頁）は、本件処分が裁量権を著しく逸脱しているとした。最高裁判決（最二判平成8・3・8民集50巻3号469頁・判例時報1564号3頁）は、これらの処分に関する判断は「校長の合理的な教育的裁量にゆだねられ……校長の裁量権の行使としての処分が、全く事実の基礎を欠くか又は社会観念上著しく妥当を欠き、裁量権の範囲を超え又は裁量権を濫用してされたと認められる場合に限り、違法であると判断すべきものである」との枠組みを設定する。そして、①「高等専門学校においては、剣道実技の履修が必須のものとまではいい難く、体育科目による教育目的の達成は、他の体育種目の履修などの代替的方法によってこれを行うことも性質上可能」である、②「剣道実技への参加を拒否する理由は、被上告人の信仰の核心部分と密接に関連する真しなものであった」、③被上告人が被る不利益は、原級留置・退学処分であって極めて大きい、④レポート提出等の代替措置を被上告人が申し入れていたにもかかわらず、代替措置を検討していない、⑤「代替措置として、例えば、他の体育実技の履修、レポートの提出等を求めた上で、その成果に応じた評価をすることが、その目的において宗教的意義を有し、特定の宗教を援助、助長、促進する効果を有するものということはできず、他の宗教者又は無宗教者に圧迫、干渉を加える効果があるともいえない」等の点を考慮すれば、本件処分は「考慮すべき事項を考慮しておらず、又は考慮された事実に対する評価が明白に合理性を欠き、その結果、社会観念上著しく妥当を欠く処分をしたものと評するほかはなく、本件各処分は、裁量権の範囲を超える違法なもの」であると結論づけている。

　この問題については、生徒の信教の自由、生徒の教育を受ける権利、政教分離原則という三つの面からの段階的アプローチが有用であろう。まず、信教の自由の面からのアプローチとして、①当該公教育の拒否が宗教上の教えに基づ

くものか否か、②信教の自由にどの程度の負担が生じているか、との点の検討が必要となろう。①については、更に、イ、宗教上の教えと衝突するのか、ロ、その宗教を真摯に信仰しているのか、との２点の検討が必要となるが、宗教文書、宗教者の証言、本人の日常の行動等に基づいて裁判所が判断することは可能である。また、その点の判断を裁判所が行ったからといって、政教分離原則違反になるわけではない。②については、宗教の内容から判断するのはむつかしい面もあるが、宗教上の教えに従い公教育を拒否した結果被る世俗上の不利益の面からの判断は可能であり、かつ有用であろう。それらの面からの検討の結果、宗教上の教えに基づく拒否でなかったり、信教の自由に実質的な負担が生じていない場合には、拒否は支持されないことになる。宗教上の教えに基づく拒否の結果、信教の自由に実質的な負担が生じている場合には、ついで、教育を受ける権利の面からのアプローチとして、①将来の自律した市民たりうるために、当該公教育がどの程度必要なのか、②拒否された公教育と同等たりうるような代替教育がなされているのか、との点の検討が必要となろう。検討の結果、拒否された公教育が子どもの将来に軽微な影響しか与えない場合（たとえば、卒業式の欠席）には、代替教育がなされなくとも、拒否は支持されよう。他方、それ以外の場合には代替教育がなされない限り、拒否は支持されない。代替教育については、自由権である信教の自由から代替授業を行うという学校の積極的義務まで導きだすのは困難であり、代替授業を行うか否かは学校の裁量に委ねられることになる。学校が代替授業を行わない場合には、生徒側が自ら代替教育を用意して免除を求めることになる。学校が代替授業を行ったり、生徒による自習や親による家庭教育がなされた場合には制限根拠が消滅することになり、あとは、政教分離原則違反の問題だけが残ることになる。最後に、将来への影響が軽微であるとして代替教育なしで免除したり、代替教育を条件として免除することが、政教分離原則違反になるかが問題となる。この点、免除が宗教上の理由だけに限定されず世俗上の理由に基づく拒否にも開かれているならば、レモン・テストの要件にも合致し、政教分離原則違反とはならないであろう。すなわち、①目的は、宗教に限定されない生徒の自律的決定、親の

教育の自由の尊重であり、宗教目的とはいえない、②世俗上の理由の場合も免除し、しかも原則として代替教育を条件とするのであるから、主要な効果が宗教の促進であるとはいえない、③学校は代替教育もしくはその承認という世俗的行為を、宗教上の理由に基づく拒否者に限ることなく行うにとどまるので、宗教との過度のかかわりが生じるとはいえないとの点から、政教分離原則違反とはみなしえないであろう。

この段階的アプローチを日曜日訴訟の場合にあてはめると、まず、信教の自由の面からのアプローチとして、①イ、日曜参観授業への出席が宗教上の教えと衝突するのか、ロ、親と子がその宗教を真摯に信仰しているのか、との２点の検討が必要となる。ロの点については、原告は牧師とその子どもであり、日曜日の礼拝に定期的に参加していた等の事実から、肯定されよう。イの点については、時間的競合という意味での衝突が問題となるが、日曜参観授業と教会学校との時間的調整を牧師側がなしえなかったのか（たとえば、参観授業に出席できるように教会学校の開始時刻を更に繰り上げるか繰り下げる、もしくは時間を短縮することができなかったのか）を問うことが必要であろう。時間的競合が不可避であることを牧師側が示しえた場合には、次に、②宗教上の教えに従い公教育を拒否した結果被る不利益の面から、信教の自由に実質的な負担が生じているか否かを、検討することが必要となる。本件の場合に被る不利益は、年に１回の授業欠席にとどまり、進学等に際して不利益が付加されるわけではない。それ故、信教の自由への実質的負担が生じているとはみなしえず、原告の主張を支持することはできない。

この段階的アプローチを格技拒否訴訟の場合にあてはめると、まず、信教の自由の面からのアプローチとして、①原告が真摯に信仰している宗教上の教えと格技とが衝突することは、宗教文書、原告の日常の行動、被る不利益の大きさにもかかわらず格技を拒否し続けているとの事実等から、肯定されよう。②原告が宗教上の教えに従い格技を拒否した結果被る世俗上の不利益は、実質的には、原級留置→退学に至るものであるので、原告の信教の自由に実質的な負担が生じていることも肯定されよう。ついで、教育を受ける権利の面からのア

プローチとして、本件の場合には、原告は見学、レポート作成、ランニングといった代替教育（身体の成長過程にある高専においては、見学、レポート作成では代替教育たりえないとの考え方を肯定するとしても、ランニング等の実技による代替教育が可能である）を自ら用意しているのであるから、拒否は支持される。最後に、政教分離原則からのアプローチとして、学校がそのような代替教育を承認しても、政教分離原則違反になるわけではない。神戸高専では、病気その他の身体上の理由によって体育実技に参加できない場合には、見学、レポート提出、ランニング（水泳の場合）等によって、体育の単位を認定してきた経緯があった。そうすると、世俗上の理由の場合にも開かれているので、代替教育承認の目的は、体育実技に対して身体的・精神的障壁を有する者の救済という世俗目的である。また、世俗上の理由の場合にも開かれ、かつ代替教育を条件としているので、エホバの証人を有利に扱うものではなく、宗教を助長、促進する効果も生じない。また、学校のかかわりは自習の結果を体育の単位として認定するだけなので、過度のかかわりが生じるわけでもない。

■主要参考文献■

- 菱村幸彦「教育の宗教的中立性」教育基本法文献選集7『政治教育・宗教教育』327頁（昭和53年）。
- 松井茂記「箕面忠魂碑・慰霊祭訴訟控訴審判決について（下）」判例評論352号164頁（昭和63年）。
- 戸波江二「信教の自由と剣道受講義務」筑波法政16号1頁（平成5年）。
- 棟居快行「学校教育における少数者の人権」日本教育法学会年報24号67頁（平成7年）。
- 下村哲夫（編）『学校のなかの宗教』（平成8年）。
- 小林武「信仰による剣道実技の履修拒否と退学処分の違法性」民商法雑誌115巻6号981頁（平成9年）。
- 米沢広一「公立学校における生徒の信教の自由」佐藤還暦記念『現代立憲主義と司法権』437頁（平成10年）。
- 山口和孝『子どもの教育と宗教』（平成10年）。
- 坂田仰「宗教的理由による学校授業欠席の自由」憲法判例百選Ⅰ〔第4版〕94頁（平成12年）。
- 田近肇「宗教団体による公立学校施設の目的外使用と政教分離原則」岡山大学法学会雑誌53巻3・4号203頁（平成16年）。

第6講 生徒と政治

　未成年者は選挙権を付与されておらず、選挙運動までをも禁止されている。一見すれば、未成年者は政治から排除され、かかわりがないようにみえる。しかし、未成年者といえども、現実の社会の中で生きており、政治とは無関係ではありえない。現に、高校生や中学生が学校の内外で政治活動を行うことがあり、その禁止を巡って少なからぬ判決がだされている。投票権はなくとも、一定の範囲で政治に参加することは「将来の投票権者」にとっても有用である。最近では、諮問型住民投票において、15歳〜19歳の住民にまで投票権を拡大する自治体が幾つか現れてきている。

1．選 挙 権

　憲法15条3項は、「公務員の選挙については、成年者による普通選挙を保障する」と規定している。未成年者に選挙権を付与しないことの根拠は、未成年者の未成熟な判断能力に基づく投票によって選挙結果が歪められその効果が国民一般に及ぶことの防止、に求められる。もっとも、憲法は「成年者」とのみ規定しているので、立法により選挙に関する「成人」年齢を引き下げることも可能であり、何歳以上の者に選挙権を付与するのかは、基本的には、立法政策の問題となる。長らく、公職選挙法9条1項、2項は、20歳以上の日本国民に選挙権を付与してきたが、平成27年に同法が改正され、選挙権年齢が18歳に引下げられることとなった。そうすると、高校3年生でも誕生日を迎えていれば、投票できるようになり、投票に向けた意識を高める主権者教育が必要となる。その際、高校においては、教師による創意工夫を生かしつつ、教育の政治的中

立性を確保することが課題となる。

2. 諮問型住民投票

　地方自治法74条以下が定める議会の解散、長の解職等の直接請求と、それに基づく住民投票の場合、請求権者、投票権者とも「選挙権を有する者」と地方自治法で規定されている以上、地方自治体が独自に年齢を引き下げることはできない。しかし、いわゆる諮問型の住民投票の場合、条例によって未成年者にも投票権を付与することは可能である。最近、原子力発電所の設置、自治体の合併等の重大問題につき、長や地方議会による決定に先立って、住民投票により住民の意向を問い、長や地方議会はその意思を尊重しなければならないとする条例が制定されるようになってきている。このような諮問型の住民投票は、最終的決定権限が長や地方議会に残されているので、憲法上許容されると解される。諮問型の住民投票については、法律で規定されているわけではないので、条例で投票権者の年齢を定める際に、未成年者をも含めることも許容される。

　実際、自治体の合併等の特定の事項についてのみ住民の意思を問う諮問型住民投票で、投票権者を18歳以上とする自治体として、秋田県岩城町、福岡県北野町、埼玉県岩槻市、滋賀県長浜市、静岡県富士見町、15歳以上とする自治体として、佐賀県三瀬村、中学生以上とする自治体として、沖縄県与那国島、長野県平谷村等がある（その中には、三瀬村のように、その後、他の自治体と合併したものもある）。また、北海道奈井江町では、合併の是非を問う住民投票の投票権者を18歳以上とし、町長、議会にその結果を「尊重」するよう求めるとともに、それとは別に、小学校5年生以上を投票権者とする「子ども投票」を行い、町長、議会にその結果を「参考」にするよう求めている。更に、特定の事項ごとに条例を作らなくてよいという意味での「常設型」の諮問型住民投票制度で、投票権者を18歳以上とする自治体として、広島市、愛知県高浜市等、16歳以上とする自治体として、神奈川県大和市がある。なお、大和市では、それに加えて、諮問型住民投票実施の請求権を、16歳以上の住民に付与している。このように、未成年者にも投票権を付与する条例が現れてきているが、公職選挙法

80

（旧）9条1項、2項の20歳という選挙権年齢が高すぎたこと、未成年者にも
実践的政治教育の場が必要であること等を考慮すれば、これらの条例の意義は
高く評価されよう。しかし、他方で、諮問型といえどもその結果の政治的効果
は大きいので、年齢を低くすればするほどよいというわけではなく、適切な年
齢を設定することが必要となろう。

3．選挙運動

　公職選挙法（旧）137条の2は「年齢満20年未満の者は、選挙運動をするこ
とができない」（1項）、「何人も、年齢満20年未満の者を使用して選挙運動をす
ることができない。但し、選挙運動のための労務に使用する場合は、この限り
ではない」（2項）と規定し、239条1項は、137条の2に違反して選挙運動をし
た者を処罰するとしていた（なお、選挙権年齢が18歳に引下げられるのと同時に、
選挙運動年齢も18歳に引下げられる）。このように、公職選挙法は未成年者の選
挙運動を禁止し未成年者をも処罰の対象としているが、この問題は選挙権の問
題と同列には扱えない。なぜならば、未成年者が未成熟な判断能力に基づき
選挙運動を行っても、有権者は成熟した判断能力を有する成人であるため、選
挙結果に歪みが生じるわけではない、との点に大きな違いがあるからである。
そうすると、未成年者の選挙運動の禁止の根拠は、未成年者本人の保護に求め
られることになる。しかし、未成年者本人の保護のためならば、すべての選挙
運動を禁止することまでは必要ではなく、未成年者の「弱さ」につけ込んだ誘
惑や強制による選挙運動を禁止し、そのような誘惑や強制を行った成人のみを
処罰すれば十分である。そして、他方では、選挙運動への参加が未成年者の政
治的判断能力の形成に与える「手段的機能」を考慮する必要がある。すなわち、
未成年者の選挙運動には、それに参加するなかで政治的判断能力を形成し、将
来の有権者としての準備を行うとの側面が存している。また、選挙権が付与さ
れていないことを補うとの側面も存している。それに加えて、親の政治教育の
自由も考慮する必要がある。すなわち、未成年の間から選挙運動に参加させて
政治教育を行いたいと希望している親にとっては、選挙運動の全面的禁止は、

親の教育の自由侵害の問題を生じさせうる。以上の点から、未成年者の選挙運動を全面的に禁じ、それに違反した者を未成年者をも含めて処罰する公職選挙法137条の2、239条1項は、過度に広範であり、違憲の疑いが強い。

4．生徒の政治活動

　多くの学校において、生徒の政治活動は、校則等により制限されており、違反者に対して、停学、退学等の懲戒処分が課されることがある。そのような制限の合憲性、合法性が、少なからぬ事例において争われたが、それらの事例のほとんどにおいて、封鎖や暴力行為を伴う事例が多かったとの事情も影響してか、合憲、合法との結論が導かれている。

　それらの判例には、次のような傾向がみられる。第1に、生徒の政治活動制限の必要性については、「特定の政治的思想のみに深入りすること」の防止、デモの暴徒からの「生徒の安全」の確保、「学校内の教育環境を乱し、他の生徒に対する教育の実施を損う」ことの防止、「学習に専念」等をあげ、詳細に論じている。

　第2に、他方、多くの判決は、生徒にとっての政治活動の意義については十分な考慮を払わず、生徒が憲法上の権利として政治活動の自由を有しているとの前提から出発していない（例外的に、「高校生といえども一個の社会人として、国の政治に関心を持ち、自ら選ぶところに従って相応の政治活動を行なうことはもとより正当なことであって、……指導にあたっては、政治活動の如く、生徒の基本的人格にかかわる問題については特に、いやしくも指導の名のもとに自己の政治的信条を押しつけたり、生徒の政治的自由を不当に抑圧するようなことがあってはならない」[大阪地判昭和49・4・16刊生徒指導1974年7月号94頁]、高校生は「その年令などからみて、独立の社会構成員として遇することができる一面があり、その市民的自由を全く否定することはできず、政治活動の自由も基本的にはこれを承認すべきものである」[東京高判昭和52・3・8判例時報856号26頁]との認識を示した判決も少数ながら存するが、前者の場合には、暴行脅迫等を伴っているので可罰的違法性を具有する、後者の場合には、学習への専念、学校内の教育環境の保持等のために

当該政治活動を規制することに合理性がある、と結論づけている）。

　第3に、その結果、ほとんどの判決は、「社会観念上著しく妥当を欠くと認められる場合を除き、原則として懲戒権者の裁量に任されている」（東京地判昭和47・3・30判例時報682号39頁）等として、校長の裁量を広範に認め合憲・合法と結論づけている。

　第4に、校内でのビラ配布や掲示、集会等の許可制が争点の一つとなった事件が幾つかみられるが、すべて合憲との判断が示されている。たとえば、無許可のままビラを配布したことを主たる理由とする無期停学処分を支持した山形県立米沢工業高校事件一審判決（山形地判昭和51・6・28学校事故・学生処分判例集2061号38頁）は、「校内外におけるビラの配布につき許可制をとることは学校教育の弾力ある正常な運営のためには好ましいこと」であってこれを首肯しえ、又「許可の基準を個別的、具体的に明示することは困難であり、その拒否は当然に教育目的に従って決定されるべきものであり、具体的妥当な運用が行われるためには、その教育目的の範囲内で学校当局の裁量に委ねられているものと解するのが相当である」として、基準を明示することなく許可制をとっても憲法21条に違反するものではない、と判示している。また、後述の麹町中内申書事件最高裁判決は、指導説得することはもちろん、生徒会規則において文書の配布を学校当局の許可にかからしめ、許可のない文書の配布を禁止することは、必要かつ合理的な範囲の制約であって、憲法21条に違反するものではない、としている。

　文部（科学）省も、生徒の政治活動に否定的な立場をとってきた。すなわち、「高等学校における政治的教養と政治的活動について」（昭和44・10・31文初高第483号初等中等教育局長通知）は、当時「学園紛争」が多発していたとの事情も手伝ってか、「学校の教育活動の場で生徒が政治的活動を行なうことを黙認することは、学校の政治的中立性について規定する教育基本法（旧）第8条第2項の趣旨に反することとなる」「将来広い視野に立って判断することが困難となるおそれがある」「他の生徒に好ましくない影響を与える」「学校や家庭での学習がおろそかになるとともに、それに没頭して勉学への意欲を失ってしまうお

それがある」こと等を理由に高校生の政治活動を望ましくないものとみなし、校内での政治活動を禁止するだけでなく、校外での政治活動についても、「放課後、休日等に学校外で行なわれる生徒の政治的活動は、一般人にとっては自由である政治的活動であっても、前述したように生徒が心身ともに発達の過程にあって、学校の指導のもとに政治的教養の基礎をつちかっている段階であることなどにかんがみ、学校が教育上の観点から望ましくないとして生徒を指導することは当然であること。特に違法なもの、暴力的なものを禁止することはいうまでもないことであるが、そのような活動になるおそれのある政治的活動についても制限、禁止することが必要である」として禁止するよう求めてきた（なお、選挙権・選挙運動年齢が18歳に引下げられるのをうけ、平成27年に文部科学省は、昭和44年通知に替え、「高等学校等における政治的教養の教育と高等学校等の生徒による政治的活動等について〔平成27・10・29文科初第933号初等中等教育局長通知〕をだし、放課後や休日の「校外」での政治活動につき、違法・暴力的なもの等を除き「家庭の理解の下、生徒が判断し、行う」として、原則自由化へと転換している）。

　しかし、生徒も現実の社会の中で生きており、生徒の思想は実際に政治活動を行うことを通じて形成されていく面を有しているので、生徒にも政治活動の自由の保障が及ぶとの前提から出発する必要がある。更に、親の指導又は容認の下で生徒が政治活動を行っている場合には、親の政治教育の自由の尊重という要請も生じる。それ故、生徒の政治活動の制限については、どのような制限根拠が学校の特性によって正当化されるのか、また、どのような制限内容がその制限根拠によって正当化されるのかを、厳格に問わなくてはならない。この点、判例のあげる制限根拠のうち、「特定の政治的思想のみに深入りすること」の防止については、生徒がどのような思想を有するようになるかは学校がかかわるべきことではなく、また、特定の思想を危険視するあまり、生徒にとっての政治活動の「手段的」機能を軽視するものであって、正当な制限根拠とはみなしえない。また、校外での安全の確保については、生徒としてではなく未成年者として国法によってなされるべきものであり、同じく正当な制限根拠とは

みなしえない。学校の特性から、①本人および他の生徒の普通教育の習得、②他の生徒の消極的自由（思想を押しつけられない自由）の保護が、正当な制限根拠として導きだされる。そこで、学校の内外を区分したうえで、これらの制限根拠と制限内容との実質的関連性を厳格に検討することが必要となる。

　校外での政治活動については、他の生徒の普通教育の習得や消極的自由を妨げることにはならず、本人についても、政治活動をしたからといって必然的に勉学が疎かになるわけではない。それ故、校外での政治活動それ自体を懲戒事由としえない（もっとも、判例はこのような立場をとっていない）。ただ、それが就学時間内に行われた場合には、授業を欠席することになるため、欠席日数があまりに多いと、学力や出席日数が不足し、結果的に学校教育法施行規則26条３項の定める退学事由（学業劣等、出席不足）に該当することはありうる。なお、立法政策論としては、同項の定める四つの退学事由のうち、学業劣等、出席不足は、除籍事由とすべきであろう。

　校内での政治活動については、当該政治活動が本人及び他の生徒の普通教育の習得を実質的に妨げるか否かを検討することが必要となる。その際に、後述の麹町中内申書事件最高裁判決は、未決拘禁者の閲読の自由に関して用いられた「相当の蓋然性」の基準を用いている。しかし、精神的自由のもつ「手段的機能」が重視されるべき在学関係を、厳格な規律がすべての生活領域に妥当する在監関係と同質のものとみなしうるのか、疑問が残る。更に、普通教育を実質的に妨害しない場合でも、当該政治活動が他の生徒の消極的自由の侵害にあたらないかを検討することが必要となる。その際には、生徒の年齢、学外者のかかわりの有無や程度、政治活動がなされた情況等を考慮して、当該政治活動が生徒間での対等な情報流通の域を越えて、他の生徒の消極的自由の抑圧に至っているか否かを問うことになろう。麹町中内申書事件の一審判決は、「公立中学校は教育の場であって、政治活動の場ではないから、当該中学校の生徒以外の者が、直接的にはもとより生徒を通ずるなどして間接的にであっても政治活動をすることは許されない」としている。

5. 学校教育と政治

　教育基本法（旧）8条1項は、「良識ある公民たるに必要な政治的教養は、教育上これを尊重しなければならない」と規定し、学校教育法51条3号は「社会について、広く深い理解と健全な批判力を養い、社会の発展に寄与する態度を養うこと」を高校教育の目的として掲げている。他方、教育基本法（旧）8条2項は「法律に定める学校は、特定の政党を支持し、又はこれに反対するための政治教育その他政治的活動をしてはならない」と規定している（（旧）8条は（新）教育基本法ではほぼ同じ文言のまま14条に移されている）。これらの条項の下で、学校教育にどの程度、どのような形態で「政治」を取り入れうるのかが、問題となる。その中でもとりわけ、現実の具体的な政治的事象の取扱いが、問題となりうる。この点、上述の通達「高等学校における政治的教養と政治的活動について」は、「現実の具体的な政治的事象は、内容が複雑であり、評価の定まっていないものも多く、現実の利害の関連等もあって国民の中に種々の見解があるので、指導にあたっては、客観的かつ公正な指導資料に基づくとともに、教師の個人的な主義主張を避けて公正態度で指導するよう留意すること」「現実の具体的な政治的事象については、種々の見解があり、一つの見解が絶対的に正しく、他のものは誤りであると断定することは困難であるばかりでなく、また議会制民主主義のもとにおいては、国民のひとりひとりが種々の政策の中から自ら適当と思うものを選択するところに政治の原理があるので、学校における政治的事象の指導においては、一つの結論をだすよりも結論に至るまでの過程の理解がたいせつであることを生徒に納得させること」「いやしくも教師としては中立かつ公正な立場で生徒を指導すること」等を求めている。

　生徒会活動とのかかわりでこの問題を扱った判決が、幾つかみられる。県立高校の定時制課程を分離し生徒全員を新設高校へ移籍させる措置に反対してのデモ行進等を生徒会活動として指導したことを理由の一つとしての教師への懲戒処分（停職、減給）を支持した宮崎地判昭和63・4・28判例タイムズ680号65頁は、「未成年者を主な対象とする高等学校においては、生徒はまず基礎的教科の学習によって政治的教養と健全な批判力を身につけることが期待されてお

り」、政治的実践活動を生徒会活動として取り上げることは教育効果や政治的中立性の点から疑問であるが、「特別教育活動が、生徒の人間的な成長を促す作用であり、その手段、方法は教師の裁量に委ねられている部分が大きいことを考えると……あえて高度に教育専門的見地から、生徒個々人の政治的自由を侵害しないよう（具体的には政治行動に参加する者は有志の者に限定するなど）に配慮しつつ、指導することまでも、禁ずる理由はないというべきであろう。ただ、その場合には、生徒会という学内組織の性格に鑑み、生徒の学校内における教育諸条件に密接に関連した要求運動としてなされ、党派性の薄いものであることが必要である」との判断を示している（本件生徒会活動は教育条件と密接に関連しているが党派性が薄いとはいえないとしている）。二審判決（福岡高裁宮崎支判平成5・3・22判例タイムズ813号146頁・確定）は、本件「生徒会の要求内容は、生徒の直接の教育条件とは無関係の政治的事項にかかわるものであって、その目的実現のため、生徒会が該当デモ、署名運動、県教育委員会への陳情等の行動をとることは、生徒会としての正常な活動の限界を超えた行動」であり、原告教師の指導は「いたずらに一部生徒の不安を助長」するものである、としている。

定年退職に際して教師が生徒会誌に寄稿した回想文中に「現場は勤務評定は戦争への一里塚ととらえ勤評反対の斗争が全国的に拡がり、東の群馬・西の高知と云われた」「日本のいたる所にある米軍基地問題はこの安保条約があるからだ」「安保条約も破棄を通告すればよい」等の政治的意見が含まれているとして校長が回想文の切り取りを職務命令として指示した事件において、校長の措置を支持した一審判決（前橋地判平成12・11・1判例集未登載）に引き続き、二審判決（東京高判平成14・5・9判例時報1832号119頁）も、「生徒会誌が、本来的には、一方的に自己の著作物を読ませるだけの配布物であって、授業における公正かつ客観的な見方や考え方を深めるための補足説明や対話・議論が予定されたものでないことからすると、……生徒会誌の読み手である生徒の立場や能力に配慮した内容とするように努めなければならない」、しかるに、本件回想文は「意見が分かれる政治的問題である勤務評定及び日米安保条約に関する特定

の立場のみを記述して強調するものであって、特定の立場での政治的見解の表明」であり、教育基本法（旧）8条2項の趣旨に鑑み正当とはいえず、社会等の他の教科との関連を図るべきとする学習指導要領にも反する等として、切り取りを合法とみなしている。そして、憲法21、23、26条違反の主張についても、検閲には該当しない、「教師の教育の自由といっても」「生徒の自主性ないし自由に乗りかかる形あるいはそれを援用する形で、自由気ままな表現活動や思想活動をすることを保障するものではない」等と述べ、斥けている。最高裁（最一判平成16・7・15判例時報1875号48頁）も、憲法21、23、26条に違反しないことは、札幌税関、旭川学テ等の最高裁判決の「趣旨に徴して明らかである」と簡単に述べて、二審判決を支持している（類似の判決として、生徒会誌への紀行文の寄稿に関する前橋地裁高崎支判平成13・10・11判例時報1782号95頁、東京高判平成16・2・25判例時報1867号54頁、最三判平成16・9・28判例集未登載がある）。

　学力テストとのかかわりでも、この問題を扱った判決がみられる。学力テスト事件の多くは、教師による実力阻止行動が刑事罰に問われたものであったが、なかには、教師が生徒に学力テストの受験を拒否するよう教唆扇動したことが懲戒処分事由の一つとされた事件が存する。山口県厚南中学テ事件において、一審判決（山口地判昭和48・3・29行集24巻3号214頁）、二審判決（広島高判昭和52・10・7判例時報871号92頁）、最高裁判決（最三判昭和59・12・18判例地方自治60巻4号45頁）とも、生徒からの質問に対して、「合法の判決も出ているし違法の判決も出てるようなことについては、私はみんなに押しつけるのはどうかと思う」「文部省のいうようなことは無理に学力調査をやらないでも分かるように思う」等と答えたことにつき、「生徒の本件学力調査拒否行動に影響を及ぼした面のあることは否定できないけれども、それ以外にも多くの要因が考えられる［新聞報道や家族からの影響等］のであって、……故意に教唆扇動したものと認めることはできない」（二審判決）と判断している（なお、一審判決は、二審判決と同様の判旨の後に、「教師が学力調査について生徒の質問に答えることは、当該教師にもっぱら生徒の質問を利用して自己の一方的意思を押しつけ、それに従った行動をさせようとする意図が認められない限り、当該教師の教育活動そのものであって、

とうてい学力調査の受験拒否を教唆扇動する行為であると解することはできない」
と述べている）。また、この事件において、生徒への日記指導によって階級闘争
的思想を生徒に押しつけたことが一人の教師の懲戒事由の一つとされたが、一
審判決は懲戒事由とは認定しなかった。しかし、二審判決は、「極端な革新思
想の持主であるか否か断じ難いが、何らかの社会的変革を希求しており、その
日記指導においてそのような自分の思考を生徒に顕示したところがあり、特定
の政党の支持や階級闘争的思想を植え付けようとしたとまではいえないが、そ
の日記指導は、学校教育法（旧）36条3号の『公正な判断力を養うこと』とい
う中学校教育の目標に反するところがある」と述べ懲戒事由にあたるとみなし、
最高裁判決もそれを支持している。

　生徒といえども、成人になるまでに徐々に政治的見解に触れ政治的素養を身
に着けていく必要がある、日常的に新聞、テレビ、知人等を通じて政治的見解
に接せざるをえない、授業とりわけ社会の授業で政治が取り上げられている、
「政治的中立性」の維持の名の下にかえって教育への政治的介入がなされる場
合がある等の点を考慮すれば、政治的中立性を理由とする制限には慎重な考慮
が必要であり、教師は生徒に対して政治的表現を一切行ってはいけない、との
帰結が生じるわけではない。①生徒の成熟度—小学生か中学生か高校生か等、
②受領の強制度—生徒がその表現を事実上受領せざるをえない状況に置かれて
いるか否か等、③表現提示の手法—複数の見解の一つとして並列的に提示され
ているのか、それともそれが唯一正しい見解として教え込もうとしているのか
等、④生徒とのかかわり—生徒の教育条件とかかわる事項についての政治的表
現であるか否か等に応じて、禁止される政治的表現の範囲を画定していくべき
であろう。

　なお、最近、基本的価値、とりわけ、平和主義、基本的人権の尊重、国民主
権といった憲法上の価値を、学校でどのように扱うべきなのかという点が論じ
られている。たとえば、「個人の尊重、他者への寛容、差別の克服、自由な思
想・表現、民主的な意思決定、民主政治、平和への志向など……の基本価値は、
まさに日本国憲法のなかで基本原理として保障されており、かつ、近代以降普

遍的な原理として世界共通の価値となりつつあるものである。その意味で、教育は日本国憲法の基本価値を子どもたちに教えるものであるべきである」「子どもたちに必ず教えるべき基本価値は存在するのであり、むしろ、その価値に反する内容の教育はしてはならないのである」（戸波）との主張がみられる。

　たしかに、抽象的には、そのようにいえるであろうが、現実の教育紛争にそれを適用する段になると、①「教える」とはどのような手法を指すのか、②「憲法上の価値」はどこまでを包摂するのか、③教師や国家の価値観が、「憲法上の価値」の名のもとに生徒に押しつけられる危険性を、どのように防ぐのか、④憲法上の価値、たとえば平和主義といっても、その内容は一義的ではなく、幾とおりもの捉え方があるが、その場合どのように教えるのか、等の点を検討することが必要となる。

6. 政治活動歴の内申書記載

　生徒の政治活動への抑圧は、その事実を内申書（調査書）に記載する（もしくは記載すると脅す）ことによっても生じる。それが損害賠償請求の裁判にまで至ったのが、麹町中内申書事件である。本件では、内申書の「備考」「特記事項」欄において、「校内において麹町中全共闘を名乗り、機関紙『砦』を発行した。学校文化祭の際、文化祭粉砕を叫んで他校の生徒とともに校内に乱入し、屋上からビラをまいた。大学生ML派の集会に参加している。学校当局の指導説得をきかないでビラを配ったり、落書きをした」旨記載され、また「欠席の主な理由」欄には、「風邪、発熱、集会に参加して疲労のため」という趣旨の記載がなされていた。

　一審判決（東京地判昭和54・3・28判例時報921号18頁）は、公立中学校においても、生徒の思想、信条の自由は最大限に保障されるべきであって、生徒の思想、信条の如何によって生徒を分類評定することは違法である、生徒の言論、表現の自由もしくはこれにかかる行為も、最大限に尊重されるべきであるから、生徒の精神的発達に伴う自発的行為であるときには、「学校の正常な運営もしくはその教育環境が破壊されるおそれがあるなど学校側の教育の場としての使命を

保持するための利益が侵害されるおそれのある場合」以外は、マイナスの要因として評定することは違法であるとする。そして、本件行為は中学生としての真摯な政治的思想・信条に基づく言論、表現の自由にかかる行為であり、それにより直接もしくは多数の同調者がでるなどして、中学校の教育活動に混乱支障が生じたとまではいえないので、本件記載は教師の教育評価権の裁量の範囲を逸脱した違法なものであると、結論づけている。

二審判決（東京高判昭和57・5・19判例時報1041号24頁）は、本件記載は「被控訴人の思想信条そのものを問題とし、これにマイナスの評価を加えたものではなく、被控訴人の中学生としては明らかに異常な行動面を問題としたものである」、仮にその行動が思想信条から発したものであるとしても、被控訴人が「生徒会規則に反し、校内の秩序に害のあるような行為にまで及んで来た場合において、中学校長が高等学校に対し、学校の指導を要するものとして、その事実を知らしめ、もって入学選択判定の資料とさせることは、思想信条の自由の侵害でもなければ、思想信条による教育上の差別でもない」等と述べ、本件記載は憲法19条、教育基本法（旧）3条1項に違反するものではないと結論づけている。

最高裁判決（最二判昭和63・7・15判例時報1287号65頁）は、本件記載は上告人の思想、信条そのものを記載したものではなく、右の記載にかかる外部的行為によっては上告人の思想、信条を了知しうるものではないし、上告人の思想、信条自体を入学者選抜の資料に供したものと解することができないから、憲法19条、教育基本法（旧）3条1項に違反するものではない、また、教育上のプライバシーを侵害するものでもない、等としている。

内申書裁判については、次の点を指摘しうる。第1は、中学生の思想、信条の自由の位置づけである。一審判決は、基本的には教育基本法の枠組みの中ではあるが、中学生の自我形成過程の不安定性にもふれつつ、中学生にも思想、信条の自由は最大限に保障されるべきであるとしており、評価に値する。他方、二審判決と最高裁判決は、思想、信条の自由そのものと表現、行動の自由とを切り離してしまっている。しかし、両者の関係は、一審判決のように、密接不

可分のものとして捉えられるべきである。第2は、裁量論である。従来の判決の多くは学校側の裁量を広く認めてきたが、一審判決は、裁量の限界を厳格に捉えている。憲法上の精神的自由権が問題となっている本件の場合には、厳格に捉えるべきであろう。第3は、思想、信条の推知である。最高裁が、思想、信条を了知しうるものではないとしたことには、疑問が残る。本件記載内容から左翼的思想が推知されると捉えるのが自然であろう。第4は、本件で侵害される権利の捉え方である。本件の場合、憲法26条の学習権、憲法19条の思想、信条の自由の侵害の問題よりはむしろ、プライバシー権（自己情報コントロール権）侵害の問題に焦点をあてて論じるべきであった。最高裁は、当該情報の開示は特定小範囲の人に対するもので情報の公開には該当しないから、プライバシー侵害の問題にはならないとしている。しかし、プライバシー権の侵害は、特定小範囲の人に対する開示についても生じうる。思想、信教、社会的差別等にかかわるセンシティブ情報は、やむにやまれざる事由がない限り、収集、提供してはならないとの前提から出発し、内申書に記載しうる限界を探っていくべきであろう。

■主要参考文献■

・森田明「教育評価権制約の論理と『学習権』」ジュリスト694号62頁（昭和54年）。
・高橋和之「内申書の不利記載と生徒の人権」ジュリスト昭和63年度重要判例解説18頁。
・戸波江二「教育における中立性」日本教育法学会年報19号151頁（平成2年）。
・米沢広一『子ども・家族・憲法』255頁（平成4年）。
・金子照基「高校生の政治活動の自由とその制約」教育判例百選〔第3版〕26頁（平成4年）。
・椎名慎太郎「学校教育における政治教育のあり方」山梨学院法学論集24号198頁（平成4年）。
・広沢明『憲法と子どもの権利条約』38頁（平成5年）。
・平原春好「政治的教養の意義と内容」「学校の政治的活動の禁止」季刊教育法122号72頁、123号84頁（平成11、12年）。
・大島佳代子「生徒会誌への教諭の投稿と教育の自由」ジュリスト平成15年度重要判例解説18頁。
・青野篤「アメリカ公教育における価値の教え込みと生徒の修正1条の権利(1)(2)」法学雑誌51巻1号22頁、2号471頁（平成16年）。

第 7 講

教育情報の本人開示と公開

　教育委員会や学校には、指導要録、内申書（調査書）、体罰やいじめ等の学校事故報告書、入学者選抜関係書類、健康診断票、職員会議録、教科書採択関係文書、中退・原級留置関係文書、教員選考関係文書等といった教育情報が、数多く保有されている。このような教育情報は、学校の独占物とされるべきではなく、自己情報コントロール権に基づき本人へ開示され、誤りのある場合には訂正されなければならない。また、個人のプライバシーを侵害しないような形で、教育への参加の前提の一つとして、広く市民に公開されねばならない。

1．教育情報と憲法

　教育情報の本人への開示、訂正・削除を請求しうる権利は、憲法13条の保障する自己情報コントロール権（自己に関する情報をコントロールする権利）から導かれる。教育情報の住民への公開を請求しうる権利は、憲法21条の保障する積極的情報収集権（公権力に対して情報の公開を請求する権利）から導かれる。

　ただし、国家に対して作為を求めるものであること、開示・公開基準、請求権者の範囲等の立法による具体化が必要であること、権力分立下の裁判所の位置等を考慮すれば、両者とも原則として、立法をまって具体化されるべき抽象的権利と解されている。たとえば、体罰報告書の公開に関する東京地判平成11・1・28判例地方自治193号43頁・確定は、「情報公開請求権は、憲法21条から派生する『知る権利』の一態様としての性質を有するものであるということができる。もっとも、情報公開請求権は、公権力に対し一定の作為を要求するという性質を有するものであるから、当該権利の内容や行使の方法を定める法

又は条例等が制定されて初めて具体的権利性を有することとなるものである」と述べている。

　具体化立法として、国（中央）レベルでは、個人情報保護法（行政機関の保有する個人情報の保護に関する法律、個人情報の保護に関する法律、独立行政法人等の保有する個人情報の保護に関する法律）と情報公開法（行政機関の保有する情報の公開に関する法律、独立行政法人等の保有する情報の公開に関する法律）が、地方自治体レベルでは、個人情報保護条例と情報公開条例が、制定されている。学校の多くは公立であるので、教育情報の本人開示、公開等の多くは、保護条例と公開条例に基づいてなされており、その際に、学識経験者等からなる審査会が先導的役割を果たしている（公開等の請求が認められなかった場合には不服申立ができるが、その場合には、実施機関は審査会に諮問し、審査会の答申を「尊重して」決定を行わなければならない）。なお、国立大学附属校には、独立行政法人等の保有する個人情報の保護に関する法律、独立行政法人等の保有する情報の公開に関する法律が、私立学校には、個人情報の保護に関する法律が、適用されることになる。

　もっとも、例外的に直接憲法に基づいて請求しうる余地がないわけではない。たとえば、思想・信教、心身の障害等にかかわる重要な個人情報の開示や削除請求がなされ、救済の範囲・内容が一義的に画定しうるような場合には、直接憲法に基づいて請求しうる余地があろう。ちなみに、直接憲法に基づいて抹消請求がなされた事例において、浦和地判平成11・3・1判例タイムズ1021号136頁は、「行政庁の公文書に記載された個人に関する情報が、誤りであって、その程度が社会的相当性を超え、そのため個人が社会的相当性を超えて精神的、経済的に損害を被るおそれのあるときには、その個人は、幸福追求権の一内容である人格権に基づいて、人格的自律を確保するために、当該行政庁に対しその情報の訂正ないし抹消を請求する権利が認められるべきである」と述べ、精神薄弱ではないのに「精神薄弱」と記載された部分の抹消請求を認容している。

２．収集・保管

　個人情報の収集について、保護条例は、目的明確化、目的内収集、本人収集、センシティブ情報の収集禁止の原則等の収集制限規定を設けている。

　本人からの収集については、本人が未成年者であるために、プライバシーの重要性を認識せずに教師から求められるままに答えるという危険性が存する。そのため、とりわけ生徒が年少の場合には、「本人」に親を含め親の同意を得るような運用が必要であろう。

　思想・宗教、社会的差別の原因となる社会的身分、障害・遺伝といったセンシティブ情報は、やむにやまれざる事由がない限り、収集してはならない。それ故、生徒を教育するうえで知っておいた方がよいといった漠然とした理由でのセンシティブ情報の収集は許されない。

　個人情報の保管についても、保護条例は、正確・最新状態での保管、漏洩防止等の適正な管理、保有する必要のなくなった個人情報の廃棄等を要請している。それ故、たとえば、保存年限が定められている公文書（学校教育法施行規則15条等参照）については、年限終了時点ですみやかに廃棄せねばならない。もっとも、他方で、開示・公開を避けるために文書が性急に廃棄される危険性が存する。この点、平成11年３月31日高槻市答申は、廃棄による文書不存在と答申したが、その末尾において、「進路指導のための個人情報が記録された文書の廃棄は、現在最終的には個々の教員の責任で行われているが、個人情報としての重要性に鑑み、廃棄のための明確なルールを確立することが望まれる」と付言している。

３．本人開示の請求権者

　保護条例の多くは、未成年者の法定代理人は本人に代わって開示請求をすることができる、と規定している。そのため、請求権者としての子どもと親との関係が、解釈上問題となりうる。

　小学生が指導要録の開示を請求した事例において、平成６年５月９日西宮市答申は、「申立人が小学校に在籍している場合、当該開示に係る記載事項につ

いて、十分認識し受容しうるか否かについて懸念される。そこで、開示の対象を本人にかえて親権者に限定することが適切と考える」と述べている。他方、親が公開条例に基づいて18歳の子どもの内申書の「公開」を請求した事例（公開条例しか制定されていない自治体では、公開条例に基づいて本人への「公開」が請求されることがある）において、浦和地判平成9・8・18判例時報1660号48頁は、「少なくとも子が自己の情報公開請求権を行使するかどうかを判断しうる年齢に達した場合には、未成年の子の親であるといえども、親が子のプライバシーに係る情報を独自の権利として公開請求できると解することは、子のプライバシーを軽視するものであって許されない」と述べ、親の請求権を否定している。

　この問題については、一定の年齢を境界線として導き出し、子どもがその年齢以上ならば子ども、それ未満ならば親を請求権者とみなすことになろう。ちなみに、高槻市の「手引き」は、「16歳以上の未成年者からの請求については、社会通念上開示を受ける情報の意義・内容の理解力があり、かつ、写しの交付の費用の負担能力もあると考えられるので、単独で請求できるものとする」と解説している。また、兵庫県保護条例、仙台市保護条例、神戸市保護条例は、少なくとも15歳を超える者（民法797条1項参照）については、原則として意思能力があるとみて、本人の意思の確認が必要であるとしている。

　更に、子どもが死亡している場合に、親による開示請求が認められるか否かが問題となる。自殺した中学生の親が「職員会議録」「事故発生報告書」「作文」等の開示を請求した一連の事例において、平成6年10月27日等の町田市答申は、「請求人の娘の個人情報は請求人自身の個人情報であるといえる場合でなければ条例第20条の『自己の個人情報の開示請求』の対象とはならない。しかし、未成年者である子が自殺をした場合に、自殺に関する情報は例外的に保護者である親自身の個人情報と解する。未成年者である子供が自殺をしたということは親にとっては極めて深刻な事態であり、親が我が子の自殺の原因等について知りたいと思うことには切実なものがあり、例外的に親の個人情報と同視しても差し支えないと考えられるからである」としている。この事例におい

て親は、自殺について書かれた学友の作文の開示を求めて出訴したが、一審判決（東京地判平成9・5・9判例時報1613号97頁）は、「子の固有の情報であっても、子の死亡によって当然にその個人情報の主体が消滅するものと解すべきではなく、子の個人情報が当該家族共同体の社会的評価の基礎資料となるものはもとより、家族共同体の一員として関心を持ち、その情報を管理することが社会通念上も当然と認められる情報については、家族共同体構成員の固有情報と同視することができる場合がある」と述べたうえで、本件の場合は自殺にかかわる作文が対象であり家族共同体の中心である父親が請求しているので、その請求権を肯定しうる、としている。そして、二審判決（東京高判平成11・8・23判例時報1692号47頁）も、請求権を肯定している。

　上述の答申や判決は、一定の場合に限って親の請求権を認めるものであるが、最近では、平成9年2月7日福岡市答申、平成11年3月19日高槻市答申、八尾市保護条例13条2項（「親権者」は「死亡時において未成年者であった当該親権者の子に関する情報について開示請求」しうる）のように、死亡した子どもの個人情報全般について親の請求権を認めるものも現れている。

　保護条例は「個人情報」を「生存する」個人に対する情報に限定していない。これは、収集・保管、利用・提供段階における死者情報の保護の必要性を考慮してのことと思われ、妥当な措置と解される。しかし、開示段階においては、死者に替わって開示請求しうるためには、代替請求権者の範囲、期間等が明らかにされている必要があるにもかかわらず、その点についての明文規定を欠いていることから、保護条例は死者情報の代替請求を当然の前提とはしていないと解される。それ故、遺族であるということだけで死者情報のすべてを開示請求できるわけではなく、当該死者情報が何らかの意味で遺族本人の情報でもあると構成することが必要となろう。

4．開示—非開示の判定

　教育個人情報の多くは、「評価、指導、選考、相談」等に関する情報であるが、保護条例上、このような評価情報は、当該事務の執行に（著しい）支障が

第7講　教育情報の本人開示と公開　*97*

生じる場合や本人に知らせないことが（明らかに）正当である場合には非開示にしうる、と規定されている。以下、指導要録、入試成績の本人開示についてのみ、個別的に検討する。

(a)　指導要録

　教育委員会が主張する具体的な非開示理由の中で主要なものは、①開示すれば教師との信頼関係が損なわれたり、生徒の意欲が失われたりすることによって、今後の指導に悪影響が及ぶ、②開示を前提とすると記述内容が形骸化し、指導要録の指導機能が低下する、との2点である。

　卒業生が保護条例に基づいて転校前と後の指導要録（および内申書）の開示を請求した事例において、一審判決（神戸地判平成10・3・4判例地方自治187号43頁）は、「教科所見」欄と「行動所見」欄については「記載者の観察力、洞察力、理解力により左右される主観的要素が入り込むことは避けられない」ので、開示すれば、生徒が意欲や向上心を失ったり教師・学校との信頼関係を損なったり指導要録の内容が形骸化・空洞化するおそれがあり、非開示事由に該当する、他方、知能検査の結果等が書かれた「標準検査の記録」欄については「客観的、一義的に定まる数値」が記載されるので、開示してもそのようなおそれはなく、非開示事由に該当しない、と判示している。二審判決（大阪高判平成11・11・25判例タイムズ1050号111頁・確定）は、教師の主観的評価を含む記載についても、開示による感情的トラブルは日頃の信頼関係の構築によって避けうる等として、非開示は許されない、としている。

　更に、卒業生が公開条例に基づいて指導要録の本人への「公開」を請求した事例においても、一審判決（東京地判平成9・1・17特別区法務資料27巻34頁）は、上述の神戸地裁とほぼ同じような考え方により、主観的要素に左右される「教科所見」欄、「特別活動の記録」欄、「行動及び性格の記録」欄については、非開示事由に該当するが、三段階又は五段階評価である「観点別学習状況」欄、「教科評定」欄、客観的事実のみが記載されている「標準検査の記録」欄については、非開示事由に該当しない、としている。二審判決（東京高判平成10・

10・27判例集未登載）は、全面開示を命じたが、最高裁判決（最三判平成15・11・11判例時報1846号3頁）は、一審判決と同様の立場をとり一審判決を支持している。

指導要録の開示の問題については、以下のように考えることとなろう。教育委員会があげる根拠①については、(イ)開示請求がなされること自体が教師との信頼関係がゆらいでいることを示しているのであり、むしろ、口頭での説明を伴って開示しその後適切な指導を行う方が信頼関係の強化につながる、(ロ)マイナス評価であっても開示すれば常に生徒に悪影響が生じるとは限らない、また、年少の子どもが傷つくというのであれば、親のみに開示しその後の措置を親に委ねるとの手法もありうる等の点を考慮すれば、非開示の正当化事由とはみなしえないであろう。結局、ポイントは、根拠②をどう評価するのかということになる。形骸化はアメリカやカナダで既に生じており我が国でも生じ始めているとの指摘にもみられるように、開示を前提とすれば多かれ少なかれ形骸化が生じることは否定しえないであろう。しかし、指導要録の記載事項のうち、数値による評価の場合には、記載せざるをえないのであるから、記載すべきことを記載しないという意味での形骸化は生じない。それ故、数値化された評価については、根拠②によっても非開示を正当化しえないであろう。他方、「所見」欄のような文章による評価については、記載すべきことを記載しないという意味での形骸化が生じ、指導要録に「所見」欄を設けていることの意味がなくなりかねない。それ故、後者を非開示としても、違法とはいえないであろう。

(b)　入試成績

横浜市大が保有するセンター試験成績（文書一）、二次試験の成績と解答用紙（文書二）の開示が請求された事例において、一審判決（横浜地判平成11・3・8判例時報1739号33頁）は、次のような理由から、非開示決定を適法とみなしている。すなわち、文書一については、それを開示すれば、①「個人別成績は……各大学に対してのみ提供することとし、その他に対しては提供しないものとする」との大学入試センター所長の通知に明確に反する行為をしたことになり、国との信頼・協力関係が損なわれる、②開示していない自治体との違いが

「受験生に混乱を引き起こすなど……将来の入学者選抜の事務に著しい支障を
もたらすことすらも予想できないではない」。文書二については、それを開示
すれば、偏差値による画一化を排し「入学者を同一のスタートラインに立たせ、
発信型教育を行うという」横浜市大の教育の基本理念が崩れるおそれがあるた
め、「本人に開示しないことが正当と認められるもの」に該当する、と。なお、
二審判決（東京高判平成12・3・30判例時報1739号26頁）も、ほぼ同様の判断を示し
ている。

　文書一については、②の支障が生じるプロセスが具体的に示されていないの
で、①のみを根拠に非開示を適法と判示すべきであったろう。文書二について
は、入試得点を知っているか否かによって入学後の教育にそれほどの違いが生
じるのか疑問であり、判旨は説得力に欠ける（解答用紙については、別個の検討
が必要であろう）。

　もっとも、入試成績を開示する大学は、二次試験の得点と総合順位を開示す
る名古屋市大をはじめ少数であったが、国大協は平成11年に、入試終了後にセ
ンター試験、二次試験の得点・総合順位、内申書の五段階評価部分を、平成13
年度入試をめどに開示する、との基本方針をまとめた。そして現在では、セン
ター試験については開示されており、二次試験についても、多くの大学で開示
されている。

　都立高専の入試成績の開示が請求された事例において、平成7年6月22日東
京都答申は、筆記試験の成績は客観的評価であり「事務の執行に支障が生じる
おそれ」はないが、面接結果記載部分については「受験者が評定結果に誤解や
反発を抱いた場合には、実施機関との間に無用の誤解やトラブルが発生するこ
とも想定され、その結果、本件入校選考及び職業技術専門校に対する信頼を損
なうおそれがある」ので前者を開示、後者を非開示とすべきである、としてい
る。

　埼玉県立高校入試の①学力検査の得点、②内申書の評定点、③ABC領域の
分類（①と②の合計点を上位、中位、下位の三領域に分けたもの）の開示が請求さ
れた事例において、浦和地判平成11・1・25判例地方自治189号68頁・確定は、

次のような理由から、①の非開示を違法、②③の非開示を適法と判示している。すなわち、①については、それを開示しても、学力検査の成績のみで合否が決まると誤解されたり、学校間で序列化が生じるおそれはなく、著しい支障が生じるとはいえない。②については、10段階の客観的数値であっても主観的評価を経たうえで作成されるものであるので、通知票の評価と異なっていた場合には苦情等が述べられる可能性があり、ありのままの記載をためらうおそれがあるので、著しい支障が生じる。③については、たとえばA領域に属していながら不合格となった場合には、内申書の評定が低かったか、内申書に何らかの問題点の記載があったということになり、抗議を受けることをおそれ、内申書にありのままを記載しないという事態が起こりうるので、著しい支障が生じうる、と。

　この問題については、指導要録の場合とほぼ同様の考え方が妥当し、数値化された評価の開示が必要となろう。ちなみに、最近、高校入試の得点を開示する自治体が現れている。たとえば、兵庫県は、平成10年3月より、公立高校の一般入試の教科別得点を簡易開示している（開示場所は志願校）。

　採点ずみの答案用紙については、名古屋市大が「記述式の設問が多く、採点基準の傾向を知る人と知らない人との間に次回の受験で不公平が生じる」ことを理由に非開示としている。他方、兵庫県では平成11年に、高校入試の答案用紙の開示請求に応じた事例が生じている。

　なお、保育士試験に関する事例ではあるが、記述式の答案用紙の本人開示についての判例が存する。一審判決（東京地判平成15・8・8判例集未登載）は、記述式の答案用紙を開示しても、事務の適正な執行に支障が生じるおそれがないとして、開示請求を容認した。しかし、二審判決（東京高判平成16・1・21判例時報1859号37頁）は、開示すれば質問・苦情が大幅に増加し、そのために、①試験委員のなり手の確保が困難になる、②質問や苦情に回答しやすい機械的な出題になるおそれがある、③試験委員、事務局が対応のための時間を多くとられ、他の業務に支障が生じる、④採点基準が推定されて、機械的、断片的知識しか有さない者が高得点を獲得する可能性があるとして、一審判決を取り消してい

る。最高裁決定（最決平成18・3・10判例集未登載）は、保育士側の上告を棄却している。また、大阪地判平成20・1・31判例タイムズ1267号216頁も、新司法試験の採点済答案用紙の本人開示請求を、採点基準を探ることが可能になるとして、棄却している。

5．訂正・削除

　ほとんどの保護条例は、訂正・削除請求の対象として「事実の誤り」と規定している。それ故、「事実」が誤っている場合には訂正又は削除請求をなしうるが、「評価」については請求の対象から除かれることになる。

　それでも、どこまでの範囲の情報を「事実」とみなしうるのか（たとえば、a. 生徒の氏名、住所、生年月日、性別等のように一義的に明白な事実だけでなく、b. 欠席日数とその理由、事故報告書に記載された事実等も含まれるのか）、実施機関と異議申立人との間で「事実」についての認識が一致しない場合にどのような措置をとるべきか、等の問題が残る。

　体罰についての「事故報告書」の訂正が請求された事例において、平成3年9月12日川崎市答申は、「事実」とは「見方として記述された事実状況全体ではなく、個々に捉えられうる個別事実」を意味し（「しかし単に公簿上で判明する事項に限ることは狭きに失する」）、そのような個別事実の記載の真否につき調査及び認定を行って訂正の要否を決定するのが本来的である、と述べる。しかし、本件のような事故報告書の場合には、①個別事実か見方記述的な事実状況かの区分は至難である、②真否の事実認定が容易ではない争点が多くになりやすいとの特性が存するため、各個別箇所の記載につき具体的に調査・認定をし直しての諾否決定にはなじまず、「事故報告書」の原本に、「不服申立書」、不服申立人の「意見書」等を添付せしめることをもって、「事実の記載に誤りがあるとき」における公文書の全体的な「訂正」措置にあたるとみなすべきである、としている。

　指導要録での「家庭生活では、全く気ままで自己中心的、両親を困らせている」「二重人格的性格」との記載の削除と、「いじめ・恐喝からの逃避」との記

載の追加が請求された事例において、平成11年1月18日仙台市答申は、①家庭生活に関する記載には「客観的に判断できる」部分も含まれているため訂正請求の対象となるが、提出された書類は訂正請求の事実を証明するに足るものではない（記載時から約20年が経過している）、②「二重人格的性格」との記載は評価的記載であり、訂正請求の対象たりえない、③「いじめ・恐喝からの逃避」は個別的事実であるので訂正請求の対象となるが、提出された書類は訂正請求の事実を証明するに足るものではない、として請求をすべて斥けている。ただし、同答申はその末尾において、「二重人格的性格」との記載は著しく不適切な表現であるとして、原簿に「訂正（削除）の不服申立てあり」と付記するよう要望している。

内申書での「両親ともに教育熱心である」との記載の削除が請求された事例において、平成11年3月30日大阪市答申は、「教育熱心である」との記載には評価・判断が含まれており、また、収集制限規定に違反して収集された情報でもないので、削除しえない、としている。ただし、同答申はその末尾において、異議申立人と学校との間で良好な関係が保たれていない状況下では本件記載は適切な記載とはいえない等の本審議会の指摘事項を、原簿に添付するよう要請している。

保護条例上、訂正対象として「事実」と規定されている以上、上述の a のような記載だけでなく、b のような記載も「事実」に含めるべきであろう。ただ、b のような記載については、その正誤を巡って、学校側と生徒側が厳しく対立することもありうる。審査会には、関係人からの意見、説明、書類の提示要求等の権限が保護条例上与えられているが、そのような権限を行使してもなお、正誤どちらとも断定しえない場合が生じうるであろう。そのような場合には、原簿に異議申立人の主張等を添付するとの手法が有用であろう。

6．利用・提供

教育個人情報については、少年法16条2項に基づく家庭裁判所からの照会、弁護士法23条の2に基づく弁護士会からの照会等が、学校に対してなされるこ

とがありうる。このような照会を受けた場合に、保護条例の例外規定である「法令等に基づくとき」にあたるとしてそのすべてに応じることは、必ずしも妥当ではない。プライバシー保護の要請にも考慮を払いつつ当該法令を解釈し、当該照会に応じる義務があるか否かを、個別的に判断することが必要である。当該法令の解釈上肯定的帰結が導かれた場合に、「法令等に基づくとき」として提供が可能となる。「漫然と弁護士会の照会に応じ、犯罪の種類、軽重を問わず、前科等のすべてを報告することは、公権力の違法な行使にあたる」と判示した中京区長前科回答事件最高裁判決（最三判昭和56・4・14民集35巻3号620頁・判例時報1001号3頁）の論理によれば、照会に応じて生徒のセンシティブ情報を提供した場合に、違法と判断される余地が全くないわけではない。

　公立大学を含めて大学側が、入試の個人成績を受験生の同意を得ることなく出身高校や予備校に知らせることがある。しかし、このような慣行は保護条例違反である（ちなみに、国大協は、平成11年6月に、このような慣行を廃止すべきであるとの見解をまとめている）。

7. 公　　開

　公開条例上、通常他人に知られたくない個人の情報（個人に関する情報）であって個人が識別されうる情報［プライバシー情報］、当該（又は将来の同種の）事業の公正・適切（円滑）な執行に（著しい）支障を生じるような情報［行政執行情報］、意思形成過程に関する情報であって公にすることにより当該（又は将来の同種の）事業に（著しい）支障を生じるような情報［意思形成過程情報］等を非公開にしうる、と規定されている。以下、職員会議録、教員選考試験問題の公開についてのみ、個別的に検討する。

(a)　職員会議録

　プライバシー情報の問題を職員会議録に即していえば、生徒、保護者等に加えて、教師の個人識別情報も教師のプライバシー保護を理由に非公開としうるか（また、校長・教頭については別途の考慮が必要か）が問題となる。

平成２年９月25日東京都答申、平成３年10月19日品川区答申、平成６年11月18日八千代市答申、平成７年６月９日川西市答申のように、発言教師名（および教師を含む個人が識別される発言内容）については非公開が相当であるとする答申もみられるが、最近では、平成11年５月６日堺市答申のように、「教職員が公務で行っている職員会議における会議録であり、発言者名の公開が、直ちに個人のプライバシーを侵害するおそれがあるとは認められない」と述べ、教職員名を一律に非公開とするのではなく、発言内容によって判断すべきであるとの立場をとる答申も現れている。平成11年５月６日堺市答申の場合には、「卒業式における『君が代』の斉唱についての意見は、教職員個人の思想、信条等に関わる個人情報に該当し、……公開すべきではない」が、「その他の発言については……思想、信条等の情報に係るものとは認められず、公開することにより、支障が生じるとは言い難い」とされている（卒業式での「日の丸」掲揚、「君が代」斉唱を議題とする職員会議録に関しての平成４年12月21日大和市答申も同趣旨）。

校長・教頭については、大和市答申が、「校長は校務管掌者であり教頭はその補助・代理者であるので、職員会議におけるこれらの者の発言は校務管掌に関するものであるから、管理者としての公的立場での発言ということができ、したがってそれは個人的発言とは言えない。ただ、本件文書中の校長又は教頭の発言の中には、これらの者の個人の思想・良心が吐露されていると判断される部分が散見されるが、これらの部分は個人に関する情報に該当する。そして、その発言部分が校務管掌上の発言と一体となってなされたものについては、校務管掌上の発言と個人の思想・良心の自由に値する発言とを区分することが出来ないから、そのような発言についてはその発言全部を秘匿するほかはない」としている。

行政執行情報・意思形成過程情報の問題を職員会議録に即していえば、職員会議での自由で率直な意見交換が行われなくなり学校運営に支障を生じる、まだ結論のでていない問題を公開すると生徒や親に誤解や混乱を与え生徒指導に支障を生じることを理由に非公開としうるのかが問題となる。

一方では、平成元年9月14日練馬区答申のように、職員会議録には「(ア)記録者が、適宜な方法で記録しているため、記録全体としての統一性に欠けている。(イ)聞き書きの技術的限界により、記録の完成度はきわめて低い。(ウ)発言は、会議の構成員のみを対象として表現されており、簡略化、省略化されていて、断片的である」との傾向が認められるため、「会議の当事者間では、そのままで理解できたとしても、議題についての背景、経過等の予備知識を持たない第三者が、記録された事柄を理解しようとするときには、もともと不必要な想像、憶測などで補完する努力が必要となり、結局、読み手の主観に左右され、徒に誤解を招くことは明白である」「今回公開すれば、今後、当該校はもとより、他の学校の教職員は、教育現場の責任者として、公開による影響と混乱を斟酌して発言するであろうことは、十分に想定できるところであり、教職員の自由な意見や情報の交換が、著しく制約されるおそれがあるとする実施機関の危惧は、十分に理解できるところである」として全面非公開が相当であるとする答申がみられる。

しかし、他方では、「著しい支障」を具体的に示しえていないとする平成5年10月28日新潟市答申、上述の大和市答申、堺市答申や、行政執行情報に該当し非公開にしうるか否かは議題によって異なるとする品川区答申、教師の意見を記した部分については「公開を前提とした場合には、教師は心理的圧迫を受け、自由率直な意見交換が阻害されるおそれは大きく」発言者名が記されていなくても非公開が、その他の部分（議題、討議経過、事実等）については公開が相当であるとする平成6年3月28日長野県答申がみられる。

議題によって公開─非公開を区分する手法は、その境界が不明確であり、ほとんどの議題において自由な発言が抑圧される危険がある。また、発言者名を削除しても、発言内容から発言者が推測されることもありうるので、やはり自由な発言が抑圧される危険が残る。それ故、自由な意見交換の確保という視点から、討論部分を除いて、議題、事実の説明、結論部分を公開するのが相当であろう。

(b) 教員選考試験問題

　行政執行情報の問題を試験問題に即していえば、①公開すると受験テクニックのみが強調され、広い知識と経験を有する優秀な人材が確保できなくなる、②公開すると問題作成者は各種の批判を受けることになり、問題作成事務及び問題作成者の確保の点で著しい支障が生じる、③公開請求できる者は当該自治体居住者に限られているため、平等取扱いの原則に反する（なお、「何人も」公開請求しうると規定している条例の下では、この点は理由とならない）、ことを理由に非公開としうるかが問題となる。

　高知県の教員選考試験問題のうち大問２の択一式問題とその解答の公開が請求された事例において、一審判決（高知地判平成10・3・31判例時報1677号41号）は、上記②を根拠として公開請求を棄却した。二審判決（高松高判平成10・12・24判例時報1704号50頁）は、①②③の根拠をすべて否定し公開請求を認容した。最高裁（最二判平成14・10・11判例時報1805号38頁）も、①従来から、過去問を編集した市販の問題集を用いた受審準備が行われており、本件公開がなされたからといって、受審準備状況が変わるわけではない、②過去に出題された問題との重複を避け、審査にふさわしい問題を作成するという問題作成者の負担は、問題及び解答の開示の有無によって変化が生じるものではない、③本件条例には開示された情報の利用を制限する規定はなく、①の受審準備状況に照らせば、選考の公正又は円滑な執行に著しい支障が生じるとはいえないとして、公開請求を認容している。

　従来、文部省が「①試験問題を公開すると、その傾向のみに対応した受験勉強を助長することになり、教員として真にふさわしい適性や能力をもつ者を選考しにくくなる、②出題分野が限られているようなものについては、問題を公開すると、翌年以降、適切な問題を作成することが困難になる、などの問題点があり、公開は適当でない」としていたこともあって、ほとんどの自治体は非公開としていた。しかし、最近では、平成11年の教育職員養成審議会答申が「学力試験問題や採点基準の公表」を提言したこともあって、広島県、愛媛県、

東京都等のように（部分）公開に踏み切る自治体が増えてきている。

　この点、①高校・大学の入試問題をはじめとして多くの試験問題が公表されているが、特段の支障は生じていない、②問題作成者の負担・責任はもともと重いものであって、問題の公開によって新たに加重されるという性質のものではない、③当該自治体外の受審者も、自治体内の請求者から直接又は出版・報道等を経由して知ることが可能であること等を考慮すれば、教員選考試験問題を非公開にする理由はないように思える。（出題ミスの指摘を含む）出題への批判をおそれることなく、公開することによって、問題の質（ひいては合格者の質）を高めるべきであろう。

　なお、非公開を条件として試験問題の提供を、予備校等の法人からうけている場合は、法人の利益の保護という問題が生じるので、別途の検討が必要となろう。

■主要参考文献■

- ・荏原明則「教育情報の公開とプライバシーの保護」神戸学院法学13巻3号21頁（昭和58年）。
- ・竹中勲「調査書（内申書）の本人開示請求権」産大法学25巻2号25頁（平成3年）。
- ・下村哲夫「教育情報自己開示請求」ジュリスト増刊・情報公開・個人情報保護257頁（平成6年）。
- ・安達和志「学校情報の開示と生徒の個人情報権」日本教育法学会年報24号136頁（平成7年）。
- ・米沢広一「教育個人情報の保護（上）（下）」法学教室189号52頁、193号111頁（平成8年）。
- ・坂本秀夫『教育情報公開の研究』（平成9年）。
- ・兼子仁・早川昌秀『学校の情報公開』（平成10年）。
- ・松井茂記「教育情報の公開と本人開示」国際公共政策研究4巻1号37頁（平成11年）。
- ・米沢広一「教育情報の公開(1)(2)」法学雑誌46巻3号431頁、4号605頁（平成12年）。
- ・中嶋哲彦『生徒個人情報への権利に関する研究』（平成12年）。
- ・中村誠「教育個人情報開示について」岡山大学法学会雑誌56巻1号94頁（平成18年）。

第8講 教科書の検定、採択、給付、使用

　小中高等学校では、検定に合格し、採択された（小中学校では無償で給付された）教科書を使用するよう義務づけられている。それに対して、教科書検定は著作者の学問の自由を侵害する、教科書の使用義務は教師の教育の自由を侵害する等として、それぞれの段階で憲法訴訟が提起されている。検定段階では、家永一次訴訟一審・二審・最高裁判決、二次訴訟一審・二審・最高裁・差戻し審判決、三次訴訟一審・二審・最高裁判決、高嶋訴訟一審・二審・最高裁判決等が、採択段階では、扶桑社版事件一審判決等が、給付段階では、教科書国庫負担請求訴訟一審・二審・最高裁判決が、使用段階では、伝習館訴訟一審・二審・最高裁判決等がだされている。

1．検定権限の所在

　検定権限の所在については、学校教育法34条1項が「小学校においては、文部科学大臣の検定を経た教科用図書……を使用しなければならない」、教科書の発行に関する臨時措置法2条1項が「『教科書』とは……文部科学大臣の検定を経たもの……をいう」等と規定している（家永訴訟最高裁判決は、これらを「検定の根拠規定とみることができる」と解している）。そして、学校教育法142条による委任を受けて制定された教科用図書検定規則が、7条において「文部科学大臣は、申請図書について、検定の決定又は検定審査不合格の決定を行い」と正面から検定権限の所在を明示している。

　検定の実務も、それらに従って、以下のような概要で行われている。すなわち、申請を受理された図書は、教科用図書検定調査審議会に置かれている調査

員の調査及び文部科学省に置かれている専任の教科書調査官の調査に付され、その調査結果を参考にして、同審議会は、検定基準に照らし、その図書の合否を答申し、文部科学大臣は、これに基づいて合否の決定を行う。ただし、審議会において、修正を行った後再審査を行うのが適当と認める場合には、合否の決定を留保して検定意見が通知される。申請者は、修正した内容を「修正表」によって提出し、再度審議会の審査に付され、その答申に基づいて、合否の決定がなされる。文部科学大臣は検定不合格の決定を行う場合、事前にその理由を申請者に通知し反論の機会を与える（教科用図書検定規則8条）、検定意見に異議がある場合、申請者は意見の申立をすることができる（同規則9条）、検定審査終了後、大臣は申請図書を公開することができる（同規則17条）。

2．検定制の合憲性

　教科書の検定制をとること自体が、憲法21条2項が禁じる「検閲」にあたるのかが、まず問題となる。学説の多くは、「検閲」を「表現行為に先立ち行政権がその内容を事前に審査し、不適当と認める場合にその表現行為を禁止すること」（佐藤）と定義づけ、絶対的に禁止されるとする（最高裁の「検閲」の定義に対しては限定的すぎると批判する）。

　このような定義のもとで、教科書検定制が「検閲」にあたるか否かについて、学説は二つに分かれる。一方では、「教科書執筆者の欲する表現行為は、たんに出版することではなく、教科書として出版することである。それを禁止する教科書検定は、『表現行為を禁止する』もの以外のなにものでもない。したがって、教科書検定は、検閲の構成要素のすべてを満たすものなのである」（浦部）と主張される。他方では、「教科書は児童生徒が必ず読まなければならないのであり、各段階の生徒の理解能力に合わせ、教育の機会均等を確保するというような教育上の観点からの一定の内容規制が必要であることは一概に否定できないこと、また、国民は既に一般市販図書として出版・発行している図書を教科書として検定申請でき、あるいは検定不合格となっても一般市販図書として自由に出版・発行できること、を考えれば、検定制度は『検閲』そのもの

ということはできない」（佐藤）との見解も有力である。後者の学説に対しては、たとえば、日刊新聞検閲制度を作っても、伝えたい情報はテレビや週刊誌で伝えられるので、それは「検閲」ではないということになってしまうのではないのか、との批判がありうる。しかし、教科書の場合には、特定の者だけが事実上受領を義務づけられるとの関係にあるため、同列には論じえない。

　ついで、検定制自体が教科書執筆者の思想、学問、表現の自由等を侵害し違憲となるのかが、問題となる。たしかに、教科書執筆者は、「教科書」という媒介を通じてのそれらの自由の行使が制約されることになる。しかし、教科書には、判断能力の未成熟な生徒がその使用を事実上強制されるとの特質があり、また、公教育には機会均等の要請があるため、中立性・公正の確保、発達段階への適合、一定の同水準の確保、内容の正確性等が、求められる。それ故、それらの目的を達成するために検定制をとること自体を違憲とはみなしえないであろう。なお、実際の訴訟において、検定制度それ自体を違憲とみなした判決は存しない（憲法31条、26条違反等の主張も斥けられている）。

3．個々の検定の合憲性・合法性

　検定制自体が合憲であるとしても、そのことから当然に個々の検定までもが合憲・合法となるわけではない。個々の検定が上述の目的の範囲内にとどまっているか否か、教科用図書検定規則、教科用図書検定基準等に合致しているか否かを検討することが必要となる。

　実際の訴訟において、家永二次訴訟一審判決（東京地判昭和45・7・17行集21巻7号別冊1頁［杉本判決］）は、本件不合格処分（対象となった箇所は、「歴史をささえる人々」という見出し、古事記や日本書紀は「すべて皇室が日本を統一してのちに、皇室が日本を統治するいわれを正当化するために構想された物語である」との記述等である）を教科書執筆者の思想（学問研究の成果）内容の事前審査にあたるので「検閲」に該当するとして、違憲とみなしたが、それ以外の判決はすべて、合憲とみなしている。もっとも、それらの合憲判決は、当該検定を合憲と判示したにとどまり、運用によっては違憲になる余地まで否定しているわけで

はない。たとえば、家永三次訴訟一審判決（東京地判平成元・10・3判例時報臨増平成2年2月15日号）は、「子どもが自由かつ独立の人格として成長することを妨げるような検定制度の運用、例えば、教科書の記述を、誤った知識や一方的な観念を子どもに植え付けるような内容のものにするような修正意見を付することは、憲法26条、13条の規定に違反する」「教育上の観点からではなく、特定の立場に立って、これと相容れないと考える学問研究成果を表現した記述を排除するという学問介入自体を目的として教科書検定の審査を行うことは、憲法23条の規定に違反する」「教育上の観点からではなく、特定の思想的立場に基づき、不適当と認める思想内容等を表現した記述を排除するという思想審査を目的として教科書検定の審査を行うことは、憲法21条1項の規定に違反する」との判断を示している。

違法性（裁量権の濫用）については、その主張の多くは斥けられたが、家永一次訴訟一審判決、二次訴訟二審判決、三次訴訟一審・二審・最高裁判決、高嶋訴訟一審判決は、一部であるが違法を認めた。裁量権の濫用を判断するにあたっては、判決の多くは、「看過し難い過誤」の基準、すなわち、学説・教育状況についての認識や検定基準違反の認識に看過し難い過誤がある場合には、裁量権の濫用があるとの基準を用いている。この基準によれば、検定意見は相応の根拠を示すだけではだめで、学界の客観的な学説状況を踏まえたものでなければならないことになり、「相応の根拠」論よりも厳格な基準といえる。

4．検定過程における利害関係者

検定過程においては、利害関係者の間や、利害関係者と国家機関との間で、協働、緊張等の関係が生じる。

教科書著作者と発行者との間には、協働関係と従属関係とが内包されている。協働関係は、教科用図書検定規則が「著作者又は発行者」が申請できる（4条）と規定し、判例上、「検定の効果は著作者、発行者のいずれにも及ぶ」ので、申請者が発行者であっても著作者に原告適格が認められる、とされている点にみられる。従属関係は、無償措置法が発行者の指定制をとっている（18条1項）

ため、教科書を執筆するには、定められた要件を満たす発行者に発行を引き受けてもらわねばならないとの点にみられる。とりわけ、発行者の要件が厳格すぎると、教科書の作成が発行者主導で進み、著作者の執筆の自由が実質的に制約されるという事態が起こりうる。

著作者と調査官との間には、「執筆者が、検定決定を得るために一方的に譲歩し、自らの学識と信念とに基く申請本の記述を撤回して、専ら『検定意見』に沿う形での再執筆に及んだ」としたら「彼は、意図せざる帰結としてではあれ、自らを当該government speechの『道具』たるの役に転ぜしめてはいないか」「執筆者を『道具』にしてまで、政府自らのイデオロギー的見解を『囚われの聴衆』たる生徒に植え付けることが可能となっている」(蟻川)との関係が内包されている。それとのかかわりで、検定基準の漠然性につき、学説上、「教科書執筆者等に自由な発想の余地を残すものではなく、逆に、文部官僚による恣意的な（とみえる）検定を許すように機能する」(山下)との批判もみられる。

検定手続での生徒・親、教師、住民等のかかわりについては、関係法令において何ら規定されていない。検定段階での訴訟としては、中学生とその親が、通学する中学校で使用している社会科の教科書に事実無根である南京大虐殺事件の記述があり、それが正しい事実を学習する権利（憲法26条等）、思想の自由（憲法19条）等を侵害するとして、検定処分の無効確認と取消しを求めたが、一審判決（東京地判平成4・9・28判例時報1448号120頁）は、「検定制度は、教科書に学校教育において使用される資格を賦与する制度であるにすぎず……検定を経た教科書を使用して教育を受けることになる者は、全国の同学年の生徒全員という極めて広範囲の者となっている」「教科書検定制度によって生徒について法的に保護されているのは、集団として捉えた不特定多数の生徒の抽象的権利であり、換言すれば、それは教育の中立・公正という公益の生徒側に対する投影であって、究極においては公益の中に吸収解消されるものである。つまり、それは、教育を受ける個々の生徒の具体的権利又は利益であるとはいいがたい」等として、生徒と親の原告適格を認めなかった。二審判決（東京高判平成

5・6・21判例タイムズ858号144頁）も、同様の理由で原告適格を認めなかった。

　なお、平成18年度の高校の日本史教科書の検定で、太平洋戦争末期の沖縄戦で「日本軍が住民の集団自決を強制した」との趣旨の記述が削除されたが、沖縄住民による反対運動の高まりをうけて、出版社が「日本軍の強制」に関する記述を復活させる訂正を申請することとなった。これは事実上の住民参加とみなしうる。

5．採択権限の所在

　現行法令は採択権限の所在を必ずしも正面から明示してはいない。そのため、採択権限が誰に帰属するのかが、解釈論として問題になっている。この点、一方では、「採択権者としての最適格者は、教科書を使用して学習する子ども・青年の実態をよく知っている現場教師であ」り、「教育基本法（旧）10条、学校教育法（旧）28条6項〔現、37条11項〕の条理解釈からも、教師の教科書採択権を現行法上認めることができる」（浪本）との学説もみられる。しかし、そこで依拠されている条項には「教科書」「採択」といった文言はみられず、そのような解釈には文言上無理がある。都道府県教育委員会は義務教育諸学校の「教科用図書の採択の適正な実施を図るため」市町村の「教育委員会並びに国立及び私立の義務教育諸学校の校長の行う採択に関する事務について、適切な指導、助言又は援助を行わなければならない」（無償措置法10条）、採択地区が二以上の市町村にまたがる場合「教育委員会」は協議して「同一の教科用図書を採択しなければならない」（同法13条4項）、「指定都市の教育委員会」は「種目ごとに一種の教科用図書を採択する」（同法16条2項）等の条項からすれば、採択権限は公立の場合には所管の教育委員会（その学校を設置する市町村や都道府県の教育委員会）に、国立・私立の場合には校長に存すると解釈せざるをえないであろう。

　採択の実務も、後者の解釈に従って、以下のような概要で行われている。すなわち、公立の小中学校の場合、都道府県教育委員会により採択地区が設定される（一地区は平均2.9の市郡で構成されている）。採択地区協議会（協議会には専

門的な調査研究を行う調査員が置かれる。両者の間に選定委員会を置く地区も存する）の答申を受け、採択地区内の市郡町村教育委員会が協議して教科書を採択する。都道府県立の義務教育諸学校の場合には、選定審議会（審議会には専門的な調査研究を行う調査員が置かれる）の意見をきいたうえで、都道府県教育委員会が採択を行う。公立の高等学校の場合、法令上、採択地区等の具体的定めはないが、採択権限を有する所管の教育委員会が、学校単位に設置された選定委員会の答申を受ける等して、各学校の実態に即して採択を行っている。国立・私立学校の場合、学校単位に設置された選定委員会の答申を受ける等して、校長が採択を行っている。

6. 採択制の合憲性

　これらの条項を上述のように解釈した場合、次の段階として、採択権限を教育委員会（国立・私立の場合は校長）に帰属させている現行の採択制度自体の合憲性を検討することが必要となる。

　採択権限の憲法上の帰属先については、「教科書の選定は、各学校の教育課程編成および教師の授業内容編成に深くかかわる教育専門的事項であるから、原理的にはあくまで学校教師の教育権に属しているものと条理解釈され」る（兼子）として教師に帰属するとみなす見解もみられる。しかし、教科書採択権限の所在は、憲法からは一義的に導き出されるわけではない。教師の「教育権」が憲法上の権利としてであれ、権限としてであれ、認められるとしても、それは自己の学問研究の成果を教えるためにではなく、すべての人間にとって共通に必要な基礎的な知識や理論を教えるために認められるのであって、教師に教科書採択権限がなければそのような教育がなしえないというわけではない。また、児童の権利条約、国際人権規約等の国際人権条約も、採択権限の帰属については言及していない。

　教科書の採択権限の帰属先としては、個々の担当教員、学校ごとの教師集団、親集団、教育委員会等多様な選択肢がありうるが、それらのうちどれを選択するかは、基本的には立法政策の問題となろう。

7．個々の採択の合憲性・合法性

　現行の採択制度自体が合憲であるとしても、そのことから当然に個々の採択決定までもが合憲・合法となるわけではない。

　もっとも、個々の採択決定の合憲性・合法性を裁判で争うには、まず原告適格等が障壁となる。たとえば、行政事件訴訟法の取消訴訟で争う場合、本案審理に入るには、採決が「行政庁の処分その他公権力の行使に当たる行為」（3条2項）にあたり、原告が「取消しを求めるにつき法律上の利益を有する者」（9条）であることが必要となる。扶桑社版教科書採択事件一審判決（松山地判平成19・8・28判例集未登載）は、原告適格を否定している。

　仮に、原告適格等が肯定されたとした場合には、本案審理に入るが、そこで個々の採択決定の合憲性を検討するにあたっては、生徒の思想・信教の自由、教育を受ける権利等の侵害という方向からの検討が必要となる。すなわち、教科書には、判断能力の未成熟な生徒がその使用を強制されるとの特質があるため、中立性・公平性の確保、生徒の発達段階への適合等が求められる。思想の自由等の侵害を争う場合、基準とされるのは、教科書の採択は地区ごとであれ学校ごとであれ集団ごとになされ、当該採択の無効・取消の効果は当該地区（学校）のすべての生徒に及ぶので、訴訟当事者の生徒の主観的思想ではなく、いわば客観的思想（思想上の中立性）ということになり、採択された教科書が「例えば、誤った知識や一方的な観念を子どもに植えつけるような内容」（旭川学テ最高裁判決）であると認定された場合に違憲とされることになる。教育を受ける権利（発達権）の侵害を争う場合も、基準とされるのは、訴訟当事者の個々の生徒の発達段階ではなく、当該採択地区（学校）内の集団としての生徒の平均的な発達段階である。

　個々の採択決定の合法性については、法令に定められた手続を踏んでいるか否か、採択基準に合致しているか否か等を検討することになる。前者については、まず、手続違反か否かを問い、それが肯定された場合には、ついで、その手続違反が採択決定という実体面をも無効にするほど重大なものであるか否かを、問うことになる。後者については、採択基準に基づいて採択権者が採択決

定を行う際に、裁量権の逸脱があったか否かを問うことになる。

8．採択過程における利害関係者

　採択過程においては、とりわけ、親、教師、住民等の参加権の確立が求められる。

　親の参加については、「教科書採択の在り方に関する調査研究協力者会議」の報告書に基づいてだされた「教科書採択の在り方の改善について」（平成2・3・20文初教第116号初等中等教育局長通知）が、「開かれた採択の推進」を謳って、選定審議会委員に「学識経験者の枠内で保護者の代表を委員に加えていくことが望ましい。なお、保護者代表委員の選任については、より幅広い視野に立った意見を求める観点から工夫していく必要がある」「採択地区協議会やその下部組織の委員に、新たに保護者代表等を加えていくことも考えられる」としている。これに基づき、採択プロセスへの委員としての親の参加が進展してきている。

　生徒の参加については、東京都中野区のように、教科書の採択に小・中学生の声を取り入れる制度を導入し、小1から中3まで各学年70人以上に意見を聴くとしているところもみられるが、ごく少数にとどまっている。

　上述のように、採択プロセスへの親の参加は拡大されてきているが、政策論としては、単なる意見の表明にとどまらず、親の権利の強化、とりわけ、教育委員会への抑止力を親に与えることが求められる。たとえば、採択地区（学校）内の親の過半数の署名によって、採択候補教科書リストから、親が好ましくないと考える教科書を排除しうるシステムを構築するのも、一つの方法であろう。

　教師の採択手続への参加としては、委員や調査員としての参画のほか、学校ごとに教師の希望をまとめて集計する「学校票」制度等によって教師の意向を反映させることが行われてきた。しかし、このような教師の意向の反映に関しては、教育委員会との関係が問題とされている。昭和39年2月14日の初等中等教育局長通知が、「採択は教育委員会の責任を明らかにする方法によって行な

第8講　教科書の検定、採択、給付、使用　*117*

うべきであって、教職員等の投票により採択教科用図書を決定する等のことは適当でない」としていたが、更に、上述の「教科書採択の在り方の改善について」が、「教職員の投票によって採択教科書が決定される等採択権者の責任が不明確になることのないよう、採択手続の適正化を図ることも重要である」としている。

これらに従い、各学校ごとに教師の希望をまとめて集計する「学校票」制度、教師等による推薦教科書の「絞り込み」制度は、廃止されていっている。このような最近の傾向に対しては、教師の意見を反映しにくくするものであり妥当ではない、「実際に教科書を使って授業をするのは教師であり、その経験と識見を重視するのは当然だ。教師の意見をどう採択に反映させるかの過程には工夫の余地があるが、必ずしも専門家でない少数の教育委員にすべてをゆだねるのは無理がある」（平成13年5月1日付毎日新聞）との批判も出されている。

教師と教育委員会との関係については、良好で緊張感のある協働関係の構築が求められる。法令上、採択権限が教育委員会にあるとされていても、そのことは、決定プロセスからの教師の排除を要請するものではない。教育委員会による決定に先立って、採択地区内の教師が推薦リストと推薦理由を提出し、教育委員会の決定と理由とともに、それらをすべて公開するのも、一つの方法であろう。

住民参加としては、教科書展示会等での市民への情報の提供に加えて、委員への住民参加の試みが始まっている。たとえば、東京都文京区の教科用図書審議会の委員14名のうち2名は、区民からの公募となっている。応募資格は「教科書の採否に利害をもたない区民」「幅広い教養がある」との2点で、教育委員会によって、「職歴書」と応募理由を述べた「論文」の書類審査および面接審査が行われる。また、平成12年より導入された学校評議員制度（学校教育法施行規則49条）を通じての参加として、「教科書制度の改善について」（平成14・8・30文科初第683号初等中等教育局長通知）は、「高等学校では、学校長のリーダーシップのもと、例えば、各学校に置かれている学校評議員の意見を聞くなど、より広い視野からの意見も参考にするよう努めていくことが必要である」として

いる。

　参加の前提条件として、採択関係情報（反対意見があった場合にはそれも含めての採択経過と理由、関係者氏名等）の公開が必要となる。上述の「教科書採択の在り方の改善について」は、採択結果と理由を「各地域の実情に応じて、採択事務の円滑な遂行に支障を来さない範囲内で公表していくことが望まれる」としている。また、選定審議会、採択地区協議会等の委員名についても、「責任を明確化する意味からも、各地域の実情に応じて、できるだけ公表していくことが望ましい」が、「採択の公正確保の観点から採択終了後とすることが適当である」としている。

　判例としては、公開条例に基づく議事録の公開請求事件において、一審判決（名古屋地判平成13・11・9判例地方自治230号52頁）が、採択協議会の議事録に関して、「子弟の教育という点で住民に大きな影響を与える教科書採択は、できる限り公正かつ透明な手続により行われることが望ましく、……したがって、住民に対する公開を前提としない審議を行うことが公正な採択という行政目的からみて合理的とはいい難い」と述べ、非公開処分を取消し、二審判決（名古屋高判平成14・6・13判例集未登載）も、一審判決を支持している。

9．教科書の無償給付

　憲法26条2項後段は、「義務教育は、これを無償とする」と規定している。そこにいう「無償」については、①何が無償になるのか、②無償の対象となる学校はどこまでなのか、が論点となる。

　当初、教科書は有償であった。そのため、公立の小学生の親が、教科書代金の返還等を求めて出訴した。それに対して、最高裁判決（最大判昭和39・2・26民集18巻2号343頁・判例時報363号9頁）は、「憲法26条2項後段の『義務教育は、これを無償とする。』という意義は、国が義務教育を提供するにつき有償としないこと、換言すれば、子女の保護者に対しその子女に普通教育を受けさせるにつき、その対価を徴収しないことを定めたものであり、教育提供に対する対価とは授業料を意味すると認められるから、同条項の無償とは授業料不徴収の

意味と解するのが相当である」とする。その理由としては、「憲法がかように保護者に子女を就学せしむべき義務を課しているのは、単に普通教育が民主国家の存立、繁栄のため必要であるという国家的要請だけによるものではなくして、それがまた子女の人格の完成に必要欠くべからざるものであるということから、親の本来有している子女を教育すべき責務を完うせしめんとする趣旨に出たものでもあるから、義務教育に要する一切の費用は、当然に国がこれを負担しなければならないものとはいえない」との点をあげている。このように、最高裁は、第1の論点については、授業料無償説の立場をとり、教育基本法（旧）4条2項および学校教育法6条但書はその趣旨を確認するものとする。第2の論点については、直接論じてはいないが、「国または公共団体の設置にかかる学校における義務教育には月謝を無料として来た沿革にも合致する」との表現や、国公立の授業料無償を規定する教育基本法（旧）4条2項、学校教育法6条但書をあげていることから、国公立の小中学校を対象と考えていると解される。

　第1の論点についての学説は、無償範囲法定説、修学費全部無償説、授業料無償説に大別される。無償範囲法定説は、義務教育の「無償」の規定は、立法者に努力目標としての指針を与えたものにすぎず、どの範囲まで無償とするかは立法政策の問題であるとする。修学費全部無償説は、「無償の範囲は、義務教育の授業料、教科書代その他修学までに必要な一切の金品とすべきである」（永井）とする。授業料無償説は、「無償」とは義務教育における授業料不徴収の意味であるとする。無償範囲法定説は、憲法26条2項が「義務教育は、これを無償とする」と明示していることの意義を没却するものであって、妥当ではない。修学費全部無償説に対しては、①親は子どもの教育に対しての権利と責任を一定もっている以上、教育に要する費用の一部を負担しても不合理ではない、②授業料以外の費用の不徴収が授業料の不徴収と同等の憲法上の価値を有しているとみなしうるのか、③どこまでが修学に必要な費用といえるのか、その外延が必ずしも明確ではない、等の疑問が生じる。基本的には、授業料無償説を妥当とすべきであろう。ただ、義務教育の「無償」規定は、経済上の理由

120

から就学できない子どもを生じさせないことを意図したものであるので、授業料不徴収に加えて、経済的理由による就学困難者への必要な援助を保障するものであると解すべきであろう。ちなみに、学校教育法19条は「経済的理由によって、就学困難と認められる学齢児童又は学齢生徒の保護者に対しては、市町村は、必要な援助を与えなければならない」と規定し、生活保護法13条は、「教育扶助」として、義務教育に必要な「教科書その他の学用品」「通学用品」「学校給食その他」をあげている。

　第2の論点について、多くの学説は、対象となるのは義務教育段階での国公立の学校であるとするが、他方、居住地の公立学校に授業料なしで就学できるようにすれば国の教育条件整備義務は果たされたことになるので、対象となるのは公立学校だけである（内野）とする説も存する。この説によれば、国立学校でも授業料が無償なのは、憲法がそれを命じているからではなく、教育基本法（旧）4条2項〔現、5条4項〕がそれを命じているからということになる。なお、平成26年度より、高所得世帯を除いて、国公私立の高校授業料を実質的に無償とする高等学校等就学支援金制度が、実施されているが、高校が義務教育でない以上、これは政策的上積みと評される（私立の小中学校の授業料については、第14講参照）。

　このように授業料無償説の立場に立つと、教科書の無償給付は憲法上の要請とはみなしえないが、実際には、昭和38年に制定された「義務教育諸学校の教科用図書の無償措置に関する法律」（無償措置法）により、私立学校を含むすべての義務教育段階の学校の生徒に対して教科書は無償給付となっている。更に、現在では、「海外出国学齢児童生徒」（平成14・3・28文科初第1133号初等中等教育局長通知参照）、「就学義務猶予免除者」（平成15・4・1文科初第14号初等中等教育局長依頼参照）にも、無償給付されている。

10. 教科書の使用義務

　教科書の使用義務については、学校教育法34条1項が、「小学校においては、文部科学大臣の検定を経た教科用図書又は文部科学省が著作の名義を有する教

科用図書を使用しなければならない」（49条、62条、70条、82条により中学校、高等学校、中等教育学校、特別支援学校に準用）と規定している（なお、文部科学省著作教科書は「需要数が少ないために民間で発行が困難な分野の教科書等を発行する場合に利用される。現在では、職業科関係の特定科目の教科書、通信教育関係の教科書等がこれに該当する」（鈴木）と説明されている）。

学校教育法34条1項の解釈として、二つのものがみられる。第1は、学校では必ず教科書を使用しなければならず、その場合、検定教科書又は文部科学省著作教科書を使用しなければならない、との解釈である。これは文部科学省のとる解釈でもある。第2は、学校で教科書を使用するか否かは任意であって、使用する場合には、その教科書は検定教科書又は文部科学省著作教科書でなければならない、との解釈である。

伝習館訴訟一審判決（福岡地判昭和53・7・28判例時報900号3頁）は、学校教育法21条1項〔現、34条1項〕の「文言上」教科書を「使用しなければならないことは明らかであ」り、このことは「教育の機会均等の要請、全国的な一定水準維持の要請、子どもの側から学校や教師を選択する余地が乏しいこと等からも裏付けられる」とし、二審判決（福岡高判昭和58・12・24判例時報1101号3頁）、最高裁判決（最一判平成2・1・18判例時報1337号3頁）とも、それを支持している。

学校教育法34条1項の文言からは第1説のように解釈せざるをえないが、そのように解釈された同項の合憲性が問題になる。この点、伝習館訴訟最高裁判決は、そのように解しても憲法26条、教育基本法（旧）10条に違反しないことは旭川学テ最高裁判決の「趣旨に徴して明らかである」としている。学説上は、教科書使用義務は「教師の教える自由を不当に制限するものとして憲法違反になる」（内野）との見解も存するが、当該教科書の検定と採択が憲法に適合してなされているならば、当該教科書の教師への使用義務も合憲ということになろう。なぜならば、そのような検定に合格した教科書は抽象的な生徒にとっての政治的中立性、発達適合性等を満たしている以上、教師は自己の主観的自由（思想の自由等）を理由にそのような教科書の使用を拒否しえないからである。

生徒との関係では、学校教育法34条1項は「学校」を名宛人としているので、

生徒にまでは使用義務を課していないと解されるが、自己の思想や信教に反する教科書が授業で使われた場合には、生徒はその使用を拒否し、自ら用意した代替教材を使用する自由が認められなければならない。

11. 教科書の使用形態

　教科書の使用義務を肯定した場合、いかなる場合に教科書を使用したといえるのかという教科書の使用形態が問題となる。伝習館訴訟一審判決は、優れた教科書のみでは教育の成果は期待できず教師の創意工夫が要請される、教科書に絶対的な価値を認めることは戦前の国定教科書の例に照らしても危険を内包していることから、「教科書の教え方や補助教材との使用上の比重等は教師の教育方法の自由に委ねられている」と、使用形態の自由をかなり広範に認めている。それに対して二審判決は、「教科書使用義務を認めるのは……教育の一定水準の維持等という目的と教授技術の有効性にあるのであるから、教科書のあるべき使用形態としては、授業に教科書を持参させ、原則としてその内容の全部について教科書に対応して授業することをい」い、「このことをなした上、その間に、教師において、適宜、本件学習指導要領の教科、科目の目標及び内容に従って、教科書を直接使用することなく、学問的見地に立った反対説や他の教材を用いての授業をすることも許される」と述べ、教科書に対応するとの原則により使用形態の自由を限定している（最高裁判決は、この点については言及していない）。

　なお、補助教材の使用に関しては、学校教育法34条2項が「教科用図書以外の図書その他の教材で、有益適切なものは、これを使用することができる」と規定し、その使用を認めている。同法は、誰がそれを決定しうるのかについては明示していないが、昭和31年に制定された地方教育行政の組織及び運営に関する法律23条は、教育委員会の職務権限の一つとして「教科書その他の教材の取扱いに関すること」（6号）をあげ、33条1項は、教育委員会が教材の取扱い等についての規則を定めるとし、33条2項は、「教育委員会は、学校における教科書以外の教材の使用について、あらかじめ、教育委員会に届け出させ、又

は教育委員会の承認を受けさせることとする定を設けるものとする」としている。文部（科学）省も、昭和39・3・7文初小第127号初等中等教育局長通達に引き続き、昭和49・9・3文初小第404号初等中等教育局長通達において、「1、学校における補助教材の選択に当たっては、その内容が教育基本法、学校教育法、学習指導要領等の趣旨に従い、かつ児童生徒の発達段階に即したものであるとともに、ことに政治や宗教について、特定の政党や宗派に偏った思想、題材によっているなど不公正な立場のものでないよう十分留意すること」「2、教育委員会規則の定める補助教材の事前の届出又は承認に関する手続の励行に留意する」こと、等としている。

　しかし、二審判決のように教科書使用形態の自由をほとんど認めないうえに、届出・承認が必要な「補助教材」の範囲を広く捉えるならば、担当する生徒の実状に応じて教師が創意、工夫する余地はほとんどなくなってしまうであろう。

■主要参考文献■

- 兼子仁『教育法〔新版〕』420頁（昭和53年）。
- 室井修「教科書の『使用義務』・補助教材の自由使用」季刊教育法41号75頁（昭和56年）。
- 浪本勝年『子どもの人権と教科書』（昭和57年）。
- 永井憲一『憲法と教育基本権［新版］』84頁（昭和60年）。
- 山下淳「教科書検定における行政裁量」ジュリスト863号17頁（昭和61年）。
- 浦部法穂「教科書検定と検閲該当性」芦部信喜（編）『教科書裁判と憲法学』65頁（平成2年）。
- 蟻川恒正「思想の自由」樋口陽一（編）『講座憲法学3』105頁（平成6年）。
- 内野正幸『教育の権利と自由』161頁、202頁（平成6年）。
- 佐藤孝治『憲法〔第3版〕』519頁（平成7年）。
- 米沢広一「教科書の採択と憲法・教育法」小高古稀記念『現代の行政紛争』349頁（平成16年）。
- 鈴木勲（編著）『逐条学校教育法［第6次改訂版］』182頁（平成18年）。
- 戸波江二・西原博史（編）『子ども中心の教育法理論に向けて』56頁（平成18年）。

第 9 講

学校事故の賠償と防止

　学校事故については、事後救済と事前防止が、問題となる。学校事故の事後救済としては、現在、損害賠償制度と災害共済制度が設けられている。損害賠償請求に関する事件は、極めて多数にのぼり、しかもその内容は多様である。そのため、授業中―校外活動中―クラブ活動中の事故、教師―生徒の加害による事故、教育活動に伴う事故―施設設備の欠陥に基づく事故等といった事故の類型ごとの検討が必要となる。賠償要件に合致しない事故をも包摂する救済制度として、センター災害共済制度が設けられており、学校災害救済条例によってその上積みを図っている自治体もみられる。このような事後救済が重要であることはいうまでもないが、無事故に勝るものはなく、事故の事前防止の徹底が求められる。

1．憲法17条と国家賠償法

　憲法17条は「何人も、公務員の不法行為により、損害を受けたときは、法律の定めるところにより、国又は公共団体に、その賠償を求めることができる」と、国家賠償請求権を定めている。「法律の定めるところにより」を受けて、憲法17条を一般的に具体化する法律として、国家賠償法が制定されている。

　国家賠償法は、1条1項において、「国又は公共団体の公権力の行使に当る公務員が、その職務を行うについて、故意又は過失によって違法に他人に損害を加えたときは、国又は公共団体が、これを賠償する責に任ずる」と規定する。当初、公立学校での教師の教育活動も「公権力の行使」に含まれるかが争われたが、プール事故に関する最二判昭和62・2・6判例時報1232号100頁は、「国

家賠償法1条1項にいう『公権力の行使』には、公立学校における教師の教育活動も含まれるものと解するのが相当」であると判示し、公立学校における教師の教育活動には国家賠償法1条1項が適用され、私立学校における教師の教育活動には不法行為責任を定める民法709条、使用者責任を定める民法715条が適用されてきた（もっとも、最近では、公立学校の事故も、民法上の安全配慮義務違反の問題として処理する判決も、増えつつある）。

　国家賠償法は、2条1項において、「道路、河川その他の公の営造物の設置又は管理に瑕疵があったために他人に損害を生じたときは、国又は公共団体は、これを賠償する責に任ずる」と規定する。公立学校の施設設備は「公の営造物」であるので、公立学校施設設備の欠陥に基づく事故には国家賠償法2条1項が適用され、私立学校施設設備の欠陥に基づく事故には工作物責任を定める民法717条が適用されることとなる。

　国家賠償法は、1条2項において、「前項の場合において、公務員に故意又は重大な過失があったときは、国又は公共団体は、その公務員に対して求償権を有する」と規定する。そのため、公立学校の教師個人は、被害者に対する直接の賠償責任を負わず、故意又は重過失がある場合に公共団体から求償を求められることになる（公共団体から教師への求償を容認した判決として、大阪地裁堺支判平成23・8・9判例集未登載・確定等がある。他方、公共団体が求償権を行使しない場合、住民はその違法確認の請求訴訟を提起できる。実際、教師による体罰事件において、そのような請求がなされたが、横浜地判平成14・6・26判例地方自治241号47頁は、当該教師は、市が求償すべき額の大半を治療費等として既に自主的に生徒に支払っているので、市が求償権行使を怠っているとはいえないとしている）。それに加えて、場合によっては、職務上の義務違反、懈怠を理由とする懲戒処分や、業務上過失致死傷罪等による刑事責任追及を受けることがありうる。

2．学校事故の類型

　学校事故は、まず、①公立学校での事故と、②私立学校での事故とに区分される（本講では、公立学校での事故への賠償を検討対象とする）。公立学校での事

故は、更に、①教育活動に伴う事故と、②学校施設設備（校舎、プール、運動用具、実験器具等）の欠陥に基づく事故とに区分される。教育活動に伴う事故は、教育内容面からは、①体育、理科の実験をはじめとする授業中の事故、②臨海学校、修学旅行をはじめとする校外活動中の事故、③クラブ活動中の事故、④休み時間や放課後の事故、⑤学校給食による事故等に区分される。作為の面からは、①教師が指導監督上の安全保持義務を怠ったために生じた事故（不作為型）と、②教師や生徒による積極的加害行為によって生じた事故（作為型）とに区分される。加害者の面からは、①教師の故意又は過失による事故と、②生徒の故意又は過失による事故とに区分される。被害を被った生徒の面からは、①普通児（健常児）の事故と、②障害児の事故に区分される。

3．授業中の事故

　授業は学校の教育活動の中核を占めるものであり、学校は生徒への危険を回避する注意義務を負っている。具体的には、授業を実施する教師に対しては、①事前の注意義務として、当該授業計画が生徒の能力に照らして適切であったか否か、生徒の健康状況を的確に把握していたか否か等を、②授業中の注意義務として、指導方法が適切であったか否か、生徒に十分な注意を与えていたか否か等を、③事故後の注意義務として、適切な応急措置をとったか否か、保護者に事故の報告を行ったか否か等を、問いうる。

　更に、学校管理者についても、適任教師を配置していたか、器具を十分整備していたか等の管理上の安全義務違反を問いうる。

　実際には、授業自体に危険を内在させている体育、理科実験、技術家庭といった科目で事故が起きることが多い。これらの事故に関する下級審判決は多くだされているが、最高裁判決としては、中学校での体育のプール指導に関する最二判昭和62・2・6判例時報1232号100頁がだされている。同判決は、「スタート台上に静止した状態で飛び込む方法についてさえ未熟な者の多い生徒に対して」「助走してスタート台にあがってから行う方法」で飛び込みをさせることは、極めて危険であるにもかかわらず、十分な注意を与えずに実施させたこ

とに、注意義務違反があったとしている。

4．校外活動中の事故

　校外活動としてのキャンプ、登山、臨海学校、修学旅行中等においても、しばしば事故が起こっている。校外活動も、学校の教育活動の一環として行われるものなので、授業の場合と同様、学校は生徒への危険を回避する注意義務を負っているが、校外で実施されることから、校内にはない危険に遭遇することもありうる。そのため、とりわけ、十分な事前の調査と計画が求められるが、そのような事前準備は、引率教師だけでは対応しきれない面があり、学校全体、場合によっては教育委員会をも含めての対応が求められる。

　これらの事故に関する下級審判決は多くだされているが、最高裁判決としては、登山での雪崩による死亡事故に関する最二判平成2・3・23判例タイムズ725号57頁がある。同判決は、「学校行事も教育活動の一環として行われるものである以上、教師が、その行事により生じるおそれのある危険から生徒を保護すべき義務を負っており、事故の発生を未然に防止すべき一般的な注意義務を負う」との一般論を述べたうえで、山小屋に留まらず下山を強行した点に引率教師の過失があったとした原審の判断を支持している。

5．クラブ活動中の事故

　クラブ活動も学校の教育活動の一環として行われる以上、学校には、生徒の心身の能力、活動の危険性に応じた安全指導を行う注意義務がある。クラブ顧問等の担当教員に対しては、生徒の能力に応じた指導をしていたか、生徒の心身の状況を把握していたか、適切な部活計画をたてていたか、試合や練習に立ち会っていたか等が、問われることとなる。

　その中でもしばしば争われるのが、体育系のクラブ活動での教師の立会い・監視義務である。この点につき、最高裁（最二判昭58・2・18民集37巻1号101頁・判例時報1074号52頁）は、バレー部の顧問教師の不在中の事故に関して、「課外のクラブ活動であっても、それが学校の教育活動の一環として行われるもの

である以上、その実施について、顧問の教諭を始め学校側に、生徒を指導監督し事故の発生を未然に防止すべき一般的な注意義務のあることを否定することはできない。しかしながら、課外のクラブ活動が本来生徒の自主性を尊重すべきものであることに鑑みれば、何らかの事故の発生する危険性を具体的に予見することが可能であるような特段の事情がある場合は格別、そうでない限り、顧問の教諭としては、個々の活動に常時立会い、監視指導すべき義務までを負うものではない」との基本的考え方を提示し、立会い義務を認めなかった。下級審も概ね、基本的には、同様の考え方に立っている。

　更に、このような担当教師の注意義務に加えて、クラブ活動事故が人的物的条件整備の不備からも起こりうることに鑑み、学校設置者、校長、大会主催者等の義務をも問題にすべきである。具体的には、クラブ顧問にふさわしい教員を選任していたか、クラブ活動に使用する施設、器具等が整備されていたか等が、問われることとなる。

6．学校給食による事故

　学校給食によって、そばアレルギーが発症したり、食中毒が発生することがある。学校給食は教育活動の一環として、抵抗力の弱い子どもに提供されるものであるので、学校は安全な給食を提供する義務を負っている。

　小学校6年生が給食でそばを食べてアレルギーを発症し帰宅途中で死亡した事件において、札幌地判平成4・3・30判例時報1433号124頁は、市の教育委員会はそばアレルギーに関する情報を教諭に知らせ事故を防ぐ義務を怠り、教諭も下校時に付き添いをつけるなどの義務を怠ったとして、教育委員会、教諭共に過失を認めた。他方、親の側にも、学校給食にそばがだされることを知りながら代替食を持参させず、帰宅させる旨の連絡を受けながら迎えに行かなかった点で過失があったとして、過失5割相殺を行っている。

　小学校6年生が給食を食べて「O157」感染症により死亡した事件において、大阪地裁堺支判平成11・9・10判例タイムズ1025号85頁・確定は、学校給食により食中毒のような事故が起きた場合には学校側の過失が強く推定されるとの

理論を採り、食品が「O157」に汚染される可能性や加熱処理の有効性・必要性が通達等により指摘されていたにもかかわらず、給食を加熱処理に切り替えなかった点で、給食実施管理職員の過失を認定している。

7．教師の体罰による事故

学校教育法11条は、「校長及び教員は、教育上必要があると認めるときは、文部科学大臣の定めるところにより、学生、生徒及び児童に懲戒を加えることができる。ただし、体罰を加えることはできない」と規定する。同条に違反して体罰が加えられた場合の裁判としては、①体罰教師に対する暴行罪等の刑事責任の追及と、②学校設置者に対する損害賠償請求とがある。その場合には、どこまでを体罰とみなすのかが問題となる。刑事事件である東京高判昭和56・4・1判例時報1007号133頁・確定は、例外的に、「一定の限度内で有形力を行使することも許されてよい場合があることを認めるのでなければ、教育内容はいたずらに硬直化し、血の通わない形式的なものに堕して、実効的な生きた教育活動が阻害され、ないしは不可能になる虞れがある」として、平手や手拳での殴打行為を体罰とはみなさなかった。しかし、多くの判決は、平手や手拳での殴打、蹴り、突き飛ばし、眼瞼を手指で強く押さえる等の行為を広く体罰とみなしている。

最近、最三判平成21・4・28判時2045号118頁は、悪ふざけをした小学2年生の胸元を手でつかんで壁へ押し付け、「もう、すんなよ」と叱った行為につき、「児童の身体に対する有形力の行使ではあるが」、これからは悪ふざけをしないよう指導するためであって「肉体的苦痛を与える」ためではないので、体罰にはあたらないとして、国家賠償請求を斥けている。

また、大阪地判平成23・3・28判例時報2143号105頁・大阪高判平成23・10・18判例地方自治357号44頁は、教師による生徒の頭髪染色（茶髪から黒髪に戻すため）につき、本件染色は生徒が継続して校則違反を続けている状況下で生徒本人の同意の下で行われており、有形力の行使であっても、教育的指導の範囲内であって体罰にあたらないとして、国家賠償請求を斥けている。

更に、体罰を受けた後に、それを苦に生徒が自殺をした場合には、体罰と自殺との間に因果関係があったか否かが問題となる。従来、最高裁（最三判昭和52・10・25判例タイムズ355号260頁）、下級審（福岡地裁飯塚支判昭和45・8・12判例時報613号30頁、岐阜地判平成5・9・6判例時報1487号90頁等）とも、体罰についての賠償責任（精神的苦痛）を肯定しても、自殺についての賠償責任については、体罰と自殺との間に相当因果関係がないとして、否定してきたが、体罰を受けた小学校6年生がその1時間後に自殺した事件である神戸地裁姫路支判平成12・1・31判例時報1713号84頁・確定が初めて、相当因果関係を認め、自殺についての賠償責任をも肯定している。

8. 生徒のいじめによる事故

生徒間での事故の中でも、近年いじめによる負傷、自殺といった事故が、深刻化してきている。いじめは、隠れて陰湿に行われ、被害を受けた生徒もそれを教師や親に隠すことが多いため、いじめをいかに発見するのかという困難な課題がある。

いじめを認識した際の学校の責任としては、いじめの全容把握義務、被害生徒の安全保護義務、経過観察義務、親への報告義務等が、担当教員だけでなく、学校管理者、教育委員会等についても問題となる（なお、加害生徒も責任能力を有する場合には賠償責任を負い、その親も監督義務の懈怠があるときは民法709条に基づき［加害生徒が責任能力を有さない場合は民法714条に基づき］賠償責任を負う）。更に、いじめを受けた生徒が自殺をした場合には、いじめと自殺との間に因果関係があったのか否かが問題となる。中野富士見中いじめ自殺事件一審判決（東京地判平成3・3・27判例時報1378号26頁）、二審判決（東京高判平成6・5・20判例時報1495号42頁・確定）等の判決は、予見可能性を認めずに、学校の賠償責任を否定している。他方、いわき市いじめ自殺事件一審判決（福島地裁いわき支判平成2・12・26判例時報1372号27頁・確定）が初めて、「そもそも学校側の安全保持義務違反の有無を判断するに際しては、悪質かつ重大ないじめはそれ自体で必然的に被害生徒の心身に重大な被害をもたらし続けるものであるから、本件

いじめが二郎の心身に重大な危害を及ぼすような悪質重大ないじめであること
の認識が可能であれば足り、必ずしも二郎が自殺することまでの予見可能性が
あったことを要しない」と述べて、自殺についても学校側の責任を認めた。そ
の後、横浜地判平成13・1・15判例時報1772号63頁、東京高判平成14・1・31
判例時報1773号3頁・確定は、教師の予見可能性を肯定し、自殺についても学
校の賠償責任を認めている。

　なお、平成25年に、いじめ防止対策推進法が制定され、学校に複数の教職員、
心理・福祉の専門家等から構成されるいじめ対策組織を置く（22条）、加害生徒
に出席停止等の措置を講ずる（26条）こと等が定められた。今後、同法がどの
ように機能していくか、注目される。

9．障害児の事故

　障害児の学校事故の場合には、固有の論点が生じる。

　その第1は、障害児受け入れに際しての注意義務である。中学校の障害児学
級への心身障害児の受け入れ後に生じた車椅子からの転落事故について、大阪
地判平成元・7・27判例時報1333号128頁は、「校長は障害をもった生徒を受け
入れる場合、その病状等について小学校や両親、本人から事情を聴取するのみ
でなく必要に応じて医者の診断書あるいは医者からの事情聴取をするべきであ
るところ、本件において、小学校及び母花子からの事情聴取の結果、一郎の病
状が、人工透析で週三日欠席し、足が弱く車椅子を使用していることが判明し
たのであるから校長は担当の医者に事情を聞くなどして積極的に一郎の病状を
知るための行為に出るべき」であったにもかかわらず、それをしなかった点に
過失がある、と判示している。

　第2は、体罰の有無の認定に際しての障害児の供述の信用性である。被害者
が知的障害児であり、目撃者がいない場合には、当該障害児の供述の信用性が
問題となる。障害児学校高等部2年生の知的障害児につき、名古屋地判平成
5・6・21判例時報1487号83頁は、当該障害児は長期間にわたって記憶を保存
することが可能であること、質問が具体的な事実を問うものであれば的確に回

答していること、供述についての学習の可能性は否定されること等から、その供述は信頼できるとして、体罰を認定した。それに対して、二審の名古屋高判平成7・11・27判例地方自治147号46頁は、その供述は自ら述べるというより母親に促されてその意に沿うかのように述べているものであり、客観的状況との整合性の点でも疑問を残すものである等として、体罰を認定していない。最高裁（最三判平成11・11・9判例集未登載）も、二審の判断を支持している。

　第3は、学校事故により死亡した障害児の逸失利益の算定基準である。千葉地裁松戸支判平成4・3・25判例時報1438号107頁は、当該障害児の「知能障害自体が改善される見込みは乏しく、仮に原告春子が将来単純労働ができるようになったとしても、……訓練を兼ねた養護施設内での単純作業などに限定されるのであって、……逸失利益の対象となるべき収入を得られたものであるかは不明と言わざるを得ず……逸失利益を認めることはできない」としている（3歳の障害児の事故につき逸失利益を認めなかった判決として、東京地判平成2・6・11判例時報1368号82頁が存する）。他方、障害児学校高等部の知的障害児の水泳授業中の事故について、横浜地判平成4・3・5判例時報1451号147頁は、当該障害児が自傷行為に及んだり混乱状態に陥ったりすることがあった、中学部入学時にIQが55であった、神奈川県立の養護学校（知的障害児）の卒業生の進路としては作業所に入所した者の割合が一番高かったこと等からすれば、一郎の卒業後の進路としては、地域作業所に進む蓋然性が最も高いと認められるとして、約120万円の逸失利益を認定している（なお、同判決は、慰謝料の算定の際に逸失利益［が低いこと］も考慮に入れると述べている）。しかし、二審の東京高判平成6・11・29判例時報1516号78頁・確定は、「潜在する将来の発展的可能性のある要因をも、それが現時点で相当な程度に蓋然性があるとみられる限りは」「何らかの形で慎重に勘案し、斟酌しても差し支えない」として、「潜在する将来の発展的可能性」を探っている。すなわち、トレーニングによりIQは死亡直前には67まであがっていた、一人で電車通学ができた、読み書き計算ができた等のことから、受け入れ側の対応に助けられれば、就業できる蓋然性が高かったとして、就業した自閉症男子生徒の平均初任給等を基準に1800万円の逸失

第9講　学校事故の賠償と防止　*133*

利益を認定している。なお、その際に、同判決は、「こと人間一人の生命の価値を金額ではかるには、この作業所による収入をもって基礎とするのでは余りにも人間一人（障害児であろうが健康児であろうが）の生命の価値をはかる基礎としては低き水準の基礎となり適切ではない（極言すれば、不法行為等により生命を失われても、その時点で働く能力のない重度の障害児や重病人であれば、その者の生命の価値を全く無価値と評価されてしまうことになりかねないからである）」と述べている。

10.　親への通知義務

　学校事故が発生した場合、ただちに適切な措置をとるとともに、事故の状況を親に通知すれば、被害の拡大をふせげることがありうる。

　親への通知義務の有無が初めて裁判上の争点となったのは、小学校6年生の体育のサッカーの授業中、眼にボールを受け、後日、外傷性網膜剥離により失明した事件においてであった。一審判決（横浜地裁小田原支判昭和57・3・29判例タイムズ515号185頁）は、「事故後、将来にわたり何らかの病状が発現することを当該教師が予見しもしくは一般通常人において予見し得べき場合」に通知義務が認められるとするが、本件の場合には病気発生の危険を予見することが極めて困難であったとしている。それに対して、二審判決（東京高判昭58・12・12判例時報1096号72頁）は、「被害の発生が予見できる場合は言うに及ばず、現在被害の発生は予見できなくても、事故の状況からして後刻何らかの被害が生ずることを否定し得ない場合」に通知義務が認められるとして、本件に通知義務を認める（もっとも、仮に通知があっても保護者が異常を発見できたかは疑問であるとして、通知義務懈怠と損害との因果関係を否定した）。最高裁判決（最二判昭和62・2・13民集41巻1号95頁・判例時報1255号20頁）は、「事故の種類・態様、予想される障害の種類・程度、事故後における児童の行動・態度、児童の年齢・判断能力等の諸事情を総合して判断すべきである」とし、小学校6年生は異常を親に訴える能力を有しているので、通知義務はないとしている。しかし、この最高裁判決に対しては、異常を感知しうる能力ではなく眼の打撲から発生する可

134

能性のある疾病を認識しうる能力を問題にすべきではなかったか、そうすると、小学校6年生にそれが備わっているとみなしうるのか、等の疑問が残る。

11. 学校施設設備の欠陥に基づく事故

　学校事故が、プール、校庭、鉄棒、実験器具等の学校施設設備の欠陥によって生じることも少なくない。その場合には、事故の原因となった営造物に瑕疵が存在すれば、すなわち、通常有すべき安全性を欠いているならば、教師の故意・過失の有無にかかわらず、営造物の設置・管理者に、賠償責任が発生する。

　その際に求められる安全性としては、本来の使用目的・方法に従って使用した場合に安全であるように設置・管理されておれば足り、ただ、本来の目的以外での使用が予見可能な場合には、そのような目的外使用も考慮に入れて設置・管理されねばならない。その点を扱った最高裁判決としては、隣接する児童公園で遊んでいた幼児がフェンスを乗り越えて小学校プールに立ち入り溺死した事件に関する最一判昭和56・7・16判例時報1016号59頁がある。同判決は、フェンスは幼児でも容易に乗り越えられる構造であり、プールは幼児にとって誘惑的存在であることを考えると、当該幼児の行動は予測を超えた行動とはみなしえないとして、設置・管理の瑕疵を肯定している。他方、中学校のテニスコートでの親のプレー中に、幼児が審判台の後部から降りようとしたために審判台が倒れその下敷きとなって死亡した事件において、最三判平成5・3・30判例時報1500号161頁は、本件幼児の行動は「極めて異常なもので、本件審判台の本来の用法と異なることはもちろん、設置管理者の通常予測し得ないものであった」として、設置・管理の瑕疵を否定している。

12. 市と県の賠償責任

　県費負担教職員の場合のように、公務員の選任・監督にあたる者と給与を負担する者が異なる場合に、市と県のどちらが賠償責任を負うのかが問題となる。学説上は、管理責任の主体が最終の費用負担者であるとする管理者説、損害発生への寄与度に応じて負担者を定めるとする寄与度説、当該事務の費用を負担

する者が最終の費用負担者であるとする費用負担者説がある。

　この問題についてのはじめての最高裁判決である最二判平成21・10・23民集63巻8号1849頁は、費用負担者説を採用し、事故の原因となった教育活動に要する費用の負担者である市が賠償責任を負い、人件費のみの負担者である県は賠償責任を負わないとした。

13.　災害共済制度

　独立行政法人日本スポーツ振興センター法に基づき、学校での災害共済制度として、センター災害共済制度が設けられている。

　その性格は、センターと学校が災害共済給付契約を締結し、学校設置者と保護者が共済掛金を支払った場合（一定の国庫補助がある）に、学校管理下の生徒の災害に対して、一定額の給付がなされるものである。賠償の場合とは異なり、学校側の故意・過失を問わずに給付を受けることができる。

　共済制度への参加は、任意であるが、小中学校、高等学校の参加率は、それぞれ99％、98％であり、保育園、幼稚園と比べて高い。

　対象となる災害は、「学校管理下」における生徒への災害である。「学校管理下」とは、①「学校が編成した教育課程に基づく授業を受けている場合」、②「学校の教育計画に基づいて行われる課外指導を受けている場合」、③「休憩時間中に学校にある場合その他校長の指示又は承認に基づいて学校にある場合」、④「通常の経路及び方法により通学する場合」、⑤「これらの場合に準ずる場合として文部科学省令で定める場合」（同法施行令5条2項）であり、学校での事故のほとんどを包摂しうるものとなっている。

　冬休みに市営グラウンドで顧問教諭の立会いなしに行われたサッカー部の練習中に急性心不全で死亡した中学生の親が災害共済給付金の支払いを求めた事件において、東京地判平成3・7・5判例時報1403号35頁は、「学校の教育計画に基づいて行われ」たか否かは、①学校の部活動の計画表に記載されているか、②顧問教諭が練習に立ち会っていたか、③練習が行なわれていることを学校が認識していたか等によって判断されるとし、①②③とも該当せず「学校の

管理下」とはいえないと結論づけた。東京高判平成5・4・20判例時報1465号87頁（確定）も、一審判決を支持したが、顧問教諭が練習に立ち会っていても学校の教育計画に基づかない場合は学校の管理下とはいえないとしている。

　支給される給付金は、死亡見舞金（2500万円、ただし、通学中の死亡等の場合はその半額）、障害見舞金（障害の程度に応じて3370万円から73万円の間）、医療費（期間10年まで）であるが、賠償の場合と比べると、かなり低額である。

　請求は、学校設置者だけでなく保護者もなしうるが、保護者が請求する場合には、学校設置者を経由して行うとされている（同法施行令4条）。そのため、学校が責任追及を恐れて「学校の管理下」の災害であることを認めたがらない場合には、保護者と学校との間でトラブルが生じる可能性がある。

14. 学校災害救済条例

　センターからの給付が十分でないため、条例や教育委員会規則により、独自に見舞金制度を設け、センターからの給付に上積みをしている自治体が、少なからず存する。たとえば、厚木市学校事故見舞金条例は、市立小中学校の生徒につき、死亡見舞金を200万円、障害見舞金を障害の程度に応じて上限200万円まで、センターからの給付額を超える部分の医療見舞金を期間10年まで、医療付加見舞金を180日を上限として入院1日につき2000円、特別見舞金を「教育委員会が特に必要と認めるとき」に10万円を上限として、支給するとしている。また、逗子市学校事故見舞金支給要綱は、市立小中学校の生徒につき、死亡見舞金を100万円、障害見舞金を障害の程度に応じて上限100万円まで、センターからの給付額を超える部分の医療見舞金を期間10年まで、入院見舞金を180日を上限として入院期間に応じて（たとえば、15日以内の場合1万円）支給するとしている。

15. 事前防止

　学校事故については、事後の賠償等の救済も重要であるが、何よりも事故が起こらないような事前の防止体制の確立が求められる。

学校保健安全法が、26条〜30条において、学校安全に関する学校設置者の責務、学校安全計画の策定等を定め、同法施行規則が、28条、29条において、定期・臨時・日常の安全点検を学校に義務づけている。しかし、抽象的に安全点検義務を規定するにとどまらず、守るべき安全基準を具体的に法令で規定し、それへの財政的裏づけを与えることが、必要である。そして、個々の学校ごとに、具体的基準が守られているか、事故の危険が潜在していないか等を、①教育委員会等の国家機関と、②親や住民の両面から、監視・点検・改善していくことが求められる。その際には、事故報告書をはじめとする学校情報を、生徒のプライバシー保護にも留意しつつ、公開していくことが必要である。

最近、外部者が学校に侵入し殺人等の凶悪犯罪を引き起こすという異常な事件が、何件か発生している。平成11年には、京都市立小学校の校庭で小学2年生が刺殺され、平成13年には、大阪教育大付属小学校で生徒8人が刺殺され、生徒と教師15人が重軽傷を負い、平成17年には、大阪府寝屋川市立小学校で教師1人が刺殺され、2人が重傷を負い、平成25年には、東京都練馬区立小学校の校門前で生徒3人がナイフで切られる等の事件が、起こっている。それに対して、補償（たとえば、教育大付属小事件では、センターからの見舞金と大学からの賠償金により、死亡児童8名へ総額4億円、重傷児童8名へ総額1億円を支払うことで和解が成立している）に加えて、防犯体制の強化が求められる。これらの事件後、ほとんどの学校で、何らかの防犯対策がとられている。文部科学省の調査によれば、平成20年3月31日現在、防犯マニュアルを活用している学校は97.8％、教職員の防犯訓練や研修等を行っている学校は83.3％、生徒の防犯訓練等を行っている学校は79.6％、防犯ブザーを配布している学校は48.4％、ボランティアによる学校内外の巡回警備を行っている学校は67.4％、警備員を配置している学校は12.8％、防犯カメラ・センサー・インターフォン等の監視システムを整備している学校は69.6％、盾・催涙スプレー等の器具を整備している学校は85.8％、学校安全計画を策定している学校は82.9％となっている。

最近の異常な事態への対応として、一方では、警察、警備員、監視カメラ等による防犯体制の強化が要請されるが、他方では、それが行き過ぎると、自由

な教育活動、学校生活への抑圧となる危険性がある。それ故、防犯体制を強化するに際しては、その点についての配慮が必要となる。実際、兵庫県三木市の県立高校で、校長が生徒や教師に無断で監視カメラを設置したが、親の反発を受け撤去するという事件が起こっている。

■主要参考文献■

- ・青木宗也他（編）『戦後日本教育判例体系4・学校事故』（昭和59年）。
- ・座談会「学校事故を考える」ジュリスト886号4頁（昭和62年）。
- ・伊藤進・織田博子『解説学校事故』（平成4年）。
- ・礒野弥生「公立中学水泳授業飛び込み事故の国家賠償」教育判例百選〔第3版〕136頁（平成4年）。
- ・喜多明人『学校災害ハンドブック』（平成8年）。
- ・織田博子「学校事故と子どもの権利」講座現代教育法2『子ども・学校と教育法』73頁（平成13年）。
- ・橋本恭宏「平成以降の学校事故判例と安全基準」子どもの権利研究3号83頁（平成15年）。
- ・奥野久雄『学校事故の責任法理』（平成16年）。
- ・南川和宣「学校事故と国家賠償」行政法の争点〔第3版〕84頁（平成16年）。
- ・梅野正信他「学校の安全・子どもの安全と教員の責任範囲(3)」季刊教育法150号70頁（平成18年）。
- ・喜多明人他（編）『解説学校安全基準』（平成20年）。

第 10 講

障害児の教育を受ける権利

　当初、重度の障害児の多くは、就学猶予・免除の名の下に公教育から排除されていたが、「どんな障害の重い子どもにも教育権保障を」とのスローガンの下で、重度障害児の就学が進んでいった。そこにおいては、憲法26条が「無償の義務教育」を保障していることが、普通児（健常児）だけでなく障害児にとっても、重要な意味をもっていた。その後、焦点は学校・学級の選択の問題に移り、障害児の就学先を決定しうるのは親なのか国家なのか、障害児は普通学級で学ぶべきなのか、それとも盲・聾・養護学校（現、特別支援学校）・特殊学級（現、特別支援学級）で学ぶべきなのか等が争点となり、幾つかの判決もだされるに至っている。

1．障害児にとっての「義務」教育

　教育を受ける権利は、その内容が広範かつ多義的であるので、その実現は第一義的には、政治過程に委ねられることになる。ただし、憲法26条2項が「義務教育は、これを無償とする」と明確・限定的に規定していることから、「何らかの教育」を義務教育として受けうること、および、それが「無償」であることが、具体的権利として導きだされうる。それ故、障害児に全く教育を与えないことは、原則として憲法26条違反になると解される。

　学校教育法附則1条は、盲・聾・養護学校の就学義務、設置義務の施行期日を政令で定めると規定している。それを受けて、聾・盲学校については、昭和23・4・7政令第79号、昭和28・10・31政令第339号によって、小学部、中学部につき施行期日がそれぞれ昭和23年4月1日、昭和29年4月1日とされたが、

養護学校については、ようやく昭和48・11・20政令第339号によって、施行期日が昭和54年4月1日とされた。そのため、養護学校への就学を希望しながらも養護学校不足のために就学しえないという状態が長らく続いた。その間違憲状態にあったといえるが、その点を判断した憲法判例は存しない。

　現在では、訪問教育（学校教育法81条3項）の導入もあって、重度障害児のほとんどが就学しているが、なおも法令に基づき就学を猶予・免除されている障害児がごく少数ながら存する。学校教育法は、「子女」を「満6歳に達した日の翌日以降における最初の学年の初」から「満15歳に達した日の属する学年の終り」まで就学させる義務を「保護者」に罰則付きで課している（17条1項・2項、144条）が、「病弱、発育不完全その他やむを得ない事由のため、就学困難と認められる者の保護者に対しては、市町村の教育委員会は、……義務を猶予又は免除することができる」（18条）としている。それを受けて、同法施行規則は、「学校教育法第18条に掲げる事由があるときは、その保護者は、就学義務の猶予又は免除を市町村の教育委員会に願い出なければならない。この場合においては、当該市町村の教育委員会の指定する医師その他の者の証明書等その事由を証するに足る書類を添えなければならない」（34条）と規定している。これらの条項に基づき就学猶予、免除が可能となる。

　この点、猶予・免除が必要な場合が全くないとまではいえないこと、猶予・免除規定は学校教育法144条の罰則の適用を停止させる意味を持っていることから、猶予・免除規定それ自体を違憲とまではみなしえないが、猶予・免除のあり方如何によっては、適用違憲となる余地が残されている。違憲とされないためには、「病弱、発育不完全」との事由については、障害児の教育を受ける権利を最大限保障するよう、限定的に解釈することが必要であろう。ちなみに、昭和53・10・6文初特第309号初等中等教育局長通達は、「治療又は生命・健康の維持のため療養に専念することを必要とし、教育を受けることが困難又は不可能な者については、保護者の願い出により、就学義務の猶予又は免除の措置を行うこと。なお、就学義務の猶予、免除の措置については慎重に行うこと」としている。

更に、政策論としては、次の点を指摘しうる。第1は、猶予制度の適切な運用である。障害の程度や受け入れ体制は改善されうるので、免除の制度を廃止し猶予の制度のみにするとともに、学校教育法17条1項・2項の年齢主義を在籍年限主義に変更することが必要であろう。また、猶予後も、就学の可能性を把握し、機に応じて就学させる体制をとることが必要であろう。第2は、猶予事由の限定化である。「病弱、発育不完全」であっても、医療と併行して教育を受けることが可能な障害児は数多い。そのような障害児は猶予の対象とはならないことが明確に示されているように、学校教育法18条の文言を改正することが必要であろう。

2．障害児にとっての義務教育の「無償」

　憲法26条2項は「義務教育は、これを無償とする」と規定するが、そこでいう「無償」の範囲については、障害児の場合には、授業料の無償は当然のこととして、それ以外にも、障害の内容・程度、親の経済状況によっては、通学手段、補助器具等の提供も憲法26条2項の要請と解される余地があろう。実際には、障害児の教育を受ける権利の保障の観点から、特別支援学校への就学奨励に関する法律、同法施行令、同法施行規則、昭和62・5・22文初第28号初等中等教育局長通達、平成3・4・12文初特第202号事務次官通達等により、援助が制度化されている。その特色としては、①親からの申請主義をとらずに、校長を通じて在籍児又は親に支給するという形態をとっている、②支給費目は、通学費、通学のための付き添い人経費、高等部の教科用図書購入費等のように全在籍児に支給される費目と、学校給食費、修学旅行費等のように所得制限を伴う費目からなっているが、そこでの所得制限は、就学困難な児童及び生徒に係る就学奨励についての国の援助に関する法律等による低所得者層向けの援助の場合よりも緩和されている、③対象児は、特別支援学校と特別支援学級に在籍する障害児と明示されており、普通学級に在籍する障害児は通級指導教室への交通費以外は対象とはされていない（しかし、彼らの中には、就学奨励費が必要な者も少なくない。障害の内容・程度、就学奨励の費目によっては、支給可能と

する必要があろう）、等の点を指摘しうる。

3．障害児にとっての「能力に応じて、ひとしく」

　憲法26条1項は、「その能力に応じて、ひとしく教育を受ける権利を有する」
と規定する。そこでいう「能力に応じて、ひとしく」とは、従来は、「教育を
受けるに適するかどうかの能力に応じて、の意味である。したがって、各学校
で入学試験を行ない、合格者だけを入学させるのはさしつかえないが、教育を
受ける能力と無関係な事情—財産・家庭など—を理由に入学を拒否することは、
許されない」（宮澤）と解されていたが、その後、「すべての子どもが能力発達
のしかたに応じてなるべく能力発達ができるような（能力発達上の必要に応じ
た）教育を保障される」との意味であると解する「学習権・発達権的解釈」
（兼子）も有力となっている。人間の能力は固定的なものではなく教育によっ
て発達していくものであるので、後説のような捉え方が妥当であろう。とりわ
け障害児の場合には、障害→能力不足→低レベルの教育とされる危険性がある
ため、後説のような捉え方により、個々の障害児のニーズに応じた教育を保障
していくことが必要となろう。もっとも、どのような内容の教育が障害児の
「能力に応じて、ひとしく」といえるのかについては、憲法から一義的な帰結
が導き出されるわけではなく、（司法部門ではなく）政治部門の専門的裁量に委
ねられる部分が大きいといえる。後述の留萌訴訟一審判決も、「心身障害を有
する子どもに対し、いかなる制度においていかなる内容の教育を施すことが、
最もよく『能力に応じて、ひとしく』教育を受ける権利を保障する所以である
かは、憲法上、一義的にこれを決することはできない」としている。
　それとのかかわりで、「能力に応じて」とはより手厚い教育を障害児に与え
るよう要請したものであると主張されることがある。たしかに、障害児のニー
ズに応じて発達に仕えるような教育を与えることによって、普通児の場合より
も手厚い教育が与えられる結果となる場合も生じてこよう。しかし、それは結
果としてそのようになる場合が多いということであって、普通児との比較によ
って障害児に与えられる教育の内容が決まるわけではない。

なお、憲法26条と14条との関係については、基本的には、障害児の教育条件・内容が一般の場合よりも劣っている場合や、障害児が普通児から分離されている場合には、憲法14条違反の問題となるが、一般の場合以上の教育条件・内容を求める場合には、憲法26条の問題となる、といえよう。

4．学校・学級の選択—手続面

公教育領域における個人にかかわる国家の行為のすべてに憲法上の適正手続の保障が及ぶとまではいえないが、障害児の学校・学級の選択の場合には、障害児が普通学校、特別支援学級、特別支援学校のうち、どこにふり分けられるのかによって、その子どもの将来にとって重大で取り返しのつかない結果をもたらしうるので、結果の重大性から、障害児の学校・学級の指定には憲法13条が適用され、適正手続の最低限の要件である事前の告知と意見表明の機会の付与が憲法上要請されよう。更に、障害を有する子どもの発達にとっての最善の就学先を決定するとの当該行政手続の性質から、障害児の教育上のニーズの認定と障害内容についての正確な医学上の認定が不可欠であるので、決定に向けてのプロセスのいずれかの時点での教育関係者と医師の関与を憲法上の要請とみなす余地があろう。

手続面の現状としては、就学に際して生徒や親が自己の見解を述べたり反駁する機会は法令には明示されていなかった（行政手続法［条例］は適用されない。行政手続法3条1項7号は生徒への処分を適用除外としており、それを受けて学校教育法138条、同法施行令22条の2が、同法施行令5条1項・2項、14条1項・2項の規定による処分を適用除外としている）が、障害児の就学に際しては、就学指導委員会での調査・審議の際に事実上与えられるようになっている。文部科学省も、平成14・5・27文科初第291号初等中等教育局長通知によって、教育委員会は障害児の就学に関して「保護者の意見を聴いた上で就学先について総合的な見地から判断することが大切であること。具体的には、就学指導委員会において保護者の意見表明の機会を設ける等の方法が考えられること。また、教育委員会は就学指導に当たり障害のある児童生徒の教育内容等について専門家

の意見を聴く機会を提供する等、保護者に対し情報の提供に努めることが大切であること」と通知している。専門家の参加については、昭和53・10・6文初特第309号初等中等教育局長通達が、都道府県の場合、医師5人以上、教育職員7人以上、児童福祉施設職員3人以上、市町村の場合、医師2人以上、教育職員7人以上、児童福祉施設職員1人以上をもって就学指導委員会を構成することが望ましいとし、平成14年に追加された学校教育法施行令18条の2が、教育委員会は就学通知をするに際して「教育学、医学、心理学その他の障害のある児童生徒等の就学に関する専門的知識を有する者の意見を聴くものとする」と規定している。更に、平成19年の同施行令改正により、これらの専門家に加えて「保護者」からの意見聴取も義務づけられるに至っている。

5．学校・学級の選択―実体面

　幾つかの事件において、学校・学級の選択の実体面が争われている。

　養護学校から普通学校への転校運動の支援者が校内へ侵入し校長等に暴行を加えたとして起訴された花畑東小学校事件において、分離教育は憲法や教育基本法に違反するので被告人の行為には実質的違法性がないとの主張がなされた。それに対して、二審判決（東京高判昭和57・1・28判例タイムズ474号242頁）は、その主張を斥けるに際して、「障害児教育は、健常児と総合し、普通教育を施すとともに、その障害の程度に応じて残された能力を開発する特殊教育を行なうことが、障害児教育の理想とみるべきものであろう」が、そのための人的、物的設備は段階的に整えざるをえず、現在の整備段階と当該障害児の障害の程度に即して考察すると「かかる分離による特殊教育が、直ちに憲法14条、25条、26条に違反し、教育基本法（旧）10条に抵触するということはできない」と判示している。

　筋ジストロフィー疾患を理由とする公立普通高校入学不許可に関する尼崎筋ジス訴訟において、一審判決（神戸地判平成4・3・13判例時報1414号26頁・確定）は、入学の決定について次のような判断を示している。すなわち、入学の許否は校長の裁量に委ねられているが、校長の判断が憲法その他の法令から導き出され

る諸原則に反するような場合、選抜要綱の手続を著しく逸脱した場合、処分が事実の誤認に基づいていたり、その内容が社会通念上著しく不合理である場合には、裁量権の逸脱又は濫用として違法となる。本件の場合、高校3年間の全課程の履修可能性を判断するにあたって、筋ジスの専門医がその点を肯定しているにもかかわらず、校長がその点の否定的判断に基づき入学不許可としたのは、事実又は評価において重大な誤りをしたことに基づく処分であって、裁量権の逸脱又は濫用として違法である。

　身体障害児（胸部から下の肢体不自由）とその親が中学校の普通学級への入級を希望しているにもかかわらず、校長が特殊学級（現、特別支援学級）に入級させる処分を行った留萌事件において、一審判決（旭川地判平成5・10・26判例時報1490号49頁）は、入級の決定について次のような判断を示している。すなわち、「心身障害を有する子どもに対する学習権保障のあるべき内容は、憲法26条の規定から自動的に決まる問題ではなく」、立法政策に委ねられており、それが著しく合理性を欠く場合を除いて違憲とはならない。現行法上、生徒をどの学級に入級させるのかは、学校教育法28条3項を根拠として、校長の権限に属すると解されるが、これは、「教育の専門家たる校長が、教育的見地から、科学的、医学的等の見地からの判断をも斟酌の上で決定する限り、制度として合理性がある」、と。二審判決（札幌高判平成6・5・24判例時報1519号67頁・確定）も、一審判決をほぼそのまま維持している。

　逆に、特別支援学校への就学を求める事件も生じている。普通学校で不登校となった病弱児（小学2年生）の親が、病弱児用の寄宿舎を併設する養護学校への就学を求めた事件において、一審決定（大阪地決平成19・8・10賃金と社会保障1451号38頁）は、養護学校への就学指定を行うよう大阪市に命ずる決定（仮の義務付け決定）を下すに際して、次のような判断を示している。「可能な限り小学校に就学させて障害のない児童とともに学ばせる機会を与えることは、ノーマライゼーションやインクルージョンの理念に照らして望ましいところでもある」。しかし、「当該児童生徒等一人一人の教育的ニーズを的確に把握した上、当該ニーズに柔軟に対応して適切な指導及び必要な支援を行うのが、……特別

支援教育制度の趣旨、目的であり、また、当該児童生徒等の日常生活上の状況等をよく把握している保護者の意見が反映されなければならないことも、特別支援教育制度の予定するところである」と。二審決定（大阪高決平成20・3・28判例集未登載）も、一審決定を支持している。

この平成19年の大阪地決は、仮の義務付けを行った点でも注目される（その後、特別支援学校就学への仮の義務付けを行った大阪地決平成20・7・18判例地方自治316号37頁、それを却下した大阪地決平成20・3・27判例地方自治320号18頁、普通学校就学への仮の義務付けを行った奈良地決平成21・6・26判例地方自治328条21頁といった仮の義務付け訴訟が続いていく）。行政事件訴訟法の平成16年改正時に新設された仮の義務付けは、本案判決の前に、仮に行政庁が具体的処分をすべきことを命ずるものである。迅速な救済がなされる仮の義務付けは、日々成長していく子どもにとってとりわけ重要である。

障害児の学校・学級への入学・入級の問題を実体的な憲法論として構成しようとする学説は、A、「自由権」の視点からのアプローチと、B、平等権の視点からのアプローチとに大別される。

前者は更に、拒否権として構成しようとする学説（A1説）と、社会権実現立法における選択の自由の尊重として構成しようとする学説（A2説）とに大別される。

A1説は、憲法13条の幸福追求権（自己決定権）から親の教育の自由を導きだし、その教育の自由に就学先の拒否権をも含ませるものである。中川教授が、「親の学校選択の自由が、子どもの就学先を決定する権限まで認めるものであるかどうかについてはさらに検討を加えなければなりませんが、少なくとも、親が就学義務を履行するに際し意に反して特定の学校への就学を強制されない自由・権利をもっていることを意味していることはたしかです。そうだとすれば、親の学校選択の自由とは、何よりもまず、就学先の決定に際して親の拒否権を認める法理である、といってよいことになります」、統合教育と分離教育のいずれが望ましいかについては「親によって考え方が大きく分かれている。親によって考え方が分かれ一義的に決められない問題について、国がその一方

を強制することは、親の教育の自由をおかすことになろう。親はその意思に反して特定の学校への就学を強制された場合には、これを拒否することができる」としているのが、それにあたる。

Ａ２説は、公立学校という国のサービスを前提としている以上自由権の一内容それ自体として捉えるのは適切ではない、拒否権では希望先への就学につながらないとして、社会権実現立法における選択の自由の尊重として構成しようとするものである。竹中教授が、「憲法13条は、立法部・行政部は〈公的サービスの非強制的給付型社会権実現立法を制定・執行するに際しても国民の自由権（「親の教育の自由」など）に『最大の尊重』を払わなければならないとの法理〉を内包している。同法理の内容としては、〈①公権力には学校教育サービスを整備するに際しては国民のニーズの多様さに対応する種種の選択肢を用意すべき抽象的義務が課せられていること、そして、②既に法令により具体化されている諸選択肢の間で子ども・親が選択することを公権力（教委・公立学校長等）が否定するには公権力側に十分な正当化事由を提示することが求められること……〉などをあげることができる」といった「社会権実現立法における自由尊重アプローチ」を提唱しているのが、それにあたる。

Ｂ説は、障害児の普通学校からの排除を平等条項違反として構成しようとするものであるが、裁判で平等条項違反として争う場合には、①障害のほとんどは先天的なものである、障害の除去もほとんどの場合不可能である、②障害者は歴史的に偏見にさらされ差別を受けてきた、③障害者は歴史的に孤立した少数者として政治的に無力であったことから、厳格化された審査基準が妥当し、当該障害児の障害の種類・程度、教育上のニーズと当該公教育との整合性が厳密に問われることになる。

その際に、アメリカでの人種別学を平等条項違反と判示したブラウン判決に依拠して、障害児の「分離教育」をも原則として平等条項に違反するとみなす見解がみられる。たしかに、ブラウン判決は、公立学校で子どもを人種のみを理由に分離することは、物理的施設と他の「有形」要素が同等であっても、子どもから平等な教育の機会を奪うことになる、と判示している。しかし、アメ

リカでの人種別学禁止の法理が、障害児の分離教育の場合にも妥当するといえるのだろうか。障害児教育の場合には、①障害を克服するための特別の教育が必要であることが多く、それを行っている間は必然的に（時間的、場所的）分離を伴う、②普通学校に入学した後も、そこで学習していくためには、特別の援助が必要である場合が多い、③物的・人的設備は同等ではなく、特別支援学校では、障害児のニーズに応じたより手厚い設備が整えられている、等の特色がある。それ故、両者の類似点だけでなく相違点をも踏まえて論を進める必要があろう。

　実体面についての判例と学説は、上述のような状況にあるが、この問題については、まず以下の点に留意することが必要となろう。第1は、憲法は分離された環境で「特別の教育」を行う特別支援学校の存在それ自体を忌避してはいない、ということである。特別支援学校の存在それ自体に憲法上の疑義を投げかける立場もあるが、分離から生じる「不利益」は「特別の教育」の付与によって埋めあわされうる場合がある、憲法26条は「ひとしく」と並べて「その能力に応じて」と規定しており特別支援学校も教育を受ける権利（憲法26条）の実現形態の一つとみなしうることから、憲法は特別支援学校の存在それ自体を忌避しているとまではみなしえないであろう。第2は、特別支援学校・学級への就学を希望している場合も憲法上の権利主張として取り入れる、ということである。親が普通学校での教育こそが我が子の人間性を開花させるとの教育上の信念から憲法上の権利主張をなしうるのであれば、特別支援学校での教育こそが我が子の発達を保障するとの教育上の信念をもつ親は同じく憲法上の権利主張をなしえよう。第3は、「自由権」からのアプローチと平等権からのアプローチとは、適合的に機能する局面が異なりうる、ということである。たとえば、特別支援学校・学級への就学を希望している場合には、同じ扱いを求めているわけではないので、平等権からのアプローチは適合的ではなく、「自由権」からのアプローチが適合的である。他方、普通高校への進学を希望している場合には、国家が特定の学校を指定しているわけではないので、拒否権からのアプローチは適合的でなく、平等権からのアプローチが適合的である。第4は、

個々の就学指定・不合格処分の合憲性を判断するにあたっては原則として現在の物的・人的設備を前提とせざるをえない（障害児向けの物的・人的設備を備えた特別支援学校が存在する以上、裁判所が普通学校にそのような設備の設置を命じるのには困難な面があろう）が、その利用可能性を最大限認定せねばならない、ということである。

　以上の点を前提としたうえで、合憲性審査基準の問題を考えると、「自由権」からのアプローチであれ平等権からのアプローチであれ、障害の種類ごとに、厳格化された審査を行うことが必要である、といえる。すなわち、どこに就学するかは障害児と親のその後の人生を左右し、障害による区分は疑わしい（疑わしきに準じる）区分であるので、障害児の就学が争われた場合、合憲性審査基準が厳格化され、国側が、当該障害児を特別支援学校（普通学校）に就学指定する根拠を説得的に提示することが求められるが、その根拠は障害の種類によって少なからず異なりうる。たとえば、知的障害児については、国が親の希望を排して特別支援学校に就学指定するには、当該普通学校での物的・人的設備を最大限利用しても明らかに当該障害児の発達に資することにはならず、かつ、当該特別支援学校において明らかに当該障害児の発達に資するような教育が行われている（たとえば、話し言葉をまだ獲得していない重度の知的障害児につき、当該特別支援学校で話し言葉獲得のための個別指導プログラムに従った教育がなされており、他方、当該普通学校では物的・人的設備を最大限利用しても書き言葉での集団授業しかなしえないような場合がそれにあたる）ことを示すよう求められる。身体障害児については、身体機能上の訓練ができないかその必要がない場合には、身体機能上の「特別の教育」を行う必要性は、特別支援学校を指定する根拠とはなりえず、普通学校での設備上の問題が残されるのみである。この問題については、当該普通学校での物的・人的設備を最大限利用しても対応しえないことを国側が説得的に示すよう求められる。他方、身体機能上の訓練が必要な場合には、身体機能上の「特別の教育」を行う必要性は根拠となりえる。しかし、身体機能上の訓練は私的に行える場合がありうるので、国側は、そのような訓練が障害児学校でしか行いえないことを示すよう求められる。

実体面の現状としては、文部科学省は、決定権限自体は国家（教育委員会、校長、学長）にあるとの立場を維持しているが、障害児のニーズに応じて発達を保障しつつ普通児との共生を目指す「インクルーシブ教育」の方向に向かっている。それを端的に示すものとして、普通学級に在籍している軽度の障害児のために、自校の通級指導教室や特別支援学校への通級による特別の指導が平成５年の学校教育法施行規則の改正（141条）により、制度化されている。また、平成14年の学校教育法施行令の改正により、特別支援学校に就学させるべき「視覚障害者」「聴覚障害者」「知的障害者」「肢体不自由者」「病弱者」の範囲が限定的に規定されるとともに、普通学校において適切な教育を受けることができる特別の事情があると教育委員会が認める障害児（認定就学者）については、普通学校に就学させることができるよう、就学手続が弾力化されている（５条、６条、平成14・４・24文科初第148号事務次官通知）。更に、平成16年には、中央教育審議会の下に設置されている特別支援教育委員会の中間報告が、「障害の重度・重複化に対応するため、現在の盲・聾・養護学校を、障害種別を超えた学校制度（特別支援学校〈仮称〉）とすることが適当である」、「特別支援学校（仮称）が教育上の高い専門性を生かしながら地域の小・中学校等を積極的に支援する特別支援教育のセンター的機能を、明確に位置付けることを検討する必要がある」と提言している。また、平成16年の障害者基本法改正の際に、「国及び地方公共団体は、障害のある児童及び生徒と障害のない児童及び生徒との交流及び共同学習を積極的に進めることによって、その相互理解を促進しなければならない」（14条３項）との規定が付加されている。このような流れの中で、平成18年には、学校教育法が改正され、「盲・聾・養護学校」が「特別支援学校」（１条）に、「特殊教育」が「特別支援教育」（８章）に、「特殊学級」が「特別支援学級」（81条）に、改められるとともに、74条が新設され、特別支援学校は、そこに在籍する障害児に教育を施すとともに、通常学校に在籍する特別の支援を必要とする生徒の教育に関し助言・援助を行うとされた。また、特別支援学校での学級編成については、平成19年に新設された学校教育法施行規則121条３項により、原則として障害の種類ごとに編成するとされた（また、

第10講　障害児の教育を受ける権利　*151*

知的障害児の普通高校進学について、大阪府は、全国に先駆けて、平成18年度から、全日制公立高校10校で約20名の特別枠を設定するとしている。そこでの「統合教育」のあり方が注目される）。

　更に、障害児の高等部３年間修了後の教育という問題が存する。この点で注目されるのが、特別支援学校高等部での専攻科である。盲・聾学校では早くから、学校教育法58条、82条に基づき、高等部３年間（本科）修了後２年間の専攻科が、多くの学校で設けられていた。それに加えて、知的障害児養護学校においても、最近、私立聖母の家学園、NPO法人見晴台学園、鳥取大附属養護学校をはじめとして、幾つかの学校で専攻科が設けられるようになってきている。18歳以降での選択肢の一つとして、専攻科設置校の増加が望まれる。

6．入学後の対処

　障害児が入学後、不登校状態になったり退学処分を受けた事件が生じている。

　不登校に関しては、小学校の特別支援学級に在籍する知的障害児とその親が、学校が教育環境整備義務（普通学級で授業を受けさせる義務、具体的な教育計画を策定する義務、適正な教員を配置すべき義務、学校から担当教員を通じて生徒に働きかける義務）を怠ったために不登校状態になったとして、国家賠償を請求したが、一審判決（大阪地判平成12・2・17判例時報1741号１頁）、二審判決（大阪高判平成14・3・14判例タイムズ1146号230頁）ともほぼ同様に、それらの義務について下記のような判断を示したうえで、本件の場合裁量権の違法な行使はなかったとして、請求を斥けている。

　すなわち、まず、教育環境整備義務全般と憲法との関係については、「学習権は、公共の教育施設の整備状況や経済的、技術的、文化的発展に伴う社会の変化等により自ずと変化すべき相対的な内容を有するものであって、その内容は立法府の裁量に相当程度委ねられているというべきである。したがって、憲法26条に基づく国の責務から、当然に、小学校長に対する本件教育環境整備義務を認めることはできず、小学校長が負う教育環境整備義務の内容は、憲法規範を具体化した関係諸法令によって定まるというべきである」（一審）とする。

普通学級で授業を受けさせる義務については、どの学級に入級させるかの決定は校務に関する事項として学校教育法28条3項［現、37条4項］により校長の権限となるが、その「権限も全くの自由裁量であると解することはできず、小学校長は、科学的、教育的、心理学的、医学的見地から諸般の事情を考慮して総合的に評価した上で、当該障害を有する児童を特殊学級に入級させるか否かを決定すべき義務」を負っている、「小学校長が、教育の専門家であることに照らすと特殊学級への入級処分に関する小学校長の決定はできる限り尊重されるべきであるから、右決定が社会通念上明らかに不合理であると認められない限り、違憲違法であるとの評価を受ける余地はない」（一審）としている。

具体的な教育計画を策定する義務については、個々の児童につき具体的な教育計画を策定する義務を負うと解することはできないが、「担任教員らによる障害を有する児童に対する個別的指導の具体的内容、態様が当該児童の障害の内容、程度、その心身の発育状況及び習熟度等に照らして明らかに不合理であって当該児童の利益を著しく損なうような場合には、裁量権を濫用又は逸脱するものとして、当該児童の教育を受ける権利を違法に侵害する」（二審）ものというべきである、としている。

適正な教員を配置すべき義務については、校長が教職員の配置を決定する権限を有するが、その「決定権限を全くの自由裁量であると解すべきではなく、小学校長は、校内全体の人事配置の均衡を図りながら、教育的見地から諸般の事情を総合的に判断した上で、その配置を決定すべき義務」（一審）を負っている、としている。

学校から担当教員を通じて不登校の生徒に働きかける義務については、原則としてそのような義務は認められないが、「当該児童が、その在籍する小学校の教職員による違法な作為ないし不作為によって登校を拒絶するに至った場合等特段の事情が存する場合には、小学校長は、当該児童が再度登校をすることができるよう何らかの措置を講じるべき義務」（一審）を負っている、としている。

本件においては、従来から争われてきた学校・学級の選択に加えて、教育環

境整備義務として、具体的な教育計画を策定する義務、適正な教員を配置すべき義務等が、問題とされている。具体的な教育計画、適正な教員配置は、障害児にとって重要な教育条件であるが、教育専門的考慮が必要であったり、学校全体とのかかわりで決定すべきであったりする事項であるので、基本的には、政治過程を通じて実現されるものであろう。

ちなみに、文部科学省は、障害の程度などに応じ特別の場で指導を行う「特殊教育」から、障害のある児童生徒一人一人の教育的ニーズに応じて適切な教育的支援を行う「特別支援教育」への転換を図るとし、特別支援教育の内容として、個々の障害児ごとに「個別の教育支援計画」を策定すること、学校ごとに教員と親との連絡調整を行う特別支援教育コーディネーターを指名すること等をあげている。

退学処分に関しては、試験問題の音読者や代筆者が認められる等の特別措置がとられた入試において定時制普通高校に合格した知的障害児が、入学後、他の生徒や教職員に暴力行為を繰り返す等したため、退学処分を受けた事件が生じている。一審判決（東京地判平成17・9・27判例地方自治275号10頁）は、「原告には、健常者と同程度の規範意識を求めることはできないことを念頭においても、自らの行動の意味内容をそれなりに理解し、これを制御しようとすることを期待できないわけではなかったにもかかわらず、前記のような暴力行為や自ままな行動を繰り返し、他の生徒や教職員に傷害を負わせたり、他の生徒の学習を妨げる行動を繰り返し行ってきたものといわざるを得ない」ので、「本件退学処分が、全く事実の基礎を欠き、あるいは、社会通念上合理性を認めることができないということはできない」と述べ、退学処分の取消請求を棄却している。

更に、入学後の障害児のプライバシー等の侵害という事件も生じている。個別支援学級の担任が「甲野君とは親しくできる様になりました。基本的には日常の基本的な生活動作や体力づくりをがんばっていきたいと思っています。一年生との交流も徐々にやって行きたいと思います」とのあいさつ文をPTA広報に掲載したところ、当該障害児とその親が、名誉毀損とプライバシー侵害にあたるとして国家賠償を求める事件が生じている。一審判決（東京地裁八王子支

判平成17・4・13判例地方自治279号58頁）は、そのような文章は日常の基本的な生活動作ができないほど能力の劣った生徒であるとの印象を与え社会的評価を低下させるため障害児の名誉毀損にあたり、また、それは一般の人に未だ知られておらず、公開を欲しないであろう私生活上の事実であるので障害児のプライバシー侵害にあたるとしている（親自身の名誉毀損、プライバシー侵害の主張は斥けている）。

7．私立の障害児学校

　私立の特別支援学校への助成については、私立学校振興助成法９条が、「都道府県が、その区域内にある幼稚園、小学校、中学校、高等学校、中等教育学校又は特別支援学校を設置する学校法人に対し、当該学校における教育に係る経常的経費について補助する場合には、国は、都道府県に対し、政令で定めるところにより、その一部を補助することができる」と規定し、同法施行令４条１項２号ロが、特別支援学級を置く私立の小・中学校や障害児が在学している私立の幼稚園への補助についても規定している。

　私立の特別支援学校としては、学校法人聖母の家学園（三重県）、学校法人光の村土佐自然学園（高知県）等、ごく少数のものが存する。助成額計算の基礎となる生徒一人あたりの単価は、私立の普通学校の場合の約7.5倍から９倍となっている。在籍する障害児の障害の内容・程度、必要教職員数、必要設備等に応じたきめ細かな助成が必要であろう（なお、将来的には、私学への助成を親への助成に切り替えることが、求められよう）。

■主要参考文献■

- ・安嶋弥『学校教育法』47頁（昭和31年）。
- ・宮澤俊義『全訂日本国憲法』274頁（昭和53年）。
- ・兼子仁『教育法〔新版〕』231頁（昭和53年）。
- ・中川明『学校に市民社会の風を』49頁（平成３年）。
- ・加藤安雄（編著）『特殊教育の適正就学ハンドブック』（平成６年）。
- ・渡部昭男『「特殊教育」行政の実証的研究』（平成８年）。

第10講 障害児の教育を受ける権利 *155*

・竹中勲「障害児の『教育を受ける権利』」法学教室188号90頁（平成８年）。

・米沢広一「障害児の学校・学級の選択と憲法・教育法」園部古稀記念『憲法裁判と行政訴訟』119頁（平成11年）。

・米沢広一「障害児の権利」大阪市大同和問題研究22号45頁（平成12年）。

・渡部昭男・加藤忠雄「特別なニーズをもつ子どもの学習権」講座現代教育法２『子ども・学校と教育法』86頁（平成13年）。

・文部科学省（編）『平成18年度文部科学白書』140頁。

・特集「教育年限の延長と専攻科」障害者問題研究34巻２号１頁（平成18年）。

・特集「特別支援教育の推進」教育委員会月報688号４頁（平成19年）。

第 **11** 講 外国人の子どもの
教育を受ける権利

　戦前主に朝鮮半島から強制的に日本に連行されてきた外国人とその子孫が、
戦後も引き続き日本で生活を送っている。更に近年、国際化の進展に伴い、世
界の国々から日本に入国し在留する外国人が増加してきている。また最近、不
法在留の外国人も増加してきている。そのような外国人の人権保障のあり方が、
出入国、労働、社会保障、医療等の分野で問題になっているが、外国人の子ど
もの場合、とりわけ、彼らの教育を受ける権利（具体的には、民族教育、無償の
義務教育、高校進学、二ヶ国語教育等）をどのように保障するのかが、重要な課
題となっている。

1．外国人の人権享有主体性

　学説は、人権の前国家的性格と日本国憲法のとる国際協調主義を理由として、
我が国に在留する外国人にも日本国憲法の保障が及ぶ、と解する。憲法の保障
する人権のうち、いかなる範囲の人権をどの程度享有するのかについて、学説
は文言説と性質説とに大別される。文言説は、憲法の条文上「何人も」と規定
されている権利は、外国人にも日本国民と同等に保障されるが、「国民」と規
定されている権利は、外国人には保障されない、と解する。しかし、文言説に
よれば、外国人も日本「国籍離脱の自由」（22条2項）を有するとの背理が生じ
る。通説は、権利の性質に応じて個別的に判断すべきとの性質説の立場をとり、
一般に、精神的自由権、裁判を受ける権利等は日本国民と同等の保障を受ける
が、社会権、経済的自由、参政権等は必ずしも同等の保障を受けるわけではな
いとしている。判例も、マクリーン事件において「基本的人権の保障は、権利

第11講　外国人の子どもの 教育を受ける権利　*157*

の性質上日本国民のみを対象としていると解されるものを除き、わが国に在留する外国人に対しても等しく及ぶ」（最大判昭和53・10・4民集32巻7号1223頁・判例時報903号3頁）として、外国人の人権享有主体性を認め、性質説の立場をとる。

　外国人といっても、日本で生まれ育った外国人、一時在留の外国人、不法在留の外国人等、多様である。それ故、権利の性質に加えて、外国人の類型をも考慮することが必要となる。すなわち、多様な外国人の中で、長年日本に生活の本拠をもつ定住外国人にはより強い憲法上の保障を与えるべき場合がありうる。もっとも、何をもって定住外国人とみなすのかが、法令によって定められているわけではない。学説上、永住資格者、日本で生まれ育ち生活している外国人、5年以上在留している外国人等と主張されるが、「定住外国人」の定義が一定しているわけではない。そのため、「定住外国人」に替えて、「永住者」（出入国管理及び難民認定法別表第2に定める一般永住者［法務大臣が永住を認める者］と、日本国との平和条約に基づき日本の国籍を離脱した者等の出入国管理に関する特例法に定める特別永住者［在日韓国・朝鮮人］）とすべき（辻村）、特殊な歴史的背景をもつ在日韓国・朝鮮人のみに日本国民と同等の権利を認めるべきである（松井）との学説も存する。なお、不法在留外国人については、そのことをもってすべての人権の享有を否定することは妥当ではない。

2．外国人と平等保護

　憲法14条は、「人種」「信条」「性別」「社会的身分」「門地」による差別を明示的に禁じている。最高裁は、これらの列挙事由を単なる例示と解し、すべての場合に合理性のテストを用いている。しかし、「人種」「性別」「社会的身分」「門地」による差別は不変の属性に基づく差別であり、「信条」は重要な憲法上の権利の典型であるので、最近の学説の多くは、列挙に特別の意味を認めて、四つの列挙事由（及びそれに準じる事由）による区分を「疑わしい」（「疑わしきに準ずる」）区分とみなし、また、「信条」に準ずるような重要な権益の別扱いを「基本的権益」に関する区分とみなし、審査基準が厳格化されると解するようになっている。それ故、日本国民のうちで帰化した元外国人やその子孫を別

扱いする場合には、「社会的身分」による区分として、厳格化された審査基準が妥当することになる。しかし、外国人一般と国民との区分については、国際社会が主権国家から構成されている現状では、「疑わしい」区分論がそのまま妥当するわけではなく（一律に審査基準が厳格化されるわけではなく）、当該権益の重要性、定住外国人か否かによって、審査基準が厳格化される場合が生じるにとどまることになる。

3．民族教育の自由

　外国人の生徒にとって、日本で学び生活していくうえで、日本語、日本文化等の教育が不可欠であるとともに、自己のアイデンティティの確立のために、母語、母国文化等の教育も不可欠である。日本への同化政策ではなく、多文化教育が求められているのである。

　在留外国人が子ども達に母国の文化等を学ばせようとした場合、親自らが家庭内で教えたり、民族学校を設立することとなる。前者は親の教育の自由の一環として、憲法13条の幸福追求権、後者は各種私立学校設立の自由の一環として、基本的には憲法21条の結社の自由の保障を受けることになる。幸福追求権や結社の自由は精神的自由の一類型であり、原則として、日本国民と同等の保障が在留外国人にも及ぶ。

　民族教育の自由への実際の制限の例としては、朝鮮学校の認可等の問題をあげうる。すなわち、戦後の一時期、世界の冷戦構造の下、朝鮮人学校への敵視政策がとられたことがあった。「朝鮮人の子弟であっても学齢に該当する者は、日本人同様市町村立又は私立の小学校、又は中学校に就学させなければならない」「学齢児童又は学齢生徒の教育については各種学校の設置は認められない」とする昭和23・1・24官学5号学校教育局長通達とそれに続く朝鮮人学校閉鎖命令（大阪地判昭和27・12・1行集3巻11号2374頁は、閉鎖命令を合法と判示している）、「朝鮮人としての民族性または国民性を涵養することを目的とする朝鮮人学校は、わが国の社会にとって、各種学校の地位を与える積極的意義を有するものとは認められない」とする昭和40・12・28文菅第210号文部事務次官通

第11講　外国人の子どもの 教育を受ける権利　*159*

達等が、それにあたる。

　しかし、各種学校への申請のうち朝鮮学校だけを認可しないことには、合理的根拠はなく、平等保護を定める憲法14条、結社の自由を定める憲法21条に、更に、それが朝鮮総連の有する思想を理由とするものであるならば、思想の自由を定める憲法19条に違反するといえる。もっとも実際には、認可権限を有する都道府県知事は、文部省の通達にもかかわらず、昭和28年の京都府をかわきりに、朝鮮人学校を各種学校として認可していき、昭和50年にはすべての朝鮮学校が認可されるに至っている。文部省も、各種学校の認可が自治事務となったのに伴い、同通達は現在では効力を失っている、と答弁するに至っている。

　最近の朝鮮学校への攻撃としては、在日特権を許さない市民の会（在特会）が、朝鮮学校を中傷するヘイトスピーチ（憎悪表現）での示威活動によって授業を妨害するという事件が発生している。それに対する刑事訴追については、有罪判決が下され（京都地判平成23・4・21・大阪高判平成23・10・28・最一決平成24・2・23判例集未登載）、民事事件としても、損害賠償請求と差止請求が容認されている（京都地判平成25・10・7判例時報2208号74頁・大阪高判平成26・7・8判例時報2232号34頁・最三決平成26・12・9判例集未登載）。

4．民族学校の不利益扱い

　民族学校は、ごく少数の「一条校」と、それ以外の、いわば純然たる民族学校とに区分される。建国中学等ごく少数の民族学校は、学校教育法上の要件に合致する教育を行っているため同法1条にいう「学校」にあたるとして、正規の学校としての扱いを受けている。このような「一条校」の場合、学習指導要領に合致した授業をしたうえに、民族教育の授業も行うので、生徒の過重負担が問題になっている。

　それ以外の民族学校は、学校教育法上の要件に合致する教育を行っていないため同法1条にいう「学校」（一条校）にあたらないとされ、その多くは各種学校として認可されている（学校教育法124条は、専修学校につき「外国人を専ら対象とするものを除く」と規定している）。各種学校としての民族学校は、日本

の国公私立学校（一条校）と比べて、不利な扱いを受けてきたが、同等扱いも徐々に進展してきている。

　すなわち、平成3年には、全国高等学校野球連盟が外国人学校の大会参加を承認し、平成5年には、全国高等学校体育連盟が各種学校・専修学校の大会参加を承認し、平成6年には、JR各社が一条校と各種学校・専修学校との定期券運賃格差を解消し、平成11年には、文部省が外国人中学校卒業生にも大学入学資格検定（現高等学校卒業程度認定試験）の受検資格を認めるに至っている。外国人高等学校卒業生の大学受験については、少なからぬ公立、私立大学では受験資格が認められていたが、国立大学では、外国人高等学校は「学校教育法上の高校ではない」という理由により、大学入試資格検定に合格しないと受験できなかった。しかし、文部科学省は、平成15年に方針を転換し、多国籍の子どもが学ぶ一部の欧米系インターナショナルスクールの卒業生全員に大学受験資格を認めると発表した。それに対しては、アジア系への差別であるとの批判を受けたため、中華学校、韓国学校、ブラジル学校等の民族学校（ナショナルスクール）の卒業生全員にも受験資格を認めた。だが、朝鮮学校については、国交がないため「教育課程が確認できない」として判断を各大学に委ねた。それを受けて、各国立大学は受験資格を認めていった。更に、日本体育協会は、外国人学校に在籍する永住者に、平成18年から国体への参加を認めるとの方針を打ち出している（なお、国体の「国籍条項」については、成人の外国人がその合憲性を争ったが、最二判平成16・6・11判例集未登載は、具体的な理由を述べることなく、憲法14条に違反しないと判示している）。

　しかし、他方、各種学校としての民族学校への補助金は、私学助成と比べると低い水準にとどまっている。もっとも、それを拡充する地方自治体が増えており、更に、幾つかの地方自治体では、外国人生徒の保護者へ補助金を交付している。たとえば、東京都葛飾区では、外国人学校（小・中学校）に就学している外国人の小学生の場合、月額1万円、中学生の場合、月額1万1000円程度を、保護者に交付している。東京都多摩市では、外国人学校（小・中学校）に就学している外国人生徒の保護者に、月額1000円を交付している。東京都武蔵

野市では、外国人学校（小・中学校）に就学している生徒の親に、私立学校の場合と同額の年額1万4000円を、授業料補助金として交付している。また、校舎改築のための臨時補助を行った自治体も存する。

　また、一部の欧米系インターナショナルスクールを除き、校舎増改築等の際に募る寄付金に税の優遇措置がとられていない。日本学生支援機構（前日本育英会）からの奨学金や独立行政法人日本スポーツ振興センターによる災害共済給付も、各種学校の生徒を対象とはしていないため、「一条校」に就学している外国人は対象となるが、民族学校の生徒は対象とはならない。

　更に、各種学校にすらなれない民族学校も存する（最近増加している南米系民族学校の多くが、それにあたる）。各種学校として認可される要件として、各種学校規定が、教員、校舎面積、教室等の施設、教具・図書等の設備等を定めており、人的・物的資源が不十分な小規模な民族学校は、各種学校としてさえも認可されず、運営費等の公的助成を得られないこととなっている（もっとも、静岡県での基準緩和を契機として、文部科学省も平成16年6月に「特別の事情があり、かつ教育上及び安全上支障がない場合」〔各種学校規程10条〕には認可しうると基準を緩和している）。

　上述のように、民族学校と「一条校」との同等扱いは進展してきているが、他方で、不利益扱いも存続している。このような不利益扱いを憲法からみると、憲法14条、26条違反を問題にしうる。まず、14条違反の問題からみてみよう。上述のような不利益扱いは、民族学校だけに対するものではなく、各種学校一般に対するものであり、また、外国人の子どもの多くは、日本の学校（一条校）に就学している。それ故、上述のような別扱いは、外国人と日本国民との区分というよりは、民族学校を含む各種学校と「一条校」との区分と位置づけうる。このような区分は、「疑わしい」もしくは「疑わしきに準ずる」区分とはみなしえない。それ故、区分の面からは審査基準を厳格化することはできず、当該権益の性質に応じて審査基準が厳格化される場合があるにとどまるが、教育を受ける権利の実現は、「無償の義務教育」を別にして、立法政策に委ねられた部分が大きく、教育を受ける権利に関する区分は、原則として合理性のテ

ストに服するといえる（憲法26条違反の審査についても同様に合理性のテストが妥当するといえる）。どの範囲の学校にどの程度の権益を与えるのか、どのような要件を課すのかは、原則として、立法部の裁量に委ねられた問題であり、その裁量が恣意的に行使された場合にのみ違憲になると解される。裁判所が上述のような不利益扱いを恣意的であり違憲であるとまで判示するのは、むつかしく、同等扱いは政治過程を通じて実現されるべきであろう。

なお、最近、民族学校の中での朝鮮学校への不利益扱いという問題が発生している。すなわち高等学校等就学金支援金制度（第8講参照）につき、インターナショナルスクール、ブラジル、台湾学校等は対象とされながら、朝鮮学校は、痛切な学校運営を行っていないとして、対象外とされている。補助金についても、北朝鮮が核実験を行った。適切な学校運営を行っていないとして、大阪府、東京都、広島県のように、交付をとりやめる地方公共団体が増えてきている。

5. 民族学級

在日韓国・朝鮮人の子どもを対象とする民族学級は、昭和25年頃、最初に大阪府内で開講され、兵庫県内や福岡県内等へ拡がっていったが、その後減少していき、全国的な拡がりには至らなかった。平成3年には、日韓外相覚書で「日本社会において韓国語等の民族の伝統及び文化を保持したいとの在日韓国人社会の希望を理解し、現在、地方自治体の判断により学校の課外で行われている韓国語や韓国文化等の学習が今後も支障なく行われるよう日本国政府として配慮する」とされている。

政策論としては、外国人生徒のアイデンティティ確立に寄与してきた民族学級を政治過程を通じて更に拡充していくことが望ましいが、それを超えて、憲法もしくは児童の権利条約を根拠にして裁判所を通じて実現するのは、やはりむつかしいであろう。

実際に、在日外国人向け多文化共生・国際理解教育事業を高槻市が廃止（一部縮小）したために、損害賠償請求がなされたが、一審（大阪地判平成20・1・23

判例時報2010号93頁)、二審（大阪高判平成20・11・27判例時報2044号86頁）とも、①国際人権B規約27条、児童の権利条約30条は、締約国に、母語を使用する権利等を侵害しない義務を課したものであり、国家による積極的な保護措置を講ずべき義務まで課したものではない、②教育についての権利を定める国際人権A規約13条、憲法26条から直ちに、マイノリティの教育権という具体的権利が発生するわけではないとして、請求を棄却している。

6. 無償の義務教育

昭和28年1月20日にだされた文部省初等中等局財務課長回答は、「外国人子弟の就学義務について日本の法律による就学義務はなく、また外国人がその子弟を市町村立学校に入学させることを願い出た場合、無償で就学させる義務はない」としていた。しかし、実際には授業料を徴収したことはなく、「日本国に居住する大韓民国国民の法的地位及び待遇に関する日本国と人韓民国との間の協定における教育関係事項の実施について」（昭和40・12・25文初財第464号文部事務次官通達）も、永住を許可された大韓民国国民が我が国の公立小・中学校への就学を希望する場合には受け入れること、授業料は徴収しないこと、教科書の無償措置の対象とすること、学用品費・修学旅行費等の就学援助措置も日本人と同様の扱いをすること、永住を許可された者以外の朝鮮人についても希望する場合には大韓民国国民と同一の扱いをすること、とした。そして、昭和54年の国際人権規約の批准に伴い、我が国に居住するすべての外国人の子どもについても、上述と同じ扱いをするようになった。

このような措置は、今後も続けられるべきであるが、理論上は、彼らから授業料を徴収すれば違憲になるのか、との問いをたてうる。この点、外国人の子どもの場合には、定住外国人といえども、日本の学校への就学を強制しえない（強制は、母国の価値観に基づいた教育を行う自由、もしくは受ける権利の侵害として、違憲になる場合がある）との事情があり、「無償の義務教育」については、日本人の子どもの場合と同列には論じえない。少なくとも永住している在留外国人の授業料を有償化すれば違憲になる（内野）との見解も有力であるが、外

国人の子どもの場合、日本の学校に就学するか否かは自由であるが、日本の学校への就学を選んだ場合には授業料を無償にするよう憲法が要請している、とまで解するのはむつかしいのではなかろうか。また、児童の権利条約違反と裁判所が判示することも、むつかしいように思われる。というのは、同条約28条は、義務的な初等教育を無償にすることを「漸進的」に達成するよう要求しているにとどまるからである。

なお、外国人が子どもを就学させるためには、そのための情報入手が不可欠である。この点、就学の機会を逸することのないよう、「日本国に居住する大韓民国国民の法的地位及び待遇に関する協議における教育関係事項の実施について」（平成3・1・30文初高第69号文部省初等中等局長通知）が、就学予定の在日韓国人の保護者に就学案内を発給すること、在日韓国人以外の外国人についても同一の扱いをすること、としており、市町村教育委員会は、学齢期の外国人の子どもの親に対しても、外国人登録原票に基づいて「就学案内」を発給している。ただ、不法在留者等の外国人登録をしていない外国人の場合には、就学通知自体が届かないことになる。しかし、たとえ親が不法在留者であっても、そのことから当然に子どもが無権利状態に置かれるわけではない。そのような子どもの存在を把握した場合には、就学を通知し就学を受け入れるべきである。

7. 高校進学

在留期間が短い外国人生徒の高校進学については、日本の義務教育を修了していなくても、外国で9年の課程の学校教育を修了するか、中学校卒業者と同等以上の学力があると高校によって認められれば、日本の高等学校の受験資格が認められる（学校教育法57条、同法施行規則95条）。しかし、実際には、日本人生徒と同一条件では、公立高校の入学試験に合格するのは、困難である。そこで、最近では、外国人特別選抜を実施する公立高校が、現れてきている。たとえば、東京都では、都立国際高校において、在京外国人生徒を対象に、作文（日本語又は英語）及び面接による特別選抜がなされている。

8．精神的自由

　日本の学校に在籍する外国人の生徒にとっての精神的自由の問題についても、日本人の生徒の場合とは別途の考慮が必要となることがある。たとえば、日の丸・君が代は、日本人の生徒にとっては自国の国旗・国歌であるが、外国人の生徒にとっては他国の国旗・国歌にあたる。髪型についても、母国での普通の髪型が日本では奇異な髪型になることもある。また、信教の自由についても、宗教上の理由による給食・水泳等の拒否、宗教衣装をまとっての登校等の問題が生じうる。

9．二ヶ国語教育

　外国人の子どもの多くは、民族学校ではなく日本の公立学校で学んでいる。その中で在留期間が短い子どもについては、日本語指導が必要となる。

　文部科学省の調査によると、日本語指導が必要な外国人生徒は、平成20年9月時点で、公立小・中・高等学校に2万8575人在籍している。平成2年の入管法改正により単純労働をする日系人の定住化が認められたこともあって、母語別では、ポルトガル語、中国語、スペイン語を話す生徒達で全体の7割を超えている。

　文部（科学）省は、平成4年度から、日本語指導に対応した教員定数の特別加算（公立義務教育諸学校の学級編成及び教職員定数の標準に関する法律15条、同法施行令5条2項が定める特別の指導を必要とする生徒への特別の指導が行われる場合の定数加算）により、その給与費等の二分の一を国庫負担している。また、平成11年度から、生徒の母語を理解でき、かつ教育相談を行いうる教育相談員を学校等に派遣する「外国人児童生徒等教育相談員派遣事業」を実施している。

　具体的な指導方法としては、「国際学級」を設け、母学級の国語・社会等の時間に「国際学級」で日本語の入門指導や日本の生活に適応するための指導を行う（愛知県豊橋市）、放課後に授業内容をやさしい日本語で説明する、授業中に授業をしている教員とは別の教員が授業内容をやさしい日本語で説明する等の方法がとられているが、日本語指導を行う教師は、担当する外国人生徒の母

語を使える者であることが望ましい。

他方、とりわけ、日本で生まれ育ったり在留期間の長い外国人の子どもにとって、母語を学ぶことも必要となる。それは、母国との繋がりを築き、自己のアイデンティティを確立するのに寄与することとなる。

10. 外国人の子どもの国外退去強制

少なからぬ自治体は、外国人登録証を提示しなくても、パスポート、民生委員による居住証明書等の提示があれば、外国人の子どもの就学を認めているため、不法在留の子どものかなりの部分は就学している。ところが、親への警察官による職務質問、住民からの通報等をきっかけとして、入管当局の摘発を受け強制送還されることがある。そのような場合には、子どもも国外退去強制を受け、日本での就学が継続できなくなってしまう。

不法在留者は、いかに長期間日本で就労・生活し、子どもを就学させていようとも、強制送還されなければならないのであろうか。そのような外国人への救済手段として、法務大臣による特別在留許可がある。出入国管理及び難民認定法（入管法）50条1項は、法務大臣は「特別に在留を許可すべき事情があると認めるとき」（4号）在留を許可することができる、と規定しており、実際に特別在留許可がだされることもある。

特別在留許可を申請しても認められず、国外退去強制を受ける場合には、訴訟で争うこととなる。最高裁は、特別在留許可につき、「在留の特別許可を与えるかどうかは法務大臣の自由裁量に属するものと解すべき」であり裁量権の濫用はない（最三判昭和34・11・10民集13巻12号1493頁）、退去令書の発布につき、不法在留者の「在留の継続は違法状態の継続にほかならず、それが長期間平穏に継続されたからといって直ちに法的保護を受けうる筋合いのものではない」（最三判昭和54・10・23判例時報1008号138頁）と判示し、下級審判決も、その多くが同様の判断を示してきた。しかし他方、裁量権の濫用にあたるとみなした判決も、少数ながら存する。その中で、イラン人家族アミネ事件一審判決（東京地判平成15・9・19判例時報1836号46頁）が、「適法な在留資格を持たない外国人が長

期間平穏かつ公然と我が国に在留し、その間に素行に問題なくすでに善良な一市民として生活の基盤を築いていることが、当該外国人に在留特別許可を与える方向に考慮すべき第一の事由であることは、本件処分時までに黙示的にせよ実務上確立した基準であったと認められるのであり、本件処分は、これを無視したばかりか、むしろ逆の結論を導く事由として考慮して」おり、裁量権の濫用にあたるとして、退去強制令書発布処分を取消しているのが注目される（もっとも、二審の東京高判平成16・3・30訟務月報51巻2号511頁は、一審判決を取消している）。

　また、17歳、16歳の子どもについてのみ救済を与えた判決も最近幾つか現われている。すなわち、東京地判平成18・3・28判例時報1952号79頁、東京高判平成19・2・27判例集未登載、大阪高判平成20・5・28判例時報2024号3頁は、不法入国の責任は子どもにはない、日本で長期間教育を受けており中国に帰国すれば学習面で困難が生じる、子ども自身が日本での生活を希望している、親と離れ離れになっても支援者がおり日本で生活していけること等を理由に、裁量権の濫用・逸脱とみなしている。

11. 外国人の教員任用

　外国人の公立学校教員への任用は、本人にとってはもちろんのこと、公立学校に在籍する外国人生徒にとっても、意味のあるところである。公立学校の教員の資格（欠格）要件は、地方公務員法、学校教育法等で定められているが、そのいずれにも「国籍条項」は設けられていない。その結果、「国籍条項」を設ける都道府県と、設けずに外国人にも門戸を開く都道府県とに分かれていた。しかし、昭和57年に成立した国公立大学外国人教員任用法の施行に関する文部次官通知が、「なお、国立又は公立の小学校、中学校、高等学校等の教諭等については、従来どおり外国人を任用することは認められないものであることを念のため申し添えます」との付言を加えたため、門戸を開く都道府県が減少していった。

　その後、平成3年の日韓外相覚書が、「公立学校の教員への採用については、

その途をひらき、日本人と同じ一般の教員採用試験を認めるよう各都道府県を指導する。この場合において、公務員任用に関する国籍による合理的な差異を踏まえた日本国政府の法的見解を前提としつつ、身分の安定や待遇についても配慮する」とし、文部省はこれを受けて、①教員採用試験における国籍条項を廃止し、②常勤講師としての任用を認め、③校長等の管理職にはつけないが、学級担任や教科担任として授業を実施するなど教育面では教諭とほぼ同等の役割を認め、④身分が安定するよう、任期をつけず正式任用し、待遇についても教諭との差が少なくなるように配慮する等といった通知（平成3年3月22日の文部省助成局長通知）をだしている。

■主要参考文献■

- ・内野正幸「民族共生のための教育」法学セミナー471号46頁（平成6年）。
- ・米沢広一「子どもの権利の国際的保障」法学教室181号59頁（平成7年）。
- ・下村哲夫『現代教育の論点』172頁（平成9年）。
- ・辻村みよ子『憲法』161頁（平成12年）。
- ・中川明「国籍をめぐる子どもの権利と外国籍・無国籍の子どもの教育を受ける権利」講座現代教育法2『子ども・学校と教育法』114頁（平成13年）。
- ・松井茂記『日本国憲法〔第2版〕』139頁、312頁（平成14年）。
- ・江原護『民族学校問題を考える』（平成15年）。
- ・近藤敦「在留特別許可の新傾向」法学セミナー590号66頁（平成16年）。
- ・手塚和彰『外国人と法〔第3版〕』（平成17年）。
- ・宮島喬・太田晴雄（編）『外国人の子どもと日本の教育』（平成17年）。
- ・田中宏「在日外国人の民族教育権に関する一考察」龍谷大学経済学論集45巻5号1頁（平成18年）。
- ・文部科学省（編）『平成18年度文部科学白書』367頁。
- ・宋恵淑「国連活動を通してみる朝鮮学校」法学セミナー631号52頁（平成19年）。

第 12 講

親の教育の自由

多くの学説は、根拠条文を異にするけれども、親の教育の自由を憲法上の権利とみなしている。親の教育の自由と学校教育との関係については、「家庭での教育は親の領域であるが、学校での教育は教師の領域である」との二分論が支配的な時期もあったが、最近では、学校教育に対しても親は権利を有していることが認識されるようになっている。すなわち、親は、学校教育に対しても、拒否権、選択権、参加権を有している。しかし、親の教育の自由といっても、教育を受けるのは子どもであるので、子どもの権益保護や子ども自身の意向の尊重のための制限を受ける。また、学校教育は集団的営みであるので、他の生徒にも影響が及ぶ場合には、その面からの限界も考慮する必要がある。

1. 親の子どもへの権利と義務

親の「教育権」という言葉が用いられることがあるが、それは、学校教育の一部を拒否したり一定の教育を選択する「教育の自由」としてであったり、それに学校教育への参加（意向の表明）をふくめた「教育の自由」としてであったり、教育に必要な費用や設備を給付するよう国家に求める「請求権」としてであったりする。

親の子どもを教育する自由は、親子関係から当然に生じる自然法上の権利とみなされてきた。子どもを教育する権利は、①親は血縁や日常生活から生じる子どもへの愛情のために子どもの最善の利益になるよう行為すると推定される、②親は子どもの個性や要求を熟知しており子どもの意向を最も反映させやすい立場にある、③親は子どもの成長過程を過去、将来を含めて継続的に見通せる

立場にある、④子どもが自律能力ある成人へと成長していくためには国家ではなく自律した親のもとでの教育が不可欠である、⑤子どもの教育の結果に最終的に責任をもつのは親である等の点から、第一義的には親に存すると解される。この点は、世界人権宣言も「両親は、その子どもに与える教育の種類を選択する優先的な権利を有する」（26条3項）と宣言しているところでもある。

　親の「教育権」の請求権的側面は、条文上は憲法26条に根拠づけられる。前述の教科書代金国庫負担請求事件や、後述の私学訴訟において、親が憲法26条を根拠に、教科書代金の返還や公立との授業料の差額等の賠償を求め、裁判所も、親が憲法26条違反の主張をしうることを前提として、論を進めている。それは、子どもの教育費の負担者は親である場合がほとんどであるとの事情があるためであろう。

　子どもを教育する義務は、親が自己の意思によって子どもをもうけた以上、第一義的には、親に存することになる。その義務の実定法化として、憲法26条2項は、「保護する子女に普通教育を受けさせる義務」を保護者に課し、それを受けて、教育基本法（旧）4条1項は「国民は、その保護する子女に、9年の普通教育を受けさせる義務を負う」と規定し（（新）教育基本法では、5条1項が「国民は、その保護する子に、別に法律で定めるところにより、普通教育を受けさせる義務を負う」、10条1項が「父母その他の保護者は、子の教育について第一義的責任を有する」と規定している）、学校教育法16条、17条、144条は、保護者に対して子女を小中学校に就学させるよう罰則をもって義務づけている。更に、民法820条は、親権者に監護・教育義務を課している。親の子どもへの権利は、このような義務に裏打ちされた面を有しているので、義務を怠った場合には、制限されることになる。

2. 親の教育の自由の憲法上の位置づけ

　実定憲法の中には、ドイツ憲法のように「子どもの育成及び教育は、両親の自然的権利であり」（6条2項）と明示するものも存するが、日本国憲法には、そのような明文規定は存しない。そこで、「親の教育の自由」の条文上の根拠

第12講　親の教育の自由　*171*

をどこに求めるのかが問題となる。

　一方では、「教育にかんする親の自由は、市民的自由一般と切り離して特殊的に構成するよりは、可能なかぎりふつうの市民的自由の一環として、それに近いところで、法的構成がなされるべきだ」(奥平) 等として、「親の教育の自由」という概念は必ずしも必要ではないとの学説が存する。しかし、他方、多くの学説は、教育の自由を信教の自由、思想の自由、表現の自由等の市民的自由に吸収してしまうと教育の特別の事情が考慮されないことになりかねないとして、「親の教育の自由」という概念を認め使用するが、憲法上の根拠条文については、13条、23条、24条、26条等多岐にわたっている（旭川学テ最高裁判決は、親の教育の自由が憲法上保障されていることを前提としているが、その根拠条文はあげていない）。すなわち、13条説は、親の教育の自由は「単に子どもに対する義務の反射に過ぎないものではなく、自己の生き方の決定・精神的側面の充実化において独自の重要性をもっており、かかる点に着目して、該権利は憲法13条を根拠とする自己決定権の一内実として捉えることができる」(竹中) と解する。23条説は、子どもが成長発達していくために真理を学ぶ自由が憲法23条の「学問の自由」条項により保障されており、親の教育の自由はそのような子の学習の自由に必要に応じて代位するので、親の教育の自由も憲法23条の「学問の自由」条項の保障を受けると解する（兼子）。26条説は、憲法26条は子どもの「教育を受ける権利」の十全な実現のためにその教育に責任をもつ親に教育の自由を保障していると解する（永井）。24条説は、我が子の教育については原則的には家族の自律性に任されており、そのような親の教育権は個人の尊厳に基づく家族関係を要求し過度の国家的介入を排除する憲法24条２項によって憲法上保障されていると解する（大島）。

　この点については、親は、自己の思想、宗教、学問を他の者に訴えかける自由を憲法19条、20条、23条によって保障され、その訴えかけを教育という形で自己の子どもに対して行う自由を憲法13条によって保障されている（思想、宗教、学問に含まれず、かつ、それらに準ずるような教育、たとえば、性教育や治療、については、憲法13条のみによって保障されている）と考えられる。このように、

172

根拠条文として、市民的自由の諸条文だけでなく13条をも加味するのは、他人に働きかける場合と自己の子どもに働きかける場合とでは保障の内容が異なりうることを強調したいがためである。他方、13条だけでなく市民的自由の諸条文をも加味するのは、親の教育の自由が憲法上の権利といいうるためには、思想教育や宗教教育及びそれに準じうる教育に限定される（たとえば、子どもにネックレスをつけさせる自由は、自らそれをつける自由が憲法上の自己決定権に含まれないのと同様、憲法上の親の教育の自由に含まれない）ことを強調したいがためである。

3．個々の親と親集団

　「親の教育の自由」を語る際には、そこでいう「親」は個々の親を意味するのか、それとも親集団を意味するのか、また、どのような法的レベルの権利として主張しているのかを明らかにしたうえで論を進めることが必要である。この点、憲法上の権利としてみた場合、親の宗教教育の自由、思想教育の自由等はすぐれて人格的な権利であるので、個々の親を出発点とすべきであろう。ただ、学校教育は子ども集団、教師集団、親集団によって形作られる集団的営みであるので、個々の親の憲法上の権利をどこまで認めるのかを判断するにあたっては、集団の権益を考慮に入れる必要性は残る。たとえば、ある授業なり行事が特定の親のみの思想、宗教教育の自由を侵害する場合がありうるが、他の親集団、子ども集団の権益を考慮すれば、その親が求めうるのは、我が子にその授業を欠席させることまでであって、その授業の中止までは求めえないことになる。また、学校教育が集団的営みであることから集団的決定が望ましい場合や、学校の物的施設の整備は個々の親がばらばらに要求するよりも親集団として要求する方が効果が大きい場合が少なくない。そのような場合には、法令等によって親集団に決定権や参加権を付与することも可能であり、かつ望ましい。ただし、その場合の親集団の権利は法令によって創設された権利にとどまるので、個々の親の憲法上の権利を侵害するような形での行使までは許されない。

4．親の教育の自由と子ども

　上述のように、子どもを教育する権利は、第一義的には親に存する。裁判で争う場合にも、子どもの権利と親の教育の自由は一体として扱われることが多く、通常、子どもだけでなく、親にも原告適格が認められる。たとえば、大阪府立八尾高校事件一審判決（大阪地判昭和48・3・1判例時報721号24頁・確定）は、民法820条にいう「親権者の子に対する監護教育権は、子女の身体の保全育成と精神の発達向上をはかる権利であり、……学校においてほどこされる教育が法令に違反し子女の精神の発達向上を妨げるものであれば、親権者の右権利は侵害されることになる。したがって親権者はその子女が学校においてほどこされる教科・科目の授業およびそのもとになる教育課程の編成について法律上の利害関係を有するものというべきであり、……原告には右課程の編成の取消を求める適格がある」としている。

　しかし他方、親の教育の自由には、①親の教育の自由といえども、他者（子ども）をコントロールする権利である、②親と子は別個の人格であり、親は子どもの判断そのものを代替しているわけではない、③親の教育の自由は親の自己実現のためだけでなく、子どもの教育を受ける権利から派生したという側面を有する、等の点からの限界が存する。それ故、親の教育の自由を認めるに際しては、子どもの権益保護の視点からの注意が払われなければならず、学校教育に対する親の拒否権、選択権、参加権等が、無条件に認められるわけではない。

　更に、特に子どもが年長である場合には、子ども自身の意向をどのように扱うのかという点も、問題となりうる。この点、高校生の政治活動に関する大阪地判昭和49・4・16月刊生徒指導1974年7月号94頁は、親による退学届けにつき、「本人の意思がまず第一に尊重されなければならず、保護者が退学願を出したからといって、生徒本人が強く修学を望んでいるにもかかわらず、これを無視して退学を許可し、除籍することの許されないことは、事柄の性質上当然のこと」である、としている。

　なお、本書では、父親と母親の意向が一致していることを前提に論を進める。

父親と母親の意向が対立している場合には、子どもの最善の利益と年長の子どもの意向の尊重に重点がかかることになろう。

5．親の教育の自由と教師

親の教育の自由と教師の教育の自由との関係について、学説及び判例上（杉本判決）、信託論が語られることがある。しかし、信託論が、個々の教師に信託したと構成されるにせよ、学校の教師集団に信託したと構成されるにせよ、教師や学校を選択する余地の乏しい現行の公立学校での義務教育制において、親が子どもの教育を教師に信託したとの理論構成はとりえない。親は我が子に対する教育を、教師または国家に全面的に委ねているわけではない。親の教育の自由は、家庭教育だけでなく、学校教育についても及びうるのであって、学校教育においても、一定の場合には、親の選択権、拒否権、参加権が認められねばならない。

他方、教師は教育の専門家として、教育「裁量」ともいうべき「教育の自由」を有している。そこで、親の教育の自由と教師の「教育の自由」との関係―両者の及ぶ範囲と優劣関係―が問題となる。

この点については、まず、校外での教育と校内での教育とを区分することが必要である。校外での教育については、原則として家庭教育に委ねられるが、学校の教育目的達成と密接な関連性を有する場合には、学校の教育権限が競合して及ぶこととなる。そこでは、思想・信教の自由等の憲法上の権利にかかわらない教育方法・内容に関する場合には、関連性の強さによっては、学校の教育権限が優位することがありうる。

校内での教育については、①思想・信教の自由等の憲法上の権利にかかわらない教育専門的方法・内容に関する対立の場合、原則として、最終的決定権は教育の専門家である学校・教師に委ねられる。長期欠席児童を学校が親の意向に反して5年から6年に進級させたことが学校教育法（旧）19条〔現、32条〕に違反し違法であるとして争われた事件において、一審判決（神戸地判平成5・8・30判例タイムズ833号177頁・確定）は、学年の課程の修了認定は「高度に技術

的な教育的判断であるから、学校長の裁量に委ねられる」と述べ、その主張を斥けている。他方、②学校教育が親の宗教教育・思想教育の自由等と対立する場合には、原則として、子どもの教育を受ける権利を充足させることを条件として、親の教育の自由が優位するといえる（第4、5、6講参照）。更に、純然たる教育専門的事項とはいえない領域として、③髪型、服装、オートバイ等に関する生活指導領域がある（第3講参照）。

6．親の拒否権

　親の思想教育や宗教教育の自由を侵害するような授業や行事がなされたり、そのような教科書や教材が使用された場合、親はそれらに自己の子どもを出席させず、使用させない憲法上の権利（いわゆる拒否権）を有している。ただし、憲法に根拠づけられる親の拒否権は、無限定に認められるわけではなく、思想や宗教観に準ずるような人格の核心にかかわるものでなくてはならない。それゆえ、たとえば、ある科目が受験に不必要であることを理由にしてその課目を自己の子どもに受けさせないことを要求している場合にまで、憲法上の拒否権に依拠すべきでない。

　更に、親の拒否権は、子どもの適切な教育を受ける権利や子ども自身の意向による制約を受ける。すなわち、親の拒否権により、将来自律した市民として社会生活を送れるようにするための教育まで、子どもから奪うことは許されない。たとえば、ほとんどすべての科目に対して親の拒否権が行使されると、子どもの将来の社会生活に重大な障害が生じうるが、そのような場合には、家庭等で代替教育がなされない限り、親の拒否権は認められない。他方、学校行事の拒否の場合には、そのような障害が生じることは少なく、親の拒否権が認められる余地が大きいであろう。また、成熟した判断能力を有するに至った子どもが、親の拒否権の行使に反対している場合には、それによって親の拒否権が制限されることもありうる。

7．親の選択権

親の選択権については、公立学校に替えて私立学校を選択する自由、公立小中学校間での選択の自由、学校での義務教育に替えて家庭教育を選択する自由、公立高校間での選択の自由等が、問題となりうる。

私立学校を選択する自由については、憲法13条に基づく憲法上の権利と解され、現行法上も、公立学校に替えて私立学校を選択することが認められている。現在では、私立学校選択の自由の実質化（授業料の格差是正等）が課題となっている。

なお、私立学校での教育内容の変更（論語に依拠した道徳教育の廃止）が、親の学校選択の自由を事実上無にするものであるとして争う事件が最近生じたが、一審判決（東京地判平成18・9・26判例時報1952号105頁）は、「教育の具体的な内容及び方法については……学校法人である被告及びその教師に広範囲にゆだねられているものと解すべきであり、生徒の募集に当たり、学校案内等の書面、学校説明会等で教育の具体的な内容及び方法について説明し、宣伝したとしても、そのとおりの教育をしなかった場合に直ちに、生徒の保護者の学校選択の自由を侵害するものとして違法性を帯びるものということはできない」としている。

二審判決（東京高判平成19・10・31判例時報2009号90頁）は、学校選択の際に考慮した事項が事後的に変更された場合には、学校選択の自由は実質的に無意味なものとなるから、特段の事情がある場合を除き、不法行為責任が成立するとして、慰謝料請求を認容した。最高裁判決（最一判平成21・12・10判例時報2071号45頁）は、「学校による生徒募集の際に説明、宣伝された教育内容等の一部が変更され、これが実施されなくなったことが、親の期待、信頼を損なう違法なものとして不法行為を構成するのは、当該学校において生徒が受ける教育全体の中での当該教育内容等の位置付け、当該変更の程度、当該変更の必要性、合理性等の事情に照らし、当該変更が、学校設置者や教師に上記のような裁量が認められることを考慮してもなお、社会通念上是認することができないものと認められる場合に限られる」が、本件はそのような場合にあたらず、一審判決が正当であるとしている。

第12講　親の教育の自由　*177*

　公立小中学校間の選択について、教育施設の選択の自由は「私立学校を選択するか、公立学校を選択するか、という側面ばかりでなく、公立学校の選択にも及ばなければならない。たとえば、居住地域ごとに小学区制を採用して、公立学校の選択の余地を残さないことは、親の教育施設選択の自由の侵害である」（阪本）として学校指定を違憲とみなす学説も存する。しかし、同一の規制下にある公立学校間での差異は、公立学校と私立学校間での差異と質的に異なること、将来に向けての基礎を作る時期であって均等な条件で教育を提供する必要があること、通学に伴う身体的負担を軽減させる必要があること等を考慮すれば、学校指定制を違憲とまではみなしえないであろう。

　ただ、いじめ等により不登校状態に陥っているような場合には、子どもの教育を受ける権利の充足のために、区域外就学を認めなければならない。この点については、文部（科学）省も、「いじめられる児童生徒には、保護者の希望により、関係学校の校長などの関係者の意見等も十分に踏まえて、就学すべき学校の指定の変更や区域外就学を認める措置について配慮する必要がある」といった通知を何度かだし（平成8・7・26文初中第386号文部省生涯学習局長通知、昭和60・6・29文初中第201号文部省初等中等教育局長通知）、学校教育法施行令8条にいう、学校変更を「相当と認めるとき」に該当するとしている。

　また、不登校に陥った生徒が学校外の公的機関や民間施設に「通学」することも、増加してきているが、その場合、指導要録上の出欠の扱いが問題となる。この点、平成4・9・24文初中第330号初等中等教育局長通知と平成15・5・16文科初第255号初等中等教育局長通知が、教育委員会等が設置する適応指導教室等の公的機関や適切な民間施設（ガイドラインが試案として示されている）に「通学」する生徒につき、「学校への復帰を前提とし、かつ、不登校児童生徒の自立を助けるうえで有効・適切であると判断される場合に、校長は指導要録上出席扱いすることができる」としている。なお、それらの施設に「通学」する際の鉄道・バスの生徒用定期乗車券も、発行されることになっている（平成5・3・19初中第30号中学校課長通知）。

　他方、憲法は公立小中学校間での選択制の導入を禁じているわけではない。

実際、平成9年1月27日の文部省初等中等教育局長通知「通学区域制度の弾力的運用について」を受けて、三重県紀宝町が平成10年に初めて選択制を導入した。そして、東京都品川区が平成12年に公立小学校、翌年に公立中学校で学校選択制を導入して以降、選択制は急速に首都圏に拡大し、更には、地方にまで拡がってきている。文部科学省の調査によれば、平成18年度に学校選択制を導入しているのは、2校以上の小学校を置く自治体のうち、240自治体（14.2％）、2校以上の中学校を置く自治体のうち、185自治体（13.9％）にのぼっている。

　選択制の形態としては、当該市町村のすべての学校のなかからの選択を認める「自由選択制」、当該市町村内をブロックにわけ、ブロック内での選択を認める「ブロック選択制」、隣接区域内での選択を認める「隣接区域選択制」、特定の学校について当該市町村内のどこからでも就学を認める「特認校制」、特定の地域に居住する者について学校選択を認める「特定地域選択制」等がある。

　多くの自治体は品川区を参考にしており、その理念においては、品川区との類似性が高い。品川区での理念は、①選ぶ・選ばれるという緊張関係を作り出し、②学校には、選ばれるための努力を促し教育の質を高める、③保護者は、選ぶという行為を通じて、子どもの教育への責任と教育への関心を高めるという、競争と自己責任の原理である。

　反対論からは、その結果、進学イメージ校、大規模校、施設を新しく充実した学校、多様なクラブ活動がある学校等に生徒が集中し、荒れるとのうわさのある学校、小規模校の生徒が減少し、それが年度ごとに加速化していき、場合によっては統廃合に至る、学校の序列化が固定され教育機会の平等が害され、生徒集めに有効な側面のみが重視されるようになる（藤田）との批判がなされる。

　このような試みの政策的当否は簡単には結論づけないが、現行の公教育制度の枠組や社会構造をそのままにしたままで、選択制を導入するだけならば、高校と同じように、小中学校でも進学を基準とした学校の序列化が生じるだけの結果に終わるのではないかとの危惧が残る。実際、群馬県前橋市や長崎市の

ように、一旦学校選択制を導入しながら、最近廃止した自治体も現われている。

　学校での義務教育に替えて家庭教育を選択しうるかについては、伝統的憲法学説は否定的であったが、最近では家庭教育の余地を認める学説が増えてきている。この点、憲法26条2項が要求している「普通教育」は、常に学校教育に限られるわけではない。家庭教育であっても、一定の条件に合致すれば、同項にいう「普通教育」に該当しうる。ただし、問題は、「そのような条件は何か」にある。この点、家庭教育が認められるためには、①思想、信教の自由等の憲法上の権利の侵害を理由とする学校教育の「拒否」であり、②将来自律した市民として社会生活を送るのに必要な最低限の基礎的能力を習得させる内容の家庭教育がなされており、③家庭教育の実施状況を国家が定期的にチェックすることが必要となろう。なお、小中学校への就学不履行に対しては罰則（罰金）が規定されている（学校教育法144条）が、同条は「普通教育」に該当する家庭教育を行っている親に適用される限りにおいて違憲とされることになろう（もっとも、いじめや家庭教育等を理由とする不登校が同法18条の「その他やむを得ない事由」による就学免除に該当し、罰則は科せられないと解することも可能である）。

　公立高校間での選択については、通学区域4校での合同選抜のために希望校以外の学校に進学せざるをえなくなった高校生が、合同選抜制の違憲・違法性を争った（親は法定代理人）大分県立高校合同選抜事件をあげうる。一審判決（大分地判昭和62・2・23判例時報1231号96頁）は、能力以外の理由で入学の許否を決するのは憲法26条1項等に違反するとの主張については、潜在的能力の開発可能性を強調し、「学校間格差の是正という本件合選制の目的は、通学区域内各所に水準の均しい教育施設を整備することによって、その水準に達する能力を有する者が、ひとしく能力発達を可能ならしめる高等学校教育を容易に受けうる条件整備を目指すものであり……『能力に応じて均しく教育を受ける』権利実現に資するという側面をも有している」として斥けている。学校選択の自由の不当な制限であるとの主張については、「仮に、所論のとおり公立学校間における学校選択の自由が憲法上保障された権利であるとしても、公立学校の

180

本来の設立目的や性質（教育の機会均等の実現）からして、そこに学校選択の自由がある程度の制約を受けることは承認されなければならない」として斥けている（二審判決［福岡高判昭和63・5・31行集39巻5・6号462頁］、最高裁判決［最判平成元・11・24判例集未登載］も、一審判決を支持している）。

8. 親の参加権

　親の参加権については、親は、①親個人として、または親集団として、または地域住民の一員として、②子どもの就学先の学校に対して、または教育委員会等の行政当局に対して、③学校行事、教育課程編成、校則制定、校区の変更等に関する要求をだすことができ、学校、教育委員会等は、それに対して教育専門的見地から説明する責務を負うことになる。

　親の参加権の保障は、学校側が常に親の意向に従うことまでを意味するものではないので、教師の教育専門性の尊重とも十分調和しうるものである（もっとも、学校に対して自己中心的で理不尽な要求をし続ける「モンスターペアレント」は行き過ぎである。親からクレームをうけ続けた教師が、名誉毀損で親を訴えるという事件が起っている。さいたま地裁熊谷支判平成25・2・28判例時報2181号113頁は、名誉毀損の成立は認めなかったが、末尾で「被告らの行為には、配慮に欠ける点や不注意な点が、多々存在し、原告が、被告らの行為を問題にすることは、理解できる」と述べている）。しかし他方、すべての場合に親の意向をきく機会を設けねばならないとすることは、実際上不可能であるだけでなく、学校教育の実効性を阻害することになり、適切ではない。どの範囲で親の参加権を認めるかは、原則として、立法部、教育委員会、学校の裁量に委ねられることとなろう。ただし、例外的に、障害児の学校選択のように、子どもの将来にとって重大で取り返しのつかない結果をもたらしうる決定がなされる場合には、個々の親の参加権を保障することが、憲法上の要請となろう。

　もっとも、現実問題としては、参加に際して、親と学校との間でトラブルが生じることがある。そこで、両者間での橋渡し役として第三者機関を設置する自治体が、現れてきている。たとえば、福岡市では、「学校保護者相談室」を

設け、元校長等が相談員として（場合によっては弁護士の意見を踏まえて）アドバイスを行い、問題の早期解決を支援している。東京都稲城市では、「アドボカシー相談室（保護者相談窓口）」を設け親からの相談をうけつけるとともに、「アドボカシー審査会」を設け、アドボカシー相談員から申し出のあった問題事実に対して審査を行い、その結果を市長に提言している。京都市では、教育委員会の指導主事、医師、臨床心理士、弁護士等からなる「学校問題解決支援チーム」を設置し、定期的に学校を巡回訪問し、学校からの要請があれば、助言や指導を行うとしている。

　なお、親の参加権を考えるにあたっては、子ども自身の意向をどのように位置づけるべきかが問題となる。この点については、年長の子どもの中には成人に近い判断能力を有している者もおり、そのような子どもの意向と親の意向とが常に同一であるとは限らないので、親だけでなく子どもに対しても、意向を表明する機会を付与するのが望ましい場合があろう。

　中教審は、「今まで以上に家庭や地域社会と連携協力し、地域に開かれた学校運営を推進する」ために、「学校が保護者や地域住民の意向を把握し、反映するとともにその協力を得て学校運営が行えるような仕組み」として、学校評議員制度の創設を提言した。これを受けて、平成12年に、学校教育法施行規則が次のように改正された。「小学校には、設置者の定めるところにより、学校評議員を置くことができる。2、学校評議員は、校長の求めに応じ、学校運営に関し意見を述べることができる。3、学校評議員は、当該小学校の職員以外の者で教育に関する理解及び識見を有するもののうちから、校長の推薦により、当該小学校の設置者が委嘱する」（49条）。なお、同条は、79条、104条により、中学校、高等学校にも準用される。

　学校評議員制度は、平成18年8月の時点で、公立学校の82％、国立学校の100％で設けられるに至っており、親の参加の第一歩とも評しうる。しかし、他方、①置くことが「できる」との文言であり、その設置は裁量に委ねられている、②評議員の構成が親を中心にするとはされていない、③評議員の選任が「校長の推薦」に基づきなされるため、親や地域住民の意向を公正に反映させ

る保証がない、④「校長の求めに応じ」と規定されており、評議員が主体的に意見を述べるとはされていない、等の問題点が存する。

更に、平成16年の「地方教育行政の組織及び運営に関する法律」の改正により、「指定学校」での親や地域住民が学校運営に参画する新たな仕組みとして、学校運営協議会制度が、創設されている。すなわち、同法47条の５は、①教育委員会は指定する学校に学校運営協議会を置くことができる、②協議会の委員は親、地域住民等の中から教育委員会が任命する、③校長が作成する教育課程の編成等の学校運営の基本方針は、協議会の承認を得なければならない、④協議会は学校の運営に関する事項について、教育委員会又は校長に対して意見を述べることができる、⑤協議会は職員の任用について、任命権者に意見を述べることができ、任命権者はその意見を尊重するものとする、⑥協議会の不適正な運営により学校運営に現に著しい支障が生じたりそのおそれがある場合は、教育委員会は学校指定を取り消さなければならない、等と定めている。「指定学校」はまだ少数（平成19年４月の時点で、全国で195校）であるが、学校評議員制度と比べると権限が強力であるだけに、とりわけ、どのような人がどのようなプロセスで委員に選任されるのかが問題となる。この点「地方教育行政の組織及び運営に関する法律の一部を改正する法律の施行について」（平成16・6・24文科初第429号事務次官通知）は、「広く適任者を募る観点から公募制の活用等を工夫すること」等としている。なお、同通知は、生徒の参加についても、「学校運営協議会において必要と認められる場合には、児童、生徒の発達段階に配慮しつつ、当該学校の児童、生徒に意見を述べる機会を与えるなどの工夫を行うことも差し支えない」としている。

校区を越えての住民参加としては、兵庫県が平成13年より「地域教育推進委員」制度を発足させている。同委員は、地域での教育実践活動に参加するとともに、学校教育についての提言を県教育委員会に対して行う。県内10の教育事務所ごとに約50人が委員として選ばれるが、そのうち５人程度が公募枠とされ、面接と作文審査により選ばれる。それ以外の委員は市町教育委員会が推薦する。また、平成９年の「中野区教育行政における区民参加に関する条例」は、審議

会、協議会、公聴会、対話集会、意向調査等により、教育行政への区民参加を図るとしているが、その中でもとりわけ、「権利の主体としての子どもの参加と意見表明の機会が保障されるよう配慮されなければならない」（4条）としているのが、注目される。

　また、平成11年の地方教育行政の組織及び運営に関する法律の改正による教育長承認制（旧16条）の廃止、平成13年の同法改正による「委員のうちに保護者である者が含まれるように努めなければならない」（4条4項）との規定の新設等を契機として、教育長・教育委員の公募制を導入する自治体が、現れてきている。その多くは、千葉県流山市のように、応募資格を住民に限定しているが、その中には、東京都八王子市のように、住民である親とするものもみられる。

■主要参考文献■

- 兼子仁『教育法〔新版〕』206頁（昭和53年）。
- 奥平康弘「教育を受ける権利」芦部信喜（編）『憲法Ⅲ人権(2)』410頁（昭和56年）。
- 米沢広一「親の『教育要求権』」季刊教育法65号120頁（昭和61年）。
- 佐藤全『親の教育義務と権利』（昭和63年）。
- 竹中勲「親の子どもを教育する自由と憲法上の自己決定権」論集・神戸大学教養部紀要44号1頁（平成元年）。
- 永井憲一「教科書検定と学問の自由・教育を受ける権利」芦部信喜（編）『教科書裁判と憲法学』134頁（平成2年）。
- 大島佳代子「公教育と親の教育権(1)～(3)」北大法学論集42巻1号61頁（平成3年）、43号1号127頁（平成4年）、44巻1号25頁（平成5年）。
- 米沢広一「義務教育と家庭教育」法学雑誌39巻3・4号165頁（平成5年）。
- 結城忠『学校教育における親の権利』（平成6年）。
- 阪本昌成『憲法理論Ⅲ』346頁（平成7年）。
- 藤田英典『義務教育を問いなおす』155頁（昭和17年）。
- 三上昭彦「教育長・教育委員公募制の教育法学的検討」日本教育法学会年報36号160頁（平成19年）。
- 竹内俊子「学校管理の民営化と学校教育の公共性」日本教育法学会年報36号80頁（平成19年）。

第13講
教師の「教育の自由」

　教師の「教育の自由」「教育権」がしばしば主張されるが、その性質は権利と捉えるべきものなのか、それとも権限と捉えるべきものなのか、教師の「教育の自由」と生徒・親、国家との関係はどのように位置づけられるべきか、教師集団（職員会議）と校長との関係はどのように位置づけられるべきか等の検討が必要となる。更に各論として、教育課程編成権（限）、校務分掌決定権（限）、授業実施権（限）、成績評価権（限）等の個々の教育権（限）の帰属先と限界、等の検討が必要となる。

1．教師の「教育の自由」の権利面

　学説は、当初、教師の「教育の自由」の権利面を強調し、教師の権利を憲法上どのように構成するのかに関心を寄せていたが、依拠する憲法上の条文によって、23条説、26条説、23条＋26条説、21条説、13条（憲法的自由）説に大別されうる。

　23条説は、「下級教育機関の教師の教育の自由は、憲法23条の学問の自由に基本的に含まれると解すべきで、その場合における学問の内容は、杉本判決が示しているように、たんにそれぞれの教科の専門分野の研究成果を知得するだけでなく、児童生徒の心身の発達段階に対する科学的認識と経験による教育学の学問的実践を含むものである」（中村）とする。

　26条説は、憲法26条の教育を受ける権利が「教育をすること」と「教育を受けること」（学習すること）の両面を含んでいる、「『教育の自由』は……『教育を受ける権利』（学習権）主体のこの権利の充足の態様と過程に規定され、こ

の権利の十全な実現のために要請され、妥当性を有する『自由』であって」「解釈論的には26条『教育を受ける権利』にこそ条理的根拠が求められるべきであろう」（山崎）とする。

23条＋26条説は、「まず23条が、とりわけ真理教育に関わる領域においては基本的人権としての教師の教育の自由の憲法上の根拠となりうる」、更に、「教育とは本来的に教える側と教わる側との相互関係において行なわれる営みであって、教育の自由ということをいう場合にも、基本的にはこの相互関係そのものの自由を、したがってこの相互関係を構成する教える者と教わる者の双方の自由を要請せざるをえない」ので「26条からも導き出すことができる」のであって、二つの条文上の根拠は「相互補完的」関係にある（山内）、「真理を教育する真理教育の自由」が憲法23条の保障を受け、更に、「個人および集団としての学校教師の専門的教育の自由は、子どもの教育を受ける権利の保障（憲法26条）の一環を成す」（兼子）とする。

21条説は、「表現の自由は、『人の内心における精神作用を外部に表明する精神活動の自由』と定義されたりする。とすると、教える自由は、表現の自由のなかに、すっぽりと包みこまれてしまうことになろう。教えることは、教育という自覚的な目的のもとになされる点において、ほかの表現行為と異なるにすぎない。……さらにいえば、学校教育の自由は、集会・結社の自由の要素もふくまれているといえる」（内野）、「一つの表現活動としての教育の側面に着眼する場合には、21条の表現の自由をおよそ精神的自由に関する総論的規定、ないしは『器にかんする規定』として理解する立場に立って（その場合には19条、思想・信条の自由がこの『器』の原理規定となる）教育の自由を、『教育上の表現の自由』として学問の自由と重なり合いつつ構成するという筋も成立しうる（アメリカの憲法判例が修正１条を根拠に、さまざまの精神的自由の保障類型をつみ重ねてきたことは、この際参照されてよい）」（森田）とする。

13条（一般的自由）説は、「我々が日常生活において享有している権利や自由」も「一般的な自由または幸福追求の権利の一部」としてひろく憲法によって「保障」されているのであり、「やがて成熟してわれわれに代って主権の実

質的担い手となるべき次の世代を権力に干渉されずに国民的立場において教育する自由」たる「教育の自由」は、憲法で明示的に規定されていないが、このような「憲法的自由」として保障されている（高柳）とする。

　上述の学説には、次のような傾向がみられる。第1に、少なからぬ論者は、他の条文による根拠づけを否定してはいない。たとえば、中村教授は、「教師の教育の自由の根拠を憲法23条に求めることは、他の条文を根拠にすることを否定するものではない」と、芦部教授も、23条説が妥当としつつも「これは26条も憲法上の一つの根拠となることを排斥する趣旨ではない」としている。内野教授は「私も、教師の教える自由は、原則として、表現の自由を保障した憲法21条によって保障される、と考えたい。"原則として"といったのは、さきに述べた憲法23条の『学問の自由』に属しうる部分は別にして、という趣旨である」としている。第2に、23条説の立場に立つ杉本判決が「この自由は、主として教師という職業に付随した自由であって、その専門性、科学性から要請されるものであるから、自然的な自由とはその性質を異にする」と述べているように、権利説の論者も、教師の「教育の自由」の特異性を認識している。更に、権限としての面も有していることを、後に、もしくは別の箇所で認める論者も少なくない。

　旭川学テ最高裁判決は、「教師が公権力によって特定の意見のみを教授することを強制されないという意味において、また、子どもの教育が教師と子どもとの間の直接の人格的接触を通じ、その個性に応じて行われなければならないという本質的要請に照らし、教授の具体的内容及び方法につきある程度自由な裁量がみとめられなければならないという意味において」、憲法23条に基づく「一定の範囲における教授の自由が保障されるべきことを肯定できないではない」とする。しかし他方、①生徒に批判能力がなく、教師が強い影響力、支配力を有すること、②学校や教師を選択する余地が乏しいこと、③教育の機会均等をはかる上からも全国的に一定の水準を確保すべき強い要請があることを理由に、教師に完全な教授の自由を認めることは許されないとしている。

2．教師の「教育の自由」の権限面

　教師の「教育の自由」の権利面を強調する学説の当初の傾向に対して、その後、権利というよりは権限であるとの批判が強まってきた。すなわち、「教師は、教育を施す子供たちとの関係では、学校教育制度という一定の制度の枠組みにあるかぎりで権限を有し義務を持つにすぎない」「教師は、親の直接的な信託（私立学校の場合）もしくは間接的な信託（国公立学校の場合）、および国民一般の抽象的な信託に基づいて存立するところの学校設置者のagent（機関）として、子供たちと接する。教師の『教育権』は、こうした制度的な制約のもとにおいてのみ成立するものであるから、権利というよりは、権眼である」（奥平）、「いわゆる教師の教育権なるものは、正確には教師の職務権限を指すものと理解するのが穏当であろう」（下村）、「教育を行なう学校の教師は、教育を受ける子どもやその親との関係では、まさに公権力そのものなのである（私立学校の教師でも、公教育に携わるかぎりにおいて、国の"agent"とみなされるべきものである）。つまり、子どもや親の立場からみると、教師は権力そのものであって、決して自由権の担い手たりえない存在なのである」（浦部）との批判がそれにあたる。

　もっとも、上述の論者の多くは、権利としての面を全面的に否定してしまっているわけではない。奥平教授は、生徒との関係で権限説を主張しているのであって、国家との関係においてまでそのように主張しているのではない。すなわち、奥平教授は、「といって、教師が教育のことがらについていかなる意味でも憲法上の権利を有するものではない、と結論づけるのは速断にすぎる。……当該実定法制度そのものの内部で、統治機関が違憲な行為を行った場合には、ある種の教師は、これを自己の市民的自由……の名において、違憲無効の挑戦を行う権利を有する場合がある。典型的な例としては、制定法が、ある特定の政治理論を名指してこれを学校教育の場で教えることを禁止し、この禁止に対する制裁として刑罰もしくは懲戒が規定されている場合があげられる」としている。浦部教授も「教師が不当な権力的干渉を受けずに教育を行なえるような保障が必要であることを否定するのではない。それは絶対に必要なことで

あると考える。ただしそれは、教師の『学問の自由』に含まれるからという理由によるのではない。教師の自由な創意・工夫なしに真の教育は成り立ちえないであろうと思うし、したがって子どもの『教育を受ける権利』も満たされないであろうと考えるからである。教師の『教育の自由』と言われるものは、教師の自由としてではなく、子どもの『教育を受ける権利』の観点からとらえるべきものである」としている。

このような論議を経て、現在では、「教師が生徒と向きあう場面」では「教師の教育権は、もっぱら職務権限となる」が、「教師が国家権力と向きあう場面」では「職務権限としての側面と、人権としての側面とをあわせもつ」、「そうすると、教師の教育権は、基本的には職務権限であるが、人権としての側面を含んでいる」ことになる（内野）とする併存説が有力となっている。併存説もいうように、この問題については、基本的には、教師は生徒に対しては「権限」を行使し、国家に対しては「権利」をも主張していると把握しうる。しかし、教師の「教育の自由」は権利か権限かという問題に終始するのは、必ずしも生産的ではない。教師の「教育の自由」が「権利」として主張されようと「権限」として主張されようとも、両者とも通常の意味での「権利」「権限」とはかなり異なっている。学校教育の特質に照らして、許容される教師の「権利」「権限」の範囲を画定していくことが必要となる。

3．教師の「教育の自由」と生徒・親

法令によって付与された権眼の範囲内でまたは職務命令に従って生徒に対峙して行為する場合には、教師は国家機関として権限を行使していることになる。もっとも、「機関」といっても、一般の行政機関と同列に論ずることは適切ではない。個々の生徒と教師との人格的接触を通じて当該生徒の発達段階に応じた教育を行うことによって、生徒の潜在的能力を引き出すという学校教育の特性に照らして、個々の教師に教育方法・内容についての「教育裁量」が認められなければならない。更に、学校教育の少なからぬ部分が集団的営みであることから、教師集団にも「教育裁量」が認められなければならない場合がある。

このような「教育裁量」は、現行法上、「教諭は、児童の教育をつかさどる」
と規定する学校教育法37条11項等によって、教師の権限として付与されている、
と解される（もっとも、このような「教育裁量」も教育水準の確保、生徒の発達段
階への適合等による制約を受ける）。

このような教師の「教育裁量」が親の教育の自由と衝突する場合が生じうる
が、その点については、既に検討した（第12講参照）。

4．教師の「教育の自由」と国家

他方、教師が自らの又は生徒の思想・信教等を侵害するとして職務命令を拒
否するような場合には、教師は、国の一機関として行為しているのではなく、
国の教育方針に反対して憲法上の権利侵害を主張していることになる。もっと
も、そこでいう憲法上の「権利」は、通常の意味での個人の憲法上の権利とは
異なり、生徒の権利に裏打ちされた教師の憲法上の権利という性格を帯びるこ
ととなる。その場合、教師の権利の主観的側面を根拠にして職務命令への不服
従を正当化しうるのか、生徒という第三者の権利にどこまで依拠しうるのか等
といったより複雑な問題が残る。それが顕在化したのが、最近の日の丸・君が
代問題である（第4講参照）。

更に、教師が教育方法を巡って国家と対立する場合にも、教師の「教育の自
由」が主張されることがある。しかし、その多くは、現行法令（学校教育法37
条11項等）によって付与されている「教育裁量」の侵害であるとして、職務命
令の違法性を争えば足りよう（なお、「教育裁量」の範囲は法令によりさえすれば
どのようにでも縮減できるというわけではない。「教育裁量」が全く認められないよ
うな教育は、もはや教育という名に値しない。法令によっても奪うことのできない
「教育裁量の中核」とでもいうべき部分を、それを「権利」と呼ぶにせよ、「権限」
と呼ぶにせよ、法理論として構成していくことが必要となろう）。

なお、平成19年の教育職員免許法改正により、教員免許の有効期間を10年と
する免許更新制が導入されることとなった。その運用いかんによっては、教師
は更新拒否を恐れて校長等の管理職の顔色をうかがい、「教育裁量」を行使し

190

えなくなっていくのではないか、との危惧が残る。

5. 教師集団の「教育の自由」

　個々の教師の教育の自由に加えて、憲法23条もしくは26条を根拠として、教師集団の教育の自由をも認める学説も、少なからず存する。たとえば、中村教授は、「憲法23条が、大学における個々の教師の教育の自由と教師集団である教授会自治を基本とする大学の自治を保障しているのと同様に、下級教育機関においても、個々の教師の教育の自由のみならず、教師集団の自由である学校の自治を保障しているものと解される。大学における教育の自由を保障するために大学の自治が必要不可欠であるのと同様に、下級教育機関における教育の自由を保障するために学校の自治が必要だったからである」としている。奥平教授は、「個々の教師は別にして、教師集団が『人権』主体であるというのも、よくわからない点である」との疑問を呈するが、「専門家としての教師集団の権限の独立性を確保することが、教育の自由な展開（また、子供の『教育を受ける権利』の充足）にとって、決定的に大事」であり、これを「ただちに、個人に保障された憲法上の権利とはいい難い」が「これは、現代的な自由を構成する不可欠の構成要素であることは疑いなく、憲法学がこの『制度的』な『自由』をどう把握し体系化するか、もっとも重要な課題の一つである」としている。

　この点、大学の自治と学校の自治とをパラレルに考えうるかは疑問であるが、小中高等学校の教師集団にも、一定の範囲で「自治」「自由」が認められなければならない。教師集団の「教育の自由」を権利として構成するのであれ、権限として構成するのであれ、学校教育の特質に照らして、教師集団、個々の教師、国家（校長、教育委員会、文部科学大臣）の教育権（限）の妥当範囲を、具体的脈絡に応じて画定していくことが必要となる。

6. 職員会議

　大学の教授会については、「大学には、重要な事項を審議するため、教授会

を置かなければならない」（学校教育法93条1項）と規定されているが、小中高等学校の職員会議についての根拠規定は存しなかった。そのため、職員会議の法的性格が、とりわけ、校長の権限との関係で争われてきた。この問題について、行政側は校長の補助・諮問機関説、教職員組合側は最高決議機関説をとってきたが、教育法学説上は、内的事項・決定機関、外的事項・審議機関説が有力である。その代表的論者である兼子教授は、「各学校の教育課程編成・指導要録作成・教育校務分掌・生徒懲戒処分などの」「内的事項を全校的に決定していくためには、『教育をつかさどる』教師の教育権（学校教育法37条11項）を束ね、『不当な支配に服することなく国民全体に直接に責任を負って行われるべき』（教育基本法（旧）10条1項）ところから、学校教師集団の教育上の正式組織として教育条理法上に根拠をもつ職員会議に、その審議・決定権を認めなければならない」（校長については、「指導助言的参加と、対外的代表・表示を行うことが、この面において『校務をつかさどる』仕方にほかなら」ず、指導助言のみが「この面において『所属職員を監督する』仕方にほかならない」）、他方、教職員人事、学校予算の編成・執行等の教育の外的事項については、「職員会議がいかにかかわりうるかは、一般法則としては未決の問題と言える」が、「外的事項の条件整備は学校の教育自治に現実に深くかかわるものであり、前述したとおり教師は教育行政にたいする条件整備要求権を原理的に有しているほか、校長も教職員と協同してこそ学校運営の責任を全うできることにかんがみれば、この領域においても職員会議が慣習法的になんらかの審議権を保有することがあってもしかるべきであろう」としている。

　判例は、補助・諮問機関説の立場をとっている。たとえば、日の丸に関する埼玉県立福岡高校B事件二審判決（東京高判平成13・5・30判例時報1778号34頁）は、「校長は、校務の運営についての最終的責任者及び最終的決定権者であり、職員会議は、校長の諮問機関としての性格を有し、教職員は、職員会議等を通じて、公務の運営に必要な意見を述べることができるが、校務の運営についての最終的責任又は最終的決定権を有するものではない」としている。生徒会の指導等に関する宮崎県立第二高校事件一審判決は、「大学とは異なり教育活動に

主眼のある下級の教育機関について、憲法上、大学の自治に相応する教育の自治が保障されているとまでは解することはできず、また、全校的教育事項に限ってみても、校長が教師多数の意見を尊重するのが望ましいということは言えるにせよ、専門家である教師の多面的討議の結果を慎重に検討したうえで、教育専門職である校長において最終的な決定をなすことが、憲法及び教育基本法等の趣旨に反するとまでは解することはできない」としている。

　その後、平成12年に学校教育法施行規則の48条が追加され、「設置者の定めるところにより、校長の職務の円滑な執行に資するため、職員会議を置くことができる」「職員会議は、校長が主宰する」と明示されるに至っている。この規定を、職員会議には一切決定権限を認めない趣旨であると解するならば、上記の4、5で言及した点に照らして、憲法上疑義が生じる。更に、多くの事件で激しく争われてきた職員会議と校長との関係を、法律ではなく施行規則で定めたことには、憲法26条の教育法律主義からみて、問題が残る。

7．個々の教育権（限）の帰属先と限界

　教科や特別活動等についての学校全体の年次計画である教育課程の編成・実施権（限）、学級担任・教科担任・生活指導の各種委員・クラブ顧問等の校務分掌決定権（限）、成績評価権（限）、授業実施権（限）、学校行事実施権（限）、生活指導権（限）、懲戒処分権（限）、入学・転学・卒業等の教育措置決定権（限）、教科書・補助教材の選択権（限）、研修権（限）等の個々の教育権（限）が、誰に、すなわち、個々の教師、教師集団、校長、教育委員会、文部科学大臣のうち、どこに帰属するのか、また、その限界はどこに存するのかが、問題となる。

　これらのすべてを教師の憲法上の権利であると主張する学説も存するが、これらの教育権（限）の帰属先がすべて憲法から導き出されるわけではなく、法令の定めに委ねられる部分も少なくない。また、複数の機関によって協働的に行使されたり、他の機関による制約を受ける場合もありうる。以下、教育課程編成権（限）、校務分掌決定権（限）、授業実施権（限）、成績評価権（限）、に

第13講 教師の「教育の自由」 *193*

ついてのみ論じる。

8. 教育課程編成権（限）

教育課程編成権（限）については、①地方教育行政の組織及び運営に関する法律が、「学校の組織編制、教育課程、学習指導、生徒指導及び職業指導に関すること」の管理・執行を教育委員会の権限とし（23条5号）、教育課程、教材の取扱い等について教育委員会規則を定めるものとする（33条1項）とし、②教育委員会（学校管理）規則の多くが、編成主体を「校長」と記し、編成基準として学習指導要領をあげていることに鑑み、校長に帰属するとの学説が存する。しかし、他方、教育条理上、編成権は職員会議に帰属するので、「校長」との文言は「職員会議の総意の形式的代表者（対外的表示権者）と読まれるのが正しい」（安達）とする説が存する。更に、憲法論として、「教師団は、職員会議での意思形成を通して、㋑年間・年次教育活動全体の計画作成権（教育課程編成権）、㋑教育校務分掌の自主決定権、㋒入学、転学、卒業等の教育措置決定権といった教育内容的事項に関する自治権」を憲法23条により保障されている（阪本）、とする学説も存する。

9. 校務分掌決定権（限）

校務分掌決定権（限）については、判例上、学校教育法37条4項が「校長は、校務をつかさどり、所属職員を監督する」と定める校長の権限には校務分掌決定権が含まれ、具体的には、学級担任の決定（名古屋地判昭和62・4・15判例時報1261号121頁）、教員の受持時間数の決定（札幌地判昭和52・12・21判例時報894号61頁）、授業時間割の編成（東京高判昭和59・4・26判例時報1117号140頁）等について校長の権限と解されている。しかし、他方では、「学校教師集団が全体として生徒・父母に主体的に教育責任を果しうるために、学校教師集団の自治に属するものと条理解釈されよう」（兼子）との学説も有力である。

10. 授業実施権（限）

授業実施権（限）については、個々の生徒と教師との人格的接触を通じて当該生徒の発達段階に応じた教育を行うことによって、生徒の潜在的能力を引き出すという学校教育の特性に照らすと、憲法上、当該教師（複数の教師で行う場合は、当該教師集団）に帰属すると解される。学校教育法の解釈としても、「教諭は、児童の教育をつかさどる」と規定する37条11項が、教師に授業実施権（限）を付与していると解される。

そのように解すると、教師の授業実施権（限）と学習指導要領との関係が問題となるが、学習指導要領で細部にわたるまで規定し、そのすべてに法的拘束力を認めるならば、教師の授業実施権（限）の侵害となりうる。なお、旭川学テ最高裁判決は、「その中には、ある程度細目にわたり、かつ、詳細に過ぎ、また、必ずしも法的拘束力をもって地方公共団体を制約し、又は教師を強制するのに適切ではなく、また、はたしてそのように制約し、ないしは強制する趣旨であるかどうか疑わしいものが幾分含まれているとしても、右指導要領の下における教師による創造的かつ弾力的な教育の余地や、地方ごとの特殊性を反映した個別化の余地が十分に残されており、全体としてはなお全国的な大綱的基準としての性格をもつものと認められ……法的見地からは、上記目的のために必要かつ合理的な基準の設定として是認することができる」と述べている。

上述のように授業実施権（限）は教師に帰属すると解されるが、無限定に認められるものではない。生徒の精神的自由や教育を受ける権利等の保障のための制約を受ける。その制約が顕在化したのが、「偏向」教育問題である。授業内容の「偏向」が懲戒処分事由の一つとされた事件が、幾つか存する。道徳及び特別活動の授業時間中に毛語録を解説し、担任している生徒に卒業記念として毛語録を贈ったことを理由とする宇部市立中教師の懲戒免職処分につき、一審判決（山口地判昭和52・7・21判例時報861号117頁）は、教育基本法及び学校教育法に定められた「教育の根本精神が、日本国憲法の基本たる民主主義の政治原理を尊重することにあり、また教育において特定の政治思想乃至特定の政治勢力の主義主張を一方的に価値高いものとして教えこみ或いはそのように理解す

るよう教育指導することを一般的に排するにあることは、これらの法条の文言自体から明らかに看取されるところである」と述べ、本件処分を合法とみなしている。二審判決（広島高判昭和60・5・31労働判例457号29頁）も、同様に本件処分を支持しているが、その際に「我が国にも共産主義、社会主義を政治目標とする政党が存在し、殊に、特定の政党の中の一部には毛沢東思想と緊密な思想的関係を持つ者もあるのであって、毛沢東思想と中国共産党の主義による政治教育は、教育基本法（旧）8条2項〔(新) 14条2項〕の特定の政党を支持する政治教育をしてはならないとの趣旨に抵触する」としている。最高裁判決（最判平成2・2・20判例集未登載）も、二審判決を支持している。

　たしかに、毛語録事件のような場合には、懲戒処分事由となるが、他方で、①教育基本法（旧）8条1項〔(新) 14条1項〕は「良識ある公民たるに必要な政治的教養は、教育上これを尊重しなければならない」と規定しており、政治的教養のための授業と偏向授業との境界は微妙である、②教師による「偏向」教育の是正を名目として、国家による「偏向」教育が全国的になされることがありうる、との点にも留意する必要がある。

11.　成績評価権（限）

　評価権（限）のうち、学期・学年末の成績評価は、筆記試験、授業態度、宿題の提出状況等を含めた受講に関しての総合評価であるので、その評価権（限）は授業を実施する教師に帰属すると解される（全国一斉学力テスト等については、別途検討が必要である）が、無限定に認められるものではない。生徒の精神的自由、教育を受ける権利、公正な評価を受ける権利等の保障のための制約を受ける。その制約が顕在化したのが、すべての生徒への一律評価問題である。

　福岡県立伝習館高校事件一審判決（福岡地判昭和53・7・28判例時報900号3頁）は、「教育は生徒の内に潜在する素質を発見しこれを引き出し磨きをかけることによってより高次元の価値に高めること、これが教育活動であって、教育の成果、換言すれば生徒の進歩、変化の度合いを測定する必要がある。その測

定活動が評価であって、教育上重要な意味を有するものと考えられる。生徒の成績評価権は教師の職務権限に属するが、右重要性に鑑み、教師の恣意的、独善的な行使が許されないことは教育条理に照らし首肯し得る」、本件での「全生徒に対する60点の評定は教育的配慮を欠き、真の意味の評価がなされたと見ることはできず成績評価権の恣意的な行使として地方公務員法第29条１項２号の職務を怠った場合に該当し懲戒処分の対象となる」としている（二審判決［福岡高判昭和58・12・24判例情報1101号３頁］、最高裁判決［最一判平成２・１・18判例時報1337号３頁］も、懲戒処分の対象になるとしている）。

　なお、通信表所見欄の記載につき、仙台地判平成23・１・20判例集未登載は、児童の学習状況や生活状況を記載する教師の権利ないし自由は、不当な上司の職務命令や公権力行使から法的に保護されるべきものであるが、教育目標の実現に必要とされる秩序の維持を目的として、あるいは、子どもの学習権と矛盾、対立するような場合には、校長等は、合理的な手段、方法をもってこれに制約を加えることが許容される、との基準を提示している。

■主要参考文献■

- ・下村哲夫「学校教育をめぐる親と教師」ジュリスト603号102頁（昭和51年）。
- ・森田明「教育を受ける権利と教育の自由」法律時報49巻７号88頁（昭和52年）。
- ・山崎真秀「日本国憲法第23条」コンメンタール教育法Ⅰ100頁（昭和53年）。
- ・兼子仁『教育法［新版］』273頁（昭和53年）。
- ・奥平康弘「教育を受ける権利」芦部（編）『憲法Ⅲ人権（２）』361頁（昭和56年）。
- ・安達和志「学校の自治と教育委員会の管理権」講座教育法５『学校の自治』138頁（昭和56年）。
- ・山内敏弘「教育の自由と国家的介入の限界」法律時報54巻10号38頁（昭和57年）。
- ・内野正幸「教師の教育の自由」日本教育法学会年報18号98頁（平成元年）。
- ・阪本昌成『憲法理論Ⅲ』332頁（平成７年）。
- ・中村睦男「学問の自由と教師の教育の自由」『憲法30講［新版］』135頁（平成11年）。
- ・浦部法穂『全訂憲法学教室』192頁（平成12年）。
- ・芦部信喜『憲法学Ⅲ［増補版］』218頁（平成12年）。
- ・米沢広一「教師の自由」阿部喜寿記念『現代社会における国家と法』251頁（平成19年）。

第14講

私立学校と憲法

　親は、教育の自由の一環として、公立学校に替えて私立学校を選択する自由を、憲法13条によって保障されているが、私学選択の自由と私学設置の自由との関係、私学の自由の内実、私学の自由の限界、私学の教育の自由と私学の生徒・教師の自由との関係、等の検討が必要となる。また、私立大学だけでなく私立の小中高等学校にも私学助成がなされているが、そのような私学助成は憲法26条の要請するところか、私学助成は憲法89条に抵触するのかとの二方向からの検討も必要となる。

1．私学の自由の憲法上の位置づけ

　私学の自由の内容として、旭川学テ最高裁判決は「私学教育における自由」と述べるが、その具体的内容については明らかにしていない。東京学館バイク事件一審判決は、「私学教育の自由」は「私学設置、運営の自由及び私学における教育内容決定の自由」を包含するとしている。このように、私学の自由は、私学設置の自由、私学運営・教育の自由からなる。

　このような内容をもつ私学の自由は、何故に認められねばならないのであろうか。私学の自由は、まず親の教育の自由（私学選択の自由）によって基礎づけられるという側面を有している。修徳高校パーマ事件一審判決は、「子どもと親は私学選択の自由を有し、それに対応する私学設置の自由及び私学教育の自由が尊重されるべきことも法の要求するところである」と述べている。また、学説上も、兼子教授は「近代憲法原理をふまえて、子の教育選択の自由、それに代位する親の教育の自由を認めるときは、それに対応する私立学校教育の自

由を承認しないわけにはいかない」としている。更に、親の私学選択の自由と
それに対応する私学の自由は、国家による規格化から子どもを守り、ひいては
社会の多元性の維持に仕えるという意義を有している。

　このような私学の自由は、憲法の条文上どのように根拠づけられるのであろ
うか。旭川学テ最高裁判決は、「私学教育における自由」と述べるが、その憲
法条文上の根拠については、明らかにしていない。学説のあげる根拠条文は多
様である。すなわち、佐藤（幸）教授は、「私立学校の存在理由および根拠を、
憲法13条の幸福追求権の一内実たる『人格的自律権（自己決定権）』および21条
の『結社の自由』に求むべき」であるとしている。兼子教授は、私学設置の自
由は、「明文条項のない『憲法的自由』に該当すると考えられよう。ただし
……子どもの学問学習の自由に対応して真理を教える国民の教育の自由という
かぎりでは……『学問の自由』条項による保障をうけているものと解すべきで
ある」としている。戸波教授は、私立学校の設立の自由は「学校を設立して教
育に携わることは教育に使命を感ずるものにとって重要な営為であり、個人の
権利として憲法13条から導き出されよう」としている。内野教授は、「私立学
校開設・運営の自由は、形の上では、憲法22条１項の『職業選択の自由』およ
び29の『財産権』（ないし両者から導かれうる『営業の自由』）、ならびに21条１
項の『結社の自由』に含まれることになろう……。しかし、教育事業を営む自
由は、経済的自由一般に解消しきれない独自性をもつとすれば、私立学校の自
由を営業の自由や結社の自由の特別法として観念し、その根拠を13条に求める
こともできよう」「また、宗教系私学の場合は、『信教の自由』（20条１項）も援
用しうる」としている。中村（睦）教授は「私立学校開設の自由については職
業選択の自由を保障した22条を根拠にする」と述べている。

　この点、私立学校の自由は教育の国家的独占を排し多元主義的社会の維持に
仕えるという意義を有していることに鑑みれば、私立学校の自由の憲法上の根
拠は、基本的には憲法21条の結社の自由に求められることになろう。そして、
私立学校の自由が争われる具体的脈絡に応じて、それ以外の憲法条項―たとえ
ば、宗教教育の場合には憲法20条―をも援用することとなろう。

第14講　私立学校と憲法　*199*

　このような私学の自由にも限界が存する。すなわち、公立学校の枠にはまらない教育を行うところに私学の存在意義があるが、他方では、①「普通教育」をすべての子女に受けさせるよう命じている憲法26条２項に典型的にみられるように、憲法は「教育ミニマム」ともいうべき教育をすべての学校に要求している、②憲法の保障する人権は私人間において消滅してしまうわけではない、との点にも留意する必要がある。この２点から私学の独自性にも一定の枠がはめられることとなる。

２．私学設置の自由

　「私立学校」の設置主体は、学校教育法（２条１項）・私立学校法（２条３項）上、学校法人に限定されている（「専修学校」「各種学校」の場合には、そのような限定はない）。もっとも、平成16年より、構造改革特区においてのみであるが、株式会社や特定非営利活動（NPO）法人による学校設置が認められるようになり、実際に設置されている（私学助成の対象にはなっていない）。学校法人への限定は、私立学校の設置主体にふさわしい永続性、確実性、公共性が必要であるためであり、違憲とはみなされない。

　私立学校法は、知事が私立学校の設置、学校法人の設立の認可をするに際して、私立学校審議会の意見を聴かなければならないと規定している（８条、31条）が、最近まで、知事は審議会委員のうち三分の二以上を私学の校長、教員、理事といった私学関係者から任命しなければならないとしていた（旧10条）。それに対して、そのような委員構成の審議会が私学の新規参入を阻んでいるとの批判がなされてきたが、平成16年の改正により、私学関係者三分の二以上の枠は撤廃され、単に「教育に関し学識経験を有する者」のうちから知事が任命するとされるに至っている。

　私立学校の廃止については、学校教育法４条が、廃止するには知事の認可を受けなければならないと規定している。私立学校の閉鎖命令については、学校教育法13条が、「法令の規定に故意に違反したとき」「法令の規定によりその者がした命令に違反したとき」「六箇月以上授業を行わなかったとき」に知事が

閉鎖を命ずることができると規定している。しかし、これらの文言は広範にすぎ、濫用される危険がある。後述の私立学校法62条のように、実体面と手続面での何らかの「歯止め」規定が必要であろう。

学校法人の解散については、私立学校法50条が理事の三分の二以上の同意、破産手続開始の決定等の解散事由を定め、前者の場合には知事の認可、後者の場合には知事への届出を必要としている。学校法人の解散命令については、私立学校法62条が、1項において、学校法人の法令・処分違反の場合に「他の方法により監督の目的を達することができない場合に限り」知事が解散を命じうるとし、2項以下において、手続的保護を付与している。

なお、最近、少子化の進行に伴い、私立学校の経営破綻が顕在化してきている。学校教育法施行規則15条が、学校廃止の認可を求める際に生徒の処置方法を記載した書類を添えなければならないと規定しているが、この問題は当該私立学校だけで解決しうるものではない。学校縦断的な対処策の構築が、急務となっている。

3．私学の運営・教育の自由

私学の運営・教育の自由につき、学校教育法5条は、「学校の設置者は、その設置する学校を管理し」と、私立学校法36条は、理事会は理事の過半数で学校法人の業務を決しと規定している。しかし他方、学校教育法37条4項は、「校長は、校務をつかさどり、所属職員を監督する」と、学校教育法73条11項は、「教諭は、児童の教育をつかさどる」と、教育基本法（旧）10条1項〔(新)16条1項〕は、「教育は、不当な支配に服することなく」と規定している。そのため、理事会の権限と教学側の権限とをどのように配分するのかという問題が残るが、この点が必ずしも明確・具体的に定められているわけではない。

この点、野上教授は、「建学の精神や伝統的校風に基づく私学設置者の教育の自由も、他面において国民（児童・生徒・学生）の『教育を受ける権利』（憲26）および教員の学問・教育の自由（憲23・26）によって、厳しく制約を受ける」ので、「私学教育の自由は、私学設置者にあるというよりも、実質的には

教学側（教員および学校組織）の享有するところと解すべきである。現行教育法も、この点を肯定している（教基（旧）10─1、学教28─6）」としている。兼子教授も、「具体的な私学教育の自由は経営者にではなく、教育権を有する学校と教師にあ」り、「そのことは、教育基本法（旧）10条1項、学校教育法28条6項によって確認されている」、「教基法（旧）10条は『教育行政』という見出しにはなっているが、一項は『教育』を主体とする定めであり、教育の自主性を保障する前述の趣旨からして、私立学校管理者による法的拘束力ある教育支配に対しても、同項の『不当な支配』禁止はひとしく適用されるものと解するのが条理上当然」であるとしている。

　他方、上草教授は、「私学教育の自由は、創立の自由により導き出されるものであり、私学教育の自由の主体は創立者もしくはその承継者でなければならない」「私学の教育は、建学の理想実現のためになされなければならないのであって、教員の教育の自由は、この目的によって制約されるのである」として、創立者を主体とみなしている。

　この点、どちらか一方にすべての権限が帰属するものではなく、決定事項の性格に応じて権限を配分すべきこととなろう。

4．私学の教育の自由と私学生徒の自由

　私人間での人権規定の効力について、通説・判例は、人権規定が私人間でも直接効力を有するとする直接効力説ではなく、また、私人間では効力を有さないとする無効力説でもなく、公序良俗に反する法律行為は無効であると定める民法90条のような法律の一般条項を憲法の趣旨をとり込んで解釈・適用することによって間接的に私人間の行為を規律しようとする間接適用説の立場に立っている。

　私立学校の脈絡においても、私学の教育の自由と生徒の自由との緊張関係を、私学の公的性格を念頭に置いて論じていくことが必要となる。すなわち、私立学校は、一方で、独自の校風と教育方針による教育にその存在意義を有しているので、私学の教育の自由は尊重されなければならない。しかし他方、私立学

校も公立学校と同様公教育制度の枠内で存在する（私立学校法1条は、私立学校の「自主性」を重んじるとともに「公共性」を高めるよう求め、教育基本法（新）8条も、私立学校が「公の性質」を有すると規定し、他方で、私立学校振興助成法が私学への助成を定めている、等の点にみられるように、私立学校は国家による規制と助成を受けている）以上、生徒の自由にも配慮しなければならない。そこで、公立学校では許容しえない制限を私立学校の生徒に強制しうるためには、そのような強制がなければ私学の特色が失われ他の生徒の私学選択の自由が実質的に意味のないものになってしまうことの立証が必要となろう。たとえば、女子私立学校への男子の入学を認めると、女子生徒のみの教育という私学の特色が失われてしまうので、男子の入学拒否は許される。他方、宗教系私学で宗教行事への欠席を一部の生徒に認めても、宗教系私学との特色が失われるわけではないので、出席の強制は許されない。

　以下、私学の教育方針と個々の生徒との衝突の具体的問題を取り上げるが、それらは、①生徒が憲法上の権利を消極的に行使して、私学の宗教教育等を拒否する場合と、②生徒が憲法上の権利を積極的に行使して、政治活動、宗教活動等を行う場合とに大別される。

　まず、①の場合から検討する。現行法令上、私学が宗教教育の自由を有していること自体は、前提とされている。すなわち、学校教育法施行規則50条2項は、「私立の小学校の教育課程を編制する場合は、前項の規定にかかわらず、宗教を加えることができる。この場合においては、宗教をもって前項の道徳に代えることができる」と規定し（同項は79条により中学校に準用される）、宗教教育を教育課程内に位置づけている。また、教育職員免許法4条5項1号・2号は、中学・高校教員の免許状の一つとして、「宗教」を加えている。更に、教育基本法（旧）9条2項〔（新）15条2項〕は、「国及び地方公共団体が設置する学校は、特定の宗教のための宗教教育その他宗教的活動をしてはならない」と規定しており、その反対解釈として、私学の宗教教育の自由が導かれる。

　しかし他方で、私学の宗教教育の自由は、生徒の教育を受ける権利、信教の自由との衝突という問題を内包している。生徒の教育を受ける権利との関係で

は、教育水準を確保することの結果として宗教教育の時間は限定されることになる。この点、中村（英）教授は、「学生の過度の負担を避け、宗教と直接かかわらぬ一般的な教育の質を維持することに由来する、宗教教育の時間数等の限界、つまり量的限界が考慮されるべきことになる」としている。

生徒の信教の自由との関係では、以前は、入学前に明らかにしておけば参加を義務づけうるとの見解が有力であったが、現在では、強制まではなしえないとする見解が有力である。たとえば、中村（睦）教授は、「国家の中立性の原則は、私立学校の教育の自由との調整を必要とするが、最低限において、学生・生徒の信教の自由および思想信条の自由を侵害してはならないことを要請する。私立学校の宗教教育について、昭和20年10月16日文部省訓令第8号は、生徒の信教の自由を妨害しない方法によるべきことを明らかにしている。特定の信仰を強制することは、学校の『公の性質』からも許されないものである」としている。中村（英）教授は、「例外なしの参加義務付けは許されず、学校としては、宗教教育については任意参加制とし、また宗教知識教育についても、生徒の精神的自由を理由とする場合は原則的に出席免除を認めねばならない」としている。

なお、私学の政治教育の自由について、教育基本法は、「法律に定める学校は、特定の政党を支持し、又はこれに反対するための政治教育その他政治的活動をしてはならない」（（旧）8条2項〔（新）14条2項〕）と私学にも政党を支持又は政党に反対するための政治教育を禁じ、宗教教育の場合（（旧）9条2項〔（新）15条2項〕）とは、扱いを異にしている。このような違いは、どのように説明されるのであろうか。この点、（文部省内に設けられた）教育法令研究会は、「学校教育本来の目的を達成するため、その中に一党一派の政治的偏見が、持ちこまれてはならない。又政治は現実的利害に関する問題であるので政党勢力が学校の中へはいりこみ、学校を利用し、学校が政治的闘争の舞台となるようなことは厳にさけなくてはならないところである。学校の政治的中立、超党派性が、学校教育の目的を達するためぜひとも守られなければならない」、それに対して、「特定の宗教の教義が、私立学校の教育の中にとりこまれても、現実的利

害の関係する政治の場合と異なって、そのために学校教育の目的が阻害される
というおそれはない」と説明している。

　②の場合としては、私学生徒の政治活動、宗教活動の自由等が問題となる。
当該私学の独自の校風に反するような宗教活動、政治活動が校内で行われると、
私学の特色が失われ他の生徒の私学選択の自由が実質的に意味のないものにな
ってしまうので、そのような活動は制限されうる。他方、宗教活動、政治活動
が校外で学校とは関わりなく行われても、そのようなことはないので、制限さ
れえない。

　なお、私学生徒の髪型、服装、オートバイ等のライフ・スタイルの自由につ
いて、修徳高校パーマ事件最高裁判決は、「私立学校は、建学の精神に基づく
独自の伝統ないし校風と教育方針によって教育活動を行うことを目的とし、生
徒もそのような教育を受けることを希望して入学するものである。……本件校
則は社会通念上不合理なものとはいえず、生徒に対してその遵守を求める本件
校則は、民法 1 条、90条に違反するものではない」と判示している。しかし、
「校風」「建学の精神」を抽象的に強調するのは妥当ではない。宗教教育の場合
と比べると、ライフ・スタイルと私学の独自の校風との結びつきは弱く、ライ
フ・スタイルを定める校則に従わない生徒がいても、私学の特色が失われ他の
生徒の私学選択の自由が実質的に意味のないものになってしまう場合はあまり
ないであろう。それ故、ライフ・スタイルの自由として主張される髪型、服装、
オートバイ等の場合には、基本的には（校風・建学の精神との結びつきが具体
的・説得的に示されている場合を除いて）、公立学校と同等の制約しか課しえな
いことになろう。

5．私学の教育の自由と私学教師の自由

　私学の教育方針と個々の教師の教育方針との衝突の事例が、幾つか存する。
城右学園事件二審判決（東京高判昭和50・12・16判例時報807号94頁・確定）は、「私
立学校にはそれなりの伝統校風・教育方針が存在するのであって、これらを承
知の上雇用関係に入ったものは学校の定める諸規則・教育方針に従うのは当然

のことであり、自己の抱懐する教育観ないし教育方針に副わない点があれば正
規の方法によりこれが検討是正を求めるのはかくべつこれを教育の場ないし自
己の分掌外において実践することは許され」ず、コース制の批判、五段階評価
によらない成績評価、清掃に関する生徒総会の混乱等の教師の行為は、学園の
「諸規則及び教育方針を敵視する態度の表現とみるべきであり」、本件解雇は有
効であるとしている（一審判決［東京地判昭和47・7・4労働判例159号18頁］も、
「もし教師が同校が採用しているコース制に反対であるならば、まず同校内部で、例
えば職員会議等に議題としてこれを提案して、真剣に検討を加えるべき性質のもの
である。このような努力をしないで、一教師が個人的な意見であっても、授業中に
公然とコース制を非難することは、明らかに被告学園の教育方針に反旗を翻すこと
であって、言論の自由の枠内のものとして保障されるものではない」としている）。

　また、足立学園事件一審判決（名古屋地判昭和51・5・31労働判例255号36頁）は、
結局組合活動を理由とする不当労働行為にあたると認定したが、判決文中で建
学の精神につき、「私立学校におけるいわゆる『建学の精神』が私学の存在価
値を高め、その独自性を担保するものとして一定の役割を果たしていることは
否めない。したがって、教員や生徒がこれを尊重しなければならないことはい
うまでもないことである。しかしながら、建学の精神それ自体は極めて抽象的
なものであり、それが学校の運営を通じてはじめて具体化されるものといえる。
この具体化された建学の精神を否定するような行動をとることは学校運営を阻
害するものとして許されないと言わなければならない。しかし、建学の精神に
対する考え方や建学の精神の実践方法につき批判を加えることは、それが虚偽
の事実を前提としたり、学校の運営について建設的な視点を失わない限り、正
当な言論活動の範囲に属するものとして許される」と述べた後、本件の場合、
学園の基本方針に反する行動をとったわけではなく、学園運営に対する批判を
通じて教育の質を向上させようとの意図で組合分会ニュースを発行したにすぎ
ないので、解雇事由にはならないとしている（二審判決［名古屋高判昭和56・4・
30労民集32巻2号250頁］も、一審判決を支持している）。

　個々の教師との衝突は、宗教教育とのかかわりにおいても生じうる。教師の

信教の自由との関係では、（生徒の場合と）「同様に、教職員の信教の自由および思想信条の自由も尊重されなければならない」（中村［睦］）との見解もみられるが、教師の信教の自由を限定的に捉える見解が有力である。たとえば、下村教授は、「『就業規則、校則、慣行等』が客観的に明示されず、また学校教育と関係なく理事者または校長の主観的・個人的な信念・信条により教職員に一定の宗教的行為を求め、傾向経営に服させることには問題がある」が、「教職員の具体的な行動が経営の傾向を侵害し、経営に対する具体的な危険を生じた場合には、もはやその教職員を学校内に留め置くことが期待不可能と考えられ、解雇もまたやむを得ない」としている。中村（英）教授は、「設置者と教員との間に、就任にさきだって、宗教教育への関与について明確な契約があり、その契約内容が節度を超えたものでなく、しかもそれが適正に運用されている場合、教員は義務を負わねばならない」としている。内心での自由は尊重されねばならないが、教師の外部的行為が私学の固有の性格を害する場合には制約されることとなろう。判例としては、担任児童を引率しての礼拝に参加しなかったことを一つの理由として小学校教師が解雇された事例が存する（もっとも、当該教師はキリスト教徒であって、宗教上の理由による礼拝拒否を主張しているわけではない）。そこにおいて、東京地判昭和41・3・31労民集17巻2号347号は、「教育課程としての礼拝実施は……私立小学校においては学校教育法施行規則第24条第2項により容認されているところであるから、申請人ら同部勤務の教職員が一般に就業規則、校則、慣行等の命ずるところに従いこれに参加協力しなければならないのはむしろ当然であって、申請人が自己の信仰その他の理由により右礼拝に参加しないことを正当視し得るような特段の事情はなんら疎明されていない」、本件不参加は「学院初等部の正当な傾向教育の基本方針に協力しないものであって、被申請人がこれを理由として申請人を解職に値すると判断したのは何ら不当でな」い、としている。

　教師の政治活動については、十勝女子商業学校事件最高裁判決（最二判昭和27・2・22民集6巻2号258頁）が、「憲法で保障された、いわゆる基本的人権も絶対のものではなく、自己の自由意思に基く特別な公法関係上または私法関係上

第14講　私立学校と憲法　　*207*

の義務によって制限を受けるものであ」り、「上告人が自己の自由なる意思により校内において政治活動をしないことを条件として被上告人校に雇用されたものである以上、右特約は有効であって、これをもって所論憲法または民法上の公序良俗に違反した無効のものであるということはできない」と簡単に述べ、解雇を合法とみなしている。

　教師の服装の自由については、ノーネクタイ教諭解雇事件一審判決（東京地判昭和46・7・19判例時報639号61頁）が、「中学、高校の教師がネクタイを着用せず授業等を行なうことが、乱れた服装であるという社会通念はない。わが国の夏季のように高温と湿気に悩まされるところで、冷房装置なくしてネクタイの着用を強制することは無理なことである。ネクタイを着用していなかったことをもって教師としての適格性判定の資料とすることはできない」として解雇を無効としている。

6．私立小中学校と無償の義務教育

　義務教育段階での授業料は、国公立の場合無償となっているが、私立の場合有償となっている（教育基本法（旧）4条2項・（新）5条4項、学校教育法6条参照）。それが「義務教育は、これを無償とする」と規定する憲法26条2項に違反しないかが問題とされうる。この点、ほとんどの学説は、「私立学校に子女を就学させる保護者は無償の特権を放棄するものと見ることができる」（佐藤［功］）等として、合憲とみなしているが、なかには、「私学への解釈論上の再構成は、公教育として、私学の自主性を尊重しつつも、学習権の保障として国および公的機関の財政的援助を当然とするものであった。とすると、義務教育機関である私立小・中学校の授業料の有償化は憲法26条からみて問題である」（吉田）との見解もみられる。

7．私学助成と憲法26条

　私立の小中高等学校に対して、都道府県は国からの補助を得て（私立学校振興助成法9条、同法施行令4条）、経常費の助成を行っている。それに加えて、多く

の自治体は、低（中）所得世帯を対象として、親に直接支給される授業料助成制度を設けている。たとえば、愛知県では、平成18年度の私立学校への経常費助成は、生徒一人あたり約28万円（小中学校）、29万円（高等学校）となっている。それに加えて、親への授業料直接助成は、高校1年生の場合、生活保護・住民税非課税、住民税50万以下、230万以下、410万以下の世帯につき、それぞれ、年額約38万円、27万円、21万円、15万円となっている。

　このような私学助成を憲法論としてみると、①私学に助成するよう憲法26条は要請しているのか、②私学に助成することは憲法89条に違反するのかとの二つの方向からの検討が必要となる。

　私学助成と憲法26条との関係について、「もともと、国の財政的援助が要請されている社会福祉法人や私立学校の行っている事業は、憲法25条、26条によって本来国が行うべきものとされている事業である。いってみれば、国の施策の足りない部分を私人が補っているということになる。とすれば、それに対して国が補助を与えることは、憲法25条、26条によって当然に要請されていることと解さなければならない」（浦部）、「私学助成に対する国家の義務は憲法26条の教育を受ける権利の保障から生じるものである。私学助成は、授業料負担を軽減し、私立学校の教育条件を整備するという、学生・生徒の教育を受ける権利の保障のために行われるのである。授業料負担の軽減は同時に、教育の自由の一環として認められる私立学校選択の自由に対する物質的基盤を与えるものである」（中村［睦］）等と論じる学説がみられる。

　これらの学説が憲法26条の具体的権利性（裁判所を通じての私学助成実現の可能性）をどの程度認めているのかは、必ずしも明らかではないが、たしかに、抽象的には、憲法26条の「教育を受ける権利」に私学生徒の教育を受ける権利も含まれるといいうる。しかし、実際に私学助成を通じて、私学生徒の教育を受ける権利を充足する段には、助成対象となる「私立学校」の範囲をどこまでにするのか、助成の内容・種類をどのようなものにするのか、どの程度の助成を行うのか、私学助成が授業料負担の軽減につながる担保としてどのような手法を用いるのか等を決定することが必要となる。それらの点の決定は、原則と

して政治部門に委ねられ、政治部門は、私学の経営・資産状況、公立高校の授業料の額等をも考慮に入れて、判断することになろう。

　実際の訴訟としては、私立高校と公立高校との授業料格差が憲法26条に違反するとして争われた「私学訴訟」が存する。一審判決（大阪地判昭和55・5・14判例時報972号79頁）は、教育を受ける権利について、立法の不作為の違憲性を国家賠償請求訴訟で争いうることを認める。しかし、①憲法26条は義務制とされない段階における教育諸条件の整備の内容については明確に規定していない、②教育を受ける権利の実現のためには莫大な予算を必要とするため国会・内閣の政治的専門的裁量が不可避である、③国民はその意思を選挙請願等の手段を通じて政策決定の場に反映させることができる、④教育を受ける権利の保障は、生活保護（生存権の保障）と較べて、緊急性・重要性の程度に差があり、保障の限界の画定もより困難であること等に照らして、憲法は高校教育にかかる教育諸条件の整備について国会・内閣に「極めて広汎な裁量」を許しているとして、請求を認めなかった。二審判決（大阪高判昭和59・11・29判例タイムズ541号132頁）も、立法、予算措置の不作為が違憲であるというためには、①不作為が国会の裁量権の逸脱によるものである、②違憲であることの蓋然性が何人に対しても顕著である、③立法のための合理的期間を途過している、④不作為と損害との間に具体的な関連性があることを要するとする。そして、国が高校教育に関して実施している諸施策、その政治的・専門的裁量を勘案すれば、裁量権の逸脱はないとして、一審判決を支持している。

　憲法26条は、純然たるプログラム規定ではなく裁判規範性を有しているが、本件のような義務教育以降の授業料については、一審、二審判決がいうように、政治部門に広汎な裁量が認められることになろう。

8．私学助成と憲法89条

　憲法89条は、「公金その他の公の財産は、宗教上の組織若しくは団体の使用、便益若しくは維持のため、又は公の支配に属しない慈善、教育若しくは博愛の事業に対し、これを支出し、又はその利用に供してはならない」と規定してい

る。そのため、現行の私学助成が、①宗教系私学をも助成対象としている点で政教分離原則（89条前段、20条）に、また②私学が「公の支配」に属していない点で89条後段に違反するのではないかが、問題とされている。

前者の問題に関する学説は、次のように大別されうる。第1は、結局宗教上の組織もしくは団体のために公金を支出する結果となるとして、宗教系私立学校への助成を端的に違憲とみなす学説である。第2は、政教分離原則と教育を受ける権利との調整のうえに立って、宗教系私立学校への助成を直ちに違憲とみなすのではなく、宗教に対する援助・助長・促進になる場合等、一定の場合に違憲になるとみなす学説である。第3は、宗教系私立学校といえども、現実には国家が定める法定の課程によって教育を行うのであるから、「宗教上の組織若しくは団体」にあたらないとして、私学助成を合憲とみなす学説である。

後者の問題に関する学説は、次のように大別されうる。第1は、「公の支配」を厳格に解し、現行の程度の規制では「公の支配」とはいえないとして、私学助成の合憲性に疑問を呈する学説である。第2は、他の憲法条項、とりわけ憲法26条との体系的・総合的解釈により「公の支配」を緩やかに解し、現行の私学助成を合憲とみなす学説である。第3は、私学助成は憲法26条によって義務づけられているものであり、憲法89条後段とは無関係であるとして、合憲とみなす学説である。

前者、後者の問題とも、憲法26条とからめて89条を解釈する第2の説が有力であるが、最近では、憲法89条違反の疑いを避けるために、学校法人への助成から生徒（又は親）への直接給付に切り替えるべきであるとの説が増えてきている。そのような生徒への直接給付は、憲法89条への対応にとどまらない拡がりをもちうる。たとえば、家庭の収入に反比例した給付を私学の生徒に与えるようにすれば、教育を受ける権利の実質的平等化につながるであろう。また、公立学校をも含めて、すべての生徒に教育切符を給付し、生徒はその切符を選択した入学先の学校に提出し、学校は切符と引き換えに国から補助金を受け取るとの制度（バウチャー・システム）を導入すれば（もっとも、導入の是非、時期、条件等についての慎重な検討が必要である）、学校選択の自由の拡大にもつながる

であろう。

■主要参考文献■

- ・教育法令研究会『教育基本法の解説』115頁（昭和22年）。
- ・上草頴「私学と教育権」目白女子短大紀要11号109頁（昭和49年）。
- ・兼子仁『教育法〔新版〕』218頁、295頁（昭和53年）。
- ・吉田善明「私立高校の学費と憲法26条」判例タイムズ445号12頁（昭和56年）。
- ・佐藤功『憲法（上）〔新版〕』457頁（昭和58年）。
- ・佐藤幸治『憲法訴訟と司法権』78頁、100頁（昭和59年）。
- ・中村睦男「私学助成の合憲性」芦部還暦記念『憲法訴訟と人権の理論』423頁（昭和60 年）。
- ・内野正幸「『教育の自由』法理の再点検」ジュリスト増刊・憲法と憲法原理240頁（昭和 62年）。
- ・中村英「私立高校生の宗教教育参加義務と日本国憲法（試論）」東北学院大学論集36号 １頁（平成２年）。
- ・米沢広一「東京・修徳学園校則違反事件」ジュリスト平成３年度重要判例解説17頁。
- ・野上修市「私立学校法概説」基本法コンメンタール教育関係法348頁（平成４年）。
- ・横田守弘「憲法上の『私立学校の自由』について」西南学院大学法学論集26巻１・２号 227頁（平成５年）。
- ・下村哲夫『現代教育の論点』129頁（平成９年）。
- ・浦部法穂『全訂憲法学教室』551頁（平成12年）。
- ・戸波江二・西原博史（編）『子ども中心の教育法理論に向けて』26頁（戸波執筆）（平成 18年）。
- ・岩崎保道「高校法人破綻時における地方自治体の政策的対処」季刊教育法151号103頁 （平成18年）。

第15講

児童の権利条約

　日本も、世界の多くの国々とともに、「児童の権利に関する条約」（childの政府訳は「児童」であるが、「児童」という用語は保護の対象としての子ども観に立脚するもので権利の主体として子どもを捉える同条約の基本理念を反映した用語ではない、16、17歳といった年長の未成年者をも「児童」と呼ぶのは不自然である等として、「子ども」と訳す論者もみられる）を批准し、社会的にも大きな反響を呼んだ。同条約は、法的にも画期的な意義を有しているが、国内裁判所を通じて同条約を有効に機能させるには、同条約の直接適用可能性、憲法による保障と同条約による保障との異同等の問題を検討することが必要となる。

1．国際人権条約の国内的効力

　日本は、昭和54年に国際人権規約（社会権規約—A規約と、自由権規約—B規約から成る）、昭和56年に難民の地位に関する条約、昭和60年に女性差別撤廃条約、平成6年に児童の権利条約、平成7年に人種差別撤廃条約、平成11年に拷問等禁止条約というふうに、多くの国際人権条約を批准してきている（更に、平成18年に障害者の権利条約が国連総会で採択されているが、その早期批准が望まれる）。

　批准されたこれらの国際人権条約は国内的効力を有するが、条文によって、国内裁判所において裁判規範として直接適用可能な（自動執行的な）条文と、法令の解釈準則として援用しうるにとどまる間接適用可能な条文とに分かれる。直接適用可能か否かは、条文の文言・内容の明確性と具体性、条文上の義務の性格、関連国内法制の状況等を総合的に考慮して、条文ごとに判断せねばなら

ないとか、直接適用が可能であるためには、条約の内容が十分に明確でそれ以上に特別の措置をとらなくても国内的に執行可能であること（客観的要件）と、当該条約を直接適用（自動的に執行）させる意図で受容していると認められること（主観的要件）が必要である、等とされている。そして一般的には、自由権規定や平等権規定は直接適用可能であるが、社会権規定は間接適用されるにとどまると解される傾向にある。

裁判において当事者が児童の権利条約をはじめとする国際人権条約を援用することがあるが、あまり顧みられていないというのが実情である。例外的に、非嫡出子の相続差別を違憲とした東京高決平成5・6・23判例時報1465号55頁は、児童の権利条約「2条2項の精神等にかんがみれば、適法な婚姻に基づく家族関係の保護という理念と非嫡出子の個人の尊厳という理念は、その双方が両立する形で問題の解決が図られなければならない」としている。指紋押捺拒否に関する大阪高判平成6・10・28判例時報1513号71頁は、B規約は「その内容に鑑みると、原則として自力執行的性格を有し、国内での直接適用が可能であると解せられるから、B規約に抵触する国内法はその効力を否定されることになる」としている（結論としては、「品位を傷つける取扱い」[7条]には該当しない等として、B規約には違反しないとしている）。アイヌ民族の所有する土地の収用に関する二風谷事件一審判決（札幌地判平成9・3・27判例時報1598号33頁・確定）は、「アイヌ民族は、文化の独自性を保持した少数民族としてその文化を享有する権利をB規約27条で保障されているのであって、我が国は憲法98条2項の規定に照らしてこれを誠実に遵守する義務がある」としている。

2．子どもの権利保障に関する国際文書

子どもの権利保障に関する国際文書としては、大正13年のジュネーブ子どもの権利宣言が、飢え、危難搾取等からの子どもの保護を、昭和23年の世界人権宣言が、無償の初等義務教育を含む教育を受ける権利（26条）を、また、昭和34年の児童の権利宣言が、「児童の最善の利益の原則」（2条、7条1項）、発達する権利（4条）、障害児への援助（5条）、無償の初等義務教育（7条）等を謳

214

っている。更に、教育条件についても、昭和22年の学校備品の無償供与に関する勧告、昭和34年の初等学校の教科書の作成、選定および使用に関する勧告、昭和41年の教員の地位に関する勧告等がだされている。

　これらは「宣言」「勧告」にとどまり、当事国を法的に拘束するものではなかったが、昭和54年に日本は、法的拘束力ある条約として国際人権規約を批准している。国際人権規約は、すべての者に対して、教育に関する権利（A規約13条、14条等）を含む広範な人権を体系的に規定している。国際人権規約は成人だけでなく子どもにも適用されるが、子どもに焦点をあて、広範な子どもの権利を体系的に規定したのが、児童の権利条約である。

3．児童の権利条約の意義と留意点

　日本も、遅まきながら世界で158番目の国として、平成6年に児童の権利条約を批准したが、同条約には、①生命に対する権利（6条）、父母から分離されない権利（9条）、意見表明権（12条）、思想・良心・宗教の自由（14条）、障害児の権利（23条）、社会保障を受ける権利（26条）、教育についての権利（28条）等、多様で豊富な権利を規定している、②子どもを固有の保護が必要な存在とみなし、経済的搾取・有害労働からの保護（32条）、性的な搾取・虐待からの保護（34条）等、子どもへの手厚い保護を規定している、③子どもを保護の客体としてだけでなく、意見表明権（12条）や精神的自由権（13条以下）に典型的にみられるように、権利の自律的行使の主体として位置づけている、④「児童の最善の利益」との文言が、児童に関する措置をとるにあたっての主たる考慮事項（3条）、父母からの分離を必要とする場合の判断基準（9条）、父母による養育の際の基本的関心事項（18条）、児童が家庭環境にとどまることが認められない場合の判断基準（20条）等として、しばしば用いられている、⑤児童の養育・発達や生活条件の確保についての第一義的責任を有するのは父母であるとしている（18条、27条）、⑥児童の「発達」を権利保障の目的や基準にしている（6条2項、27条、29条、32条）等の特色がみられる。

　このような特色をもつ児童の権利条約に対しては、画期的な条約として、高

い評価が与えられるべきである。しかし、他方では、同条約の規定する権利の実現を裁判所を通じて目指す場合には、同条約による保障の射程を明確にするとともに、日本国憲法による保障と対比して、同条約固有の意義を明らかにすることが必要となる。以下、学校教育にかかわる条文について論じる。

4．意見表明権（12条）

　児童の権利条約12条は、「1、締約国は、自己の意見を形成する能力のある児童がその児童に影響を及ぼすすべての事項について自由に自己の意見を表明する権利を確保する。この場合において、児童の意見は、その児童の年齢及び成熟度に従って相応に考慮されるものとする。2、このため、児童は、特に、自己に影響を及ぼすあらゆる司法上及び行政上の手続において、国内法の手続規則に合致する方法により直接に又は代理人若しくは適当な団体を通じて聴取される機会を与えられる」と規定している。

　児童の権利条約12条と同様の文言を有する規定は、日本国憲法にも国際人権規約にも存しないが、同条約12条は、日本国憲法との関係で、どのように位置づけられるのであろうか。同条約12条が保障する権利は、人権体系上、手続的権利として位置づけられうる。多くの学説は、手続的権利を憲法13条もしくは31条を根拠条文として憲法上の権利とみなしているが、どのような場合に憲法上聴聞が要求されているのか、聴聞内容の要件として憲法上何が要求されているのか、成人の場合と子どもの場合とで違いがあるのか等の点については、必ずしも明らかにしていないし、また、学説上の一致があるわけでもない。それに対して、同条約12条2項は、「自己に影響を及ぼすあらゆる司法上及び行政上の手続」と規定することによって、子どもに関して聴取（聴聞）が必要とされる場合を明確に認めており、国内裁判所で直接適用可能と解される（1項は、立法・行政上の指針として、及び2項の解釈準則としての役割を果たすことになろう）。12条2項は、法律で「聴取の機会」を規定することまでは要求していないとはいえ、学校での懲戒や家事審判等の手続において、「聴取の機会」を与えることなくなされた決定を無効とする機能を果たしうる。しかし他方、聴取

の要件については、「国内法の手続規則に合致する方法」と規定するのみで、条約上固有の要件を課しているわけではないし、間接的聴取も許容している（１項を併せ読むと、「自己の意見を形成する能力のある児童」の場合には「直接」本人によって、そうでない児童の場合には「代理人若しくは適当な団体を通じて」ということになろう）。それ故、聴取の要件については、児童の権利条約に固有の役割を期待することはできないであろう。憲法をはじめとする国内法上、手続的保護の要件を構築し深化させることが求められる。

　次に、上述のような児童の権利条約12条２項の機能についての理解を前提にして、我が国の現行法制の同条約12条２項適合性についての検討を行う。２項の「行政上の手続」の射程は、並んで規定されている「司法上の手続」の場合には当事者が特定されていることから、それに準じて、特定された児童にかかわる「行政上の手続」であると解される。それ故、校則制定、教育課程の決定、教科書採択過程等での聴取の問題は、２項の射程外と解される。特定された児童にかかわる「行政上の手続」の例としては、生徒の懲戒処分（学校教育法11条、学校教育法施行規則26条）、出席停止命令（学校教育法35条）、障害児の学校指定等をあげうる。聴取の機会は、出席停止命令には規定されているが、生徒の懲戒処分には規定されていない。しかし、同条約12条２項は聴取の機会を法律で規定することまで要求しているのではなく、実際に聴取の機会を付与することを要求しているにとどまる。それ故、学校教育法11条が同条約12条２項に違反するとの帰結が生じるわけではない。個々の懲戒処分において聴取の機会を与えない場合に12条２項違反となり、その懲戒処分が無効とされるにとどまる。障害児の学校指定については、現在では、「保護者」からの意見聴取が義務づけられており、同条約12条２項違反にはならないと解される。次に、聴取の方法については、「国内法の手続規則」に合致しているか否かが審査され、合致していなければ、国内法違反と同時に児童の権利条約違反とされることとなる。

5．精神的自由権（13条〜16条）

　児童の権利条約13条は、１項において、子どもの表現の自由の保障を規定し、

第15講　児童の権利条約　*217*

2項において、その行使に対する制約事由を限定列挙している。14条は、1項において、思想、良心、宗教の自由の保障を規定し、2項において、子どもによるそれらの自由の行使に際しての親による教育の権利と義務の尊重を規定し、3項において、それらの自由の行使に対する制約事由を限定的に規定している。15条は、1項において、結社、集会の自由の保障を規定し、2項において、それらの自由の行使に対する制約事由を限定的に規定している。16条は、1項において、子どもの私生活（privacy）、家族、住居、通信、名誉、信用の保障を規定し、2項において、それらの侵害に対する「法律の保護を受ける権利」を規定している。

　これらの精神的自由権規定は、国内裁判所で直接適用可能と解されるが、日本国憲法との関係を、①権利の内容、②制約事由の二面から検討することが必要となる。

　日本国憲法では明示されていないが児童の権利条約で明示されたものとして、親の教育の権利、私生活（privacy）、名誉、信用があるが、それらは憲法13条等の解釈上導きだしうることに憲法学説上おおかたの一致のあるものである。それ故、これらについては、子どもにも保障が及ぶことを明文規定によって明らかにした点に、意義をみいだしうる。

　制約事由として、児童の権利条約は「国の安全」「公の秩序」「公衆の健康若しくは道徳」等を明示している。これらは、一見すれば、政策的制約をも許容していると解される余地がある。しかし、条約の文言は日本国憲法に適合するように解釈すべきであるので、これらの制約事由は内在的制約のみを意味すると解釈することとなろう。次に、同条約13条、14条、15条が「限る」「のみを課することができる」「以外のいかなる制限も課することはできない」と明示し、審議過程において、国家によるパターナルな制約を排除する議論がなされたことが、国内裁判所に対してどのような効果を与えるのかが問題となる。同条約の審議過程をみると、精神的自由権に関する13条以下は、（旧）社会主義諸国からの異議を排して、アメリカ主導の下で形成されたといいうる。そこにおいて表明されたアメリカの基本的な考え方は、子どもは精神的自由権を行使

するのに親の指導を必要とするが、そのことは権利の内容それ自体に影響を与えるものではなく、子どもは投票権を除いて精神的自由権を成人と同等に享有する、それ故、国際人権B規約の規定をそのまま児童の権利条約にも用いるべきである、というものであった。この点、たしかに、同条約13条と15条の審議過程だけをみると、国家によるパターナルな制約は全面的に排除されたとの解釈も導かれうる。しかし、同条約の文言を総合的にみると、国家によるパターナルな制約を全面的には排除しきれないのではないかとの疑問が生じる。たとえば、宗教上の理由から輸血や義務教育への就学を拒否しているような場合に、国家がパターナルな介入を行っても、それは、児童の生存の確保を締約国に命じる6条2項、初等教育を義務的なものとする28条1項（a）等によって、正当化される場合があるのではなかろうか。

　国家によるパターナルな制約が全面的に排除されていると解すると、このように、他の条文の適用結果との整合性を欠く場合も生じる。そうすると、児童の権利条約は子どもへの精神的自由権の保障を可能な限り成人のレベルに近づけるよう要求しているが、国家によるパターナルな制約を全面的に排除しているわけではないとの解釈も、成り立つ余地があろう。同条約13条以下が規定する制約事由を、以上のように解釈するならば、それらの制約事由が国内裁判所で固有の機能を果たすことは、あまりないであろう。

　更に、子どもの権利侵害の少なからぬ部分が、学校において生じているため、生徒の権利侵害が国内裁判所にもち込まれた場合に、児童の権利条約がどのような機能を果たしうるのかを問題としうる。この点に関しては、同条約は学校固有の論点についてはそう多くを解決しているわけではない。すなわち、学校での生徒の自由について、同条約は、28条2項で、「締約国は、学校の規律が児童の人間の尊厳に適合する方法で及びこの条約に従って運用されることを確保するためのすべての適当な措置をとる」と規定するのみである。審議過程において、オランダが「この条約に従って」との文言の明確化を求めた点にもみられるように、同条の具体的な保障内容は必ずしも明らかではない。すなわち、子どもの精神的自由権が更に学校固有の制限を受けるか否か、また、受けると

すればどのような固有の制限を受けうるのか、教師はどのように位置づけられるのか等の争点について、同条約は明らかにしているわけではない。

6. 教育を受ける権利 (28条、29条1項)

　児童の権利条約28条1項は、締約国は教育についての児童の権利を「漸進的」に達成するため、特に、「(a)初等教育を義務的なものとし、すべての者に対して無償のものとする。(b)種々の形態の中等教育（一般教育及び職業教育を含む）の発展を奨励し、すべての児童に対し、これらの中等教育が利用可能であり、かつ、これらを利用する機会が与えられるものとし、例えば、無償教育の導入、必要な場合における財政的援助の提供のような適当な措置をとる。(c)すべての適当な方法により、能力に応じ、すべての者に対して高等教育を利用する機会が与えられるものとする」等と規定する。

　児童の権利条約には「初等教育」「中等教育」の定義はないが、日本では小学校、中・高等学校を指すと解されている。同条には「漸進的に」との文言が挿入されているので、(a)以下の義務をただちに履行せねばならないわけではないが、日本では(a)の無償の初等義務教育は既に実現している。(b)の中等教育に関する義務も「漸進的に」達成すればいいことになっている。なお、中等教育での無償教育の導入については、国際人権A規約13条2項(b)(c)は中等・高等教育につき「特に、無償教育の漸進的導入」と規定しており、日本政府はそれに拘束されないとの留保を付していた。それに対して、児童条約28条の場合に留保を付さなかったのは、「特に」ではなく「例えば」と規定されたためであったと解される。

　児童の権利条約29条1項は、教育の目的として、「(a)児童の人格、才能並びに精神的及び身体的な能力をその可能な最大限度まで発達させること。(b)人権及び基本的自由並びに国際連合憲章にうたう原則の尊重を育成すること。(c)児童の父母、児童の文化的同一性、言語及び価値観、児童の居住国及び出身国の国民的価値観並びに自己の文明と異なる文明に対する尊重を育成すること。(d)すべての人民の間の、種族的、国民的及び宗教的集団の間の並びに原住民であ

る者の間の理解、平和、寛容、両性の平等及び友好の精神に従い、自由な社会における責任ある生活のために児童に準備させること。(e)自然環境の尊重を育成すること」をあげている。

児童の権利条約29条1項の掲げる目的と教育基本法1条の掲げる目的とを比べると、児童の文化的同一性、言語、出身国の国民的価値観等の尊重を掲げる(c)項が特徴的である。同条から国家の具体的義務がただちに発生するわけではないけれども、同条の精神に則って、外国人の子どもへの民族教育、二ヶ国語教育等の施策を推進することが望まれる。

7. 障害児の教育を受ける権利（23条、2条1項）

児童の権利条約23条は、1項において、障害児の尊厳の確保、自立の促進、社会への積極的参加を謳い、2項において、「締約国は、障害を有する児童が特別の養護についての権利を有することを認め」援助を与えるとし、3項において、その援助は「可能な限り無償で」かつ「可能な限り社会への統合及び個人の発達（文化的及び精神的な発達を含む）を達成することに資する方法で」与えられるとし、4項において、「特に、発展途上国の必要を考慮」したうえでの国際協力による情報交換を規定している。

児童の権利条約23条は、障害児の尊厳の確保、無償での援助、社会への統合と個人の発達、国際協力を促進するための情報交換等を規定している点で、画期的な意義を有しているといえる。その中でも、とりわけ、3項が、「社会への統合」と「個人の発達」とを並べて明示している点が注目される。このことは、同条約が目指しているのは単なる障害児の普通児集団への「混入」ではなく、障害児の発達を保障できるような形態での統合教育であることを示している。

もっとも、児童の権利条約4条は、国際人権A規約2条のような「漸進的に達成する」との文言は用いていないが、「経済的、社会的及び文化的権利に関しては、自国における利用可能な手段の最大限の範囲内で……これらの措置を講ずる」と規定しており、23条の規定する権利もそのような権利に該当すると

解される（23条の文言も「利用可能な手段の下で」「可能な限り」となっている）。そうすると、国内裁判所において、国家の不作為に対して同条約23条違反の主張がなされても、同条違反との判決を得ることはむつかしいであろう。

　国際人権A規約2条2項、B規約2条1項には列挙されていないが、児童の権利条約2条1項は、差別禁止事由として「心身障害」をも列挙している。この障害者（児）への差別禁止は、最初、同条約23条の審議過程において提案されたものであるが、その後、同条約2条1項に移されたものである。同条約2条1項は、自動執行的性格を有し、国内裁判所において同条違反の主張がなされた場合には、「心身障害」が差別禁止事由として明示されていることからも、厳格化された審査に服し、憲法14条に違反するとともに児童条約2条1項に違反するとの判決がありうるであろう。

8．親の教育の権利（3条、5条、14条2項、18条）

　親の教育の権利については、日本国憲法には明示されていないが、児童の権利条約には明示されている。すなわち、子どもの教育を巡る親と国家の関係につき、児童の権利条約3条は、児童に関するすべての措置をとるにあたっては「児童の最善の利益が主として考慮される」（1項）、5条は、締約国は父母が「その児童の発達しつつある能力に適合する方法で適当な指示及び指導を与える責任、権利及び義務を尊重する」、14条2項は、親による思想、良心、宗教教育は児童の「発達しつつある能力に適合する方法」で行われる、18条は、父母は「児童の養育及び発達についての第一義的な責任を有する。児童の最善の利益は、これらの者の基本的な関心事項となる」（1項）、締約国は父母が「児童の養育についての責任を遂行するに当たりこれらの者に対して適当な援助を与える」（2項）等と規定している。

　これらの条文には、以下のような特徴点が存する。第1は、親の教育の権利の総則的規定として5条が存するにもかかわらず、13条～16条のうちで14条だけが親の教育の権利と義務を明示している点である。それは、思想、良心、宗教に関する教育が親の教育の権利の核心を占めるために、重ねて14条で明示

されたのであって、それ以外の親の教育の権利を排除する趣旨ではないと解される。第2は、5条と14条2項が親の教育の権利と義務に「児童の発達しつつある能力に適合する方法」でとの限定を付している点である。それに対して、国際人権B規約18条4項は、親が「自己の信念に従って児童の宗教的及び道徳的教育を確保する自由を有する」と規定し限定を付していない。この点、親といえども子どもとは別個の人格であり、親の教育の権利が濫用されたり、子どもの意向を無視して行使される場合がありうる。上述のような限定の付加は、親の教育の権利の不適切な行使から子どもの権益や自律を担保するのに役立ちうる。第3は、同条約が、子どもの教育を巡る親と国家の関係を親優位で措定している点である。すなわち、第一義的に親が、児童の発達に適合するように子どもを養教育する責任を負うとともに権利を有する（18条1項、27条2項等）。国家はそれを側面から援助し（18条2項、27条3項等）、親が責任を果たせない場合にのみ直接国家が介入する（9条1項ただし書き―親からの分離、19条1項―虐待・放任からの保護）。ただし、親が養教育を行うに際して、また、国家が措置をとるに際しては、「子どもの最善の利益」が主たる考慮事項となる（3条1項、18条1項等）。

9．私立学校の自由（29条2項）

　国際人権A規約13条は、3項において、「この規約の締約国は、父母及び場合により法定保護者が、公の機関によって設置される学校以外の学校であって国によって定められ又は承認される最低限度の教育上の基準に適合するものを児童のために選択する自由……を有することを尊重することを約束する」と、また、4項において、「この条のいかなる規定も、個人及び団体が教育機関を設置し及び管理する自由を妨げるものと解してはならない。ただし、常に、［1項］に定める原則が遵守されること及び当該教育機関において行われる教育が国によって定められる最低限度の基準に適合することを条件とする」と規定している。

　児童の権利条約も、29条2項において、「この条又は前条のいかなる規定も、

個人及び団体が教育機関を設置し及び管理する自由を妨げるものと解してはならない」と、私立学校の設置・管理の自由を定めている。ただし、そのような自由も、「常に、［１項］に定める原則が遵守されること及び当該教育機関において行われる教育が国によって定められる最低限度の基準に適合することを条件とする」とされている。

　これらの条項は、一方では、教育の国家独占に対抗して、親の私立学校選択の自由、私立学校の設置・管理の自由を定めるが、他方では、子どもの権利侵害を防止すべく、それらの自由の行使が29条１項の定める教育目的、国の定める最低限度の基準に合致するよう求めている。

10. 子どもの権利「条例」

　児童の権利条約とは法的性格を異にするけれども、児童の権利条約の批准に触発され、大阪府箕面市、高知県、川崎市、東京都世田谷区、富山県小杉町、北海道奈井江町、岐阜県多治見市、東京都調布市、東京都目黒区、富山県魚津市、三重県名張市、岐阜市、滋賀県、石川県白山市、東京都豊島区、豊田市、名古屋市、札幌市、大阪府泉南市、栃木県日光市、愛知県知多市等、子どもの権利「条例」を制定する自治体が、増えてきている。たとえば、「川崎市子どもの権利に関する条例」は、「『児童の権利に関する条約』の理念に基づき」、「安心して生きる権利」（10条）、「ありのままの自分でいる権利」（11条）、「自分を守り、守られる権利」（12条）、「自分を豊かにし、力づけられる権利」（13条）、「自分で決める権利」（14条）等を定めるとともに、市政への子どもの意見を求めるために「子ども会議」を開催すると定めている。「高知県こども条例」は、「児童の権利に関する条約等の理念を踏まえて」、「学ぶ」権利（６条）、「自分の権利を知る」権利（８条）等を定めるとともに、子どもの環境づくり推進計画を作成するために推進委員会を設置し、その委員は「こどもに関し識見のある15歳以上のこどもを含む県民」から知事が任命するとしている。「多治見市子どもの権利に関する条例」は、11月20日を「子どもの権利の日」とする（６条）、「子ども会議」で子どもの意見をまとめ市に提出する（11条）等と定めるととも

に、子どもの救済を図るために「子どもの権利擁護委員」(13条)、本条例の実施状況を検証するために「子どもの権利委員会」(20条)を設けるとしている。

また、子どもの権利条例案の策定過程において、子どもの考えや意識を反映させようとする自治体もみられる。たとえば、目黒区では、「子どもの条例を考える区民会議」を設置し、その委員22名中に、公募で選ばれる高校生２名を含ませている。魚津市では、小学５・６年生、中学１・３年生の全員を対象として、学校生活、家庭生活、いじめ、差別、子どもの権利等についての意識調査を行っている。泉南市では、公募で募った子ども達が、条例の前文を起草している。

■主要参考文献■

- ・永井憲一（監修）『教育条約集』（昭和62年）。
- ・特集「子どもの権利条約」季刊教育法97号（平成６年）。
- ・広部和也「児童の権利条約とその国内適用可能性」家族〈社会と法〉10号１頁（平成６年）。
- ・世取山洋介「子どもの権利条約がわが国に与えるインパクト」法学セミナー 474号６頁（平成６年）。
- ・中村睦男「子どもの権利条約・人権の原理」日本教育法学会年報24号18頁（平成７年）。
- ・米沢広一「児童の権利条約と日本国憲法」国際人権６号17頁（平成７年）。
- ・米沢広一「『意見表明権』(12条) の検討」自由と正義46巻１号28頁（平成７年）。
- ・米沢広一「市民的自由 [13 ～ 16条]」石川稔・森田明（編）『児童の権利条約』244頁（平成７年）。
- ・永井憲一他（編）『[新解説] 子どもの権利条約』（平成12年）。
- ・波多野里望『児童の権利条約〔改訂版〕』（平成17年）。
- ・子どもの権利条約総合研究所「子どもの権利条例制定の動向」子どもの権利研究11号97頁（平成19年）。

索　引

ア 行

旭川学テ最高裁判決 …………………………… 15, 186
尼崎筋ジス訴訟 ……………………………………… 144
アミネ事件 …………………………………………… 166
家永訴訟 ……………………………………………… 110
意思形成過程情報 …………………………………… 103
いじめによる事故 …………………………………… 130
一条校 ………………………………………………… 159
逸失利益 ……………………………………………… 132
一般的自由説 ………………………………………… 35
インクルーシブ教育 ………………………………… 150
営造物 ………………………………………………… 134
エホバの証人 ………………………………………… 73
エンドースメント・テスト ………………………… 66
大分県立高校合同選抜事件 ………………………… 179
大津日の丸訴訟 ……………………………………… 56
公の支配 ……………………………………………… 210
オートバイ …………………………………………… 42
親集団 ………………………………………………… 172
親とのかかわり ……………………………………… 29
親による開示請求 …………………………………… 95
親の教育の自由 ……………………………………… 170
親の政治教育の自由 ………………………………… 80
親への通知義務 ……………………………………… 133
オンブズパーソン …………………………………… 34

カ 行

外国人特別選抜 ……………………………………… 164
外国人と平等保護 …………………………………… 157
外国人の教員任用 …………………………………… 167
外国人の子どもの国外退去強制 …………………… 166
外国人の人権享有主体性 …………………………… 156
開示の請求権者 ……………………………………… 94
開示─非開示の判定 ………………………………… 96
回想文の切り取り …………………………………… 86
学習権 ………………………………………………… 13, 23
学習指導要領 ………………………………………… 52
学問の自由 …………………………………………… 184
学力テスト …………………………………………… 87

学校運営協議会制度 ………………………………… 182
学校給食による事故 ………………………………… 128
学校教育法 …………………………………………… 11
学校固有の制限 ……………………………………… 32
学校災害救済条例 …………………………………… 136
学校施設設備の欠陥に基づく事故 ………………… 134
学校内の「宗教的」施設 …………………………… 68
学校の自治 …………………………………………… 190
学校評議員制度 ……………………………………… 181
「学校票」制度 ……………………………………… 116
学校法人の解散 ……………………………………… 191
学校保健安全法 ……………………………………… 137
学校保護者相談室 …………………………………… 180
家庭教育 ……………………………………………… 179
「看過し難い過誤」の基準 ………………………… 111
関係性 ………………………………………………… 29
監視カメラ …………………………………………… 137
間接適用説 …………………………………………… 201
喫煙・飲酒 …………………………………………… 45
岐阜県青少年保護育成条例事件 …………………… 31
基本的人権 …………………………………………… 9
君が代斉唱の強制 …………………………………… 55
君が代テープ事件 …………………………………… 54
君が代の歌詞 ………………………………………… 52
君が代の憲法適合性 ………………………………… 54
君が代ピアノ伴奏拒否事件 ………………………… 59
救済方法 ……………………………………………… 47
求償権 ………………………………………………… 125
教育委員会 …………………………………………… 12
教育課程編成権 ……………………………………… 193
教育環境整備義務 …………………………………… 151
教育基本法 …………………………………………… 11, 21
教育権論争 …………………………………………… 8
教育裁量 ……………………………………………… 188
教育支援計画 ………………………………………… 152
教育情報 ……………………………………………… 92
教育条理 ……………………………………………… 20
教育する義務 ………………………………………… 170
教育扶助 ……………………………………………… 120
教育法律主義 ………………………………………… 20

教員選考試験問題 …………………… 106
教員の地位に関する勧告 …………… 214
教員免許の更新制 …………………… 189
教科書の使用義務 …………………… 120
教科書の使用形態 …………………… 122
教科書の無償給付 …………………… 118
教師集団 ……………………………… 190
教師の「教育の自由」 ……………… 184
教師の職務権限 ……………………… 187
行政執行情報 ………………………… 103
行政手続法 …………………………… 49
拒否権 ………………………………… 175
区域外就学 …………………………… 177
クラブ活動中の事故 ………………… 127
ゲルニカ訴訟 ………………………… 55
検閲 …………………………………… 109
見解を表明する機会 ………………… 28
建学の精神 …………………………… 200
元号 …………………………………… 56
検定過程 ……………………………… 111
検定権限の所在 ……………………… 108
検定制の合憲性 ……………………… 109
剣道実技拒否訴訟 …………………… 73
憲法上の価値 ………………………… 88
権利主張への援助 …………………… 33
権力分立 ……………………………… 10
公開 …………………………………… 103
校外活動中の事故 …………………… 127
公権力の行使 ………………………… 124
麹町中内申書事件 …………………… 89
校則 …………………………………… 46
校長 …………………………………… 191
幸福追求権 …………………………… 35
公募制 ………………………………… 183
校務分掌決定権 ……………………… 193
公立高校間での選択制 ……………… 179
公立小中学校間での選択制 ………… 177
国際人権規約 ………………………… 214
国際人権条約 ………………………… 212
告知行為 ……………………………… 62
国民主権原理 ………………………… 9
国民投票法 …………………………… 27
「国民」内部の緊張関係 …………… 16
国民の教育権説 ……………………… 13

個人情報保護条例 …………………… 93
国家の教育権説 ……………………… 14
国家賠償請求権 ……………………… 124
国家賠償法 …………………………… 124
国旗国歌法 …………………………… 52
子ども自身の意向 …………………… 173
子ども投票 …………………………… 79
子どもの権利「条例」 ……………… 223
個別的不服従 ………………………… 60
婚姻 …………………………………… 37

サ 行

災害共済制度 ………………………… 135
最高決議機関説 ……………………… 191
採択過程 ……………………………… 116
採択関係情報 ………………………… 118
採択権限の所在 ……………………… 113
採択制の合憲性 ……………………… 114
採択地区 ……………………………… 113
参加権 ………………………………… 180
三極構造 ……………………………… 30
私学教師の自由 ……………………… 204
私学助成 ……………………………… 208
私学生徒の自由 ……………………… 201
私学設置の自由 ……………………… 199
私学選択の自由 ……………………… 197
私学訴訟 ……………………………… 209
私学の運営・教育の自由 …………… 200
私学の自由 …………………………… 197
私学の宗教教育の自由 ……………… 202
私学の政治教育の自由 ……………… 203
自己決定権 …………………………… 36
自己情報コントロール権 …………… 92
「事故報告書」の訂正 ……………… 101
事前防止 ……………………………… 136
自動執行的 …………………………… 212
児童の権利条約 ……………………… 214
――5条 ……………………………… 221
――12条 …………………………… 215
――13条 …………………………… 216
――23条 …………………………… 220
――28条 …………………………… 219
――29条 …………………………… 220
児童の権利宣言 ……………………… 213

索　引　*227*

児童の最善の利益 ……………………… 214
指導要録 ………………………………… 97
市民的自由 …………………………… 171
諮問型住民投票 ………………………… 79
就学指導委員会 ……………………… 143
修学費全部無償説 …………………… 119
就学猶予・免除 ……………………… 139
宗教活動 ………………………………… 71
宗教団体による学校施設の使用 ……… 70
宗教的施設の訪問 ……………………… 67
宗教的情操の涵養 ……………………… 66
宗教的プライバシー …………………… 72
宗教に関する教材の取扱い …………… 67
宗教を理由とする公教育の拒否 ……… 73
集団 ……………………………………… 18
授業実施権 …………………………… 194
授業中の事故 ………………………… 126
授業料無償説 ………………………… 119
主体としての子ども …………………… 17
手段的機能 ………………………… 25, 80
出席停止 ………………………………… 49
ジュネーブ子どもの権利宣言 ……… 213
障害児の学校・学級の選択 ………… 143
障害児の事故 ………………………… 131
障害児の退学処分 …………………… 153
障害児のニーズ ……………………… 142
障害児の不登校 ……………………… 151
障害児のプライバシー ……………… 153
障害児への就学奨励 ………………… 141
障害者の権利条約 …………………… 212
消極的妨害行為 ………………………… 58
情報公開条例 …………………………… 93
情報の収集 ……………………………… 94
情報の保管 ……………………………… 94
職員会議 ……………………………… 190
職員会議録 …………………………… 104
自律 ……………………………………… 25
私立学校審議会 ……………………… 199
私立学校の閉鎖命令 ………………… 199
自律した市民 ………………………… 175
私立小・中学校の授業料 …………… 207
自律的行使の主体 …………………… 214
私立の障害児学校 …………………… 153
人格的自律権説 ………………………… 35

信教の自由 ……………………………… 65
人権の制約原理 ………………………… 30
信託論 ………………………………… 174
真理教育 ……………………………… 185
杉本判決 ………………………………… 13
政教分離原則 …………………………… 65
性交 ……………………………………… 38
政策的制約 ……………………………… 30
政治活動 ………………………………… 81
政治教育 ………………………………… 85
性質説 ………………………………… 156
政治的教養 ……………………………… 85
政治的事象の取扱い …………………… 85
政治的中立性 …………………………… 88
成績評価権 …………………………… 195
生徒会活動 ……………………………… 85
制服の強制 ……………………………… 42
世界人権宣言 ………………………… 213
積極的情報収集権 ……………………… 92
積極的妨害行為 ………………………… 57
選挙運動 ………………………………… 80
選挙権 …………………………………… 78
専攻科 ………………………………… 150
センシティブ情報 ……………………… 94
選択権 ………………………………… 176
選択の自由を内実とする権利 ………… 23

タ 行

大学構内での神社 ……………………… 69
大学の自治 …………………………… 190
大日本帝国憲法 ………………………… 8
体罰による事故 ……………………… 129
高津判決 ………………………………… 14
多文化教育 …………………………… 158
段階的アプローチ ……………………… 74
千葉県立高校「棚」事件 ……………… 68
忠魂碑 …………………………………… 69
中絶 ……………………………………… 37
懲戒処分 ………………………………… 46
朝鮮学校の認可 ……………………… 158
直接効力説 …………………………… 201
定住外国人 …………………………… 157
訂正・削除 …………………………… 101
手続的保護 ……………………………… 48

デモ行進 …………………………… 85
伝習館訴訟 …………………… 121, 195
答案用紙の本人開示 ……………… 100
十勝女子商業学校事件 …………… 206
特別在留許可 ……………………… 166
特別支援学級 ……………………… 150
特別支援学校 ……………………… 150
特別支援教育 ……………………… 150

ナ　行

内在的制約 ………………………… 30
鯰江中学校事件 …………………… 53
二ヶ国語教育 ……………………… 165
日曜日訴訟 ………………………… 73
日本国憲法 ………………………… 9
入試成績 …………………………… 98
能力に応じて、ひとしく ………… 142
ノーネクタイ教諭解雇事件 ……… 207

ハ　行

バウチャー・システム …………… 210
パターナリズム …………………… 31
花畑東小学校事件 ………………… 144
パーマの禁止 ……………………… 40
日の丸の赤丸 ……………………… 51
日の丸の憲法適合性 ……………… 53
日の丸への敬礼の強制 …………… 55
ビラ配布や掲示 …………………… 82
福岡県青少年保護育成条例事件 … 38
福岡高校事件 ……………………… 58
普通教育 …………………………… 19
不登校 ……………………………… 176

不法在留外国人 …………………… 157
プライバシー情報 ………………… 103
分離教育 …………………………… 147
平和主義 …………………………… 9
「偏向」教育 ……………………… 194
法の支配 …………………………… 10
防犯体制 …………………………… 137
訪問教育 …………………………… 140
法律の留保 ………………………… 9
保護 ………………………………… 24
補助教材の使用 …………………… 122
補助・諮問機関説 ………………… 191

マ　行

マクリーン事件 …………………… 156
丸刈りの強制 ……………………… 39
未成年者の個人差 ………………… 28
民族学級 …………………………… 162
民族学校 …………………………… 159
　　　──への補助金 …………… 160
民族教育の自由 …………………… 158
無効力説 …………………………… 191
無償範囲法定説 …………………… 119
目的効果基準 ……………………… 66
文言説 ……………………………… 156
文部科学省 ………………………… 12

ラ　行

利用・提供 ………………………… 102
留萌事件 …………………………… 145
レモン・テスト …………………… 66

著者紹介

米沢　広一（よねざわ・こういち）

1951年　兵庫県明石市に生まれる。
1975年　京都大学法学部卒業。
1980年　京都大学法学研究科博士課程修了。
1993年　法学博士（京都大学）。
現　在　大阪市立大学法学研究科教授。
著　書　『子ども・家族・憲法』（有斐閣、1992年）。
　　　　『いちばんやさしい憲法入門〔初版～第4版補訂版〕』（共
　　　　著、有斐閣、1996年～2014年）。
　　　　『教育行政法』（北樹出版、2011年）。

憲法と教育15講〔第4版〕

2005年11月20日　初版第1刷発行
2007年4月20日　初版第2刷発行
2008年2月1日　改訂版第1刷発行
2009年4月1日　改訂版第2刷発行
2011年2月5日　第3版第1刷発行
2014年4月1日　第3版第3刷発行
2016年2月15日　第4版第1刷発行
2020年4月10日　第4版第2刷発行

　　　　　　　　著　者　米沢広一

　　　　　　　　発行者　木村慎也

・定価はカバーに表示　　印刷　富士見印刷／製本　新里製本

発行所　株式会社　北樹出版

〒153-0061　東京都目黒区中目黒1-2-6

電話(03)3715-1525（代表）　FAX(03)5720-1488

© Kouichi Yonezawa 2016, Printed in Japan　　　ISBN978-4-7793-0487-3

（乱丁・落丁の場合はお取り替えします）

加藤一彦・植村勝慶　編著
新4版　現代憲法入門講義

憲法と現実の矛盾を意識しつつ、そのあるべき姿を初学者に理解できるよう解説、新しい憲法問題にも言及した。各講のレジュメが要点の把握をたすけ、チェックポイントがさらなるステップアップを促す。

A5並製　344頁　2800円（0443-9）　［2015］

加藤一彦　著
教職教養憲法15話［改訂二版］

1セメスターで学ぶ事の多い教職課程のための日本国憲法。教職に憲法を学ぶ意味は何か。必要とされる人権感覚を培うために、人権論を中心に論述する法学部以外の学生も理解できる憲法学のエッセンス。

四六並製　184頁　1900円（0402-6）　［2014］

山本　聡　著
憲法のおもしろさ［改訂版］
憲法に欠けているもの余計なもの

憲法の基本をウルトラマンや大岡政談等、ユニークな切り口で、読者の興味を惹起しつつ解説。憲法の役割、成り立ち、自由・平等の理念、民主主義、国会、司法権、地方自治等を丁寧に解説した入門書。

A5並製　212頁　2300円（0377-7）　［2013］

米沢広一　著
教育行政法

教育基本法改正と共に大きく変動する教育行政の動きに焦点をあてつつ、教育行政とは何か、その法体系の概要を整理しながら法的論点を抽出し、教育行政の基本原理に基づいた検討を加える注目の意欲作。

A5上製　232頁　2500円（0296-1）　［2011］

山岸喜久治　著
教養としての憲法学

分かりやすくコンパクトな憲法の入門書。実際に条文を参照しながら、憲法の「あるべき姿」と「ある姿」を考えてゆくことができるよう、条文資料を豊富に掲載している。憲法の全体像を捉えるのに最適なテキスト。

四六上製　332頁　2300円（0007-X）　［2005］

花見常幸・藤田尚則　著
憲法［改訂版］

憲法の基本原理や構造を歴史的な背景や比較の視点を通し正確に理解させ、現実政治や社会・経済生活の中での裁判規範としての憲法の役割を柱に、初学者に向け、徹底した平和主義と人権尊重を提示する。

A5上製　334頁　3000円（0345-6）　［2012］

麻生多聞　ほか著
初学者のための憲法学

新進気鋭の執筆陣が初学者にも分かり易いよう、現代社会の問題を切り口に、丁寧に分かり易く解説。憲法とは何か、何が問題となっているのか、基本的論点の理解を目指すスタンダードで新しい入門書。

A5上製　310頁　2700円（0122-3）　［2008］

浪本勝年・三上昭彦　編著
「改正」教育基本法を考える
逐条解説　　　　　［改訂版］

多くの問題を孕み改正された教育基本法の中に、教育条理・憲法・子どもの権利条約等の精神を踏まえた解釈の可能性を探り、逐条解説の形式で問題点と課題を考察。民主党の日本国教育基本法案等も掲載。

A5並製　128頁　1300円（0134-6）　［2008］

浪本勝年　編集代表
ハンディ **教育六法**［2015年版］

現行教育法のみならず、資料・図表及び年表を充実させ、近現代の教育史上重要な文書や法令、及び教育制度の図表化等で相互関係的かつ歴史変遷的に理解できるよう工夫した教育関係者必携の教育六法。

四六並製　474頁　2100円（0454-5）　［2015］